**철학자가 본
근대 한국의
사상**

근대한국학 대중 총서 11

철학자가 본 근대 한국의 사상

초판 1쇄 인쇄 2024년 9월 27일
초판 1쇄 발행 2024년 10월 4일

—

엮은이 연세대학교 근대한국학연구소 인문한국플러스(HK⁺) 사업단 지역인문학센터
펴낸이 이방원

책임편집 배근호 **책임디자인** 양혜진
마케팅 최성수·김 준 **경영지원** 이병은

—

펴낸곳 세창출판사

신고번호 제1990-000013호 **주소** 03736 서울시 서대문구 경기대로 58 경기빌딩 602호

전화 02-723-8660 **팩스** 02-720-4579 **이메일** edit@sechangpub.co.kr **홈페이지** http://www.sechangpub.co.kr

블로그 blog.naver.com/scpc1992 **페이스북** fb.me/Sechangofficial **인스타그램** @sechang_official

—

ISBN 979-11-6684-352-5 94910
    978-89-8411-962-8 (세트)

_ 이 책은 2017년 정부(교육부)의 재원으로 한국연구재단의 지원을 받아 수행된 연구임(NRF-2017S1A6A3A01079581)

근대한국학 대중 총서 11

철학자가 본 근대 한국의 사상

연세대학교 근대한국학연구소
HK+ 사업단 지역인문학센터

세창출판사

인간은 언제부턴가 현상의 이유를 알고 싶어 하는 물음, 즉 '왜'라는 질문을 하기 시작했다. 어떤 철학자는 이 질문과 더불어 비로소 인간이 된다고 한다. 자연스럽게 경험되는 현상을 그 이유(reason)부터 알고자 하는것, 그것이 곧 이성(reason)의 활동이고 학문의 길이다. 이유가 곧 이성인까닭이다. '존재하는 모든 것에는 충분한 이유가 있다(충족이유율)'는 학문의 원칙은, 따라서 '존재는 이성의 발현'이라는 말이며, '학문에의 충동이인간의 본성을 이룬다'는 말이기도 하다. 최초의 철학자들이 자연의 변화 이유를 알고 싶어 했었는데, 이내 그 모든 물음의 중심에 인간이 있음을 알게 된다. 소크라테스의 "네 자신을 알라"는 말은 물음의 방향이 외부에서 내부로 이행되었음을, 인간에게 가장 중요한 물음이자 답하기 어려운 물음이 인간 자신에 대한 물음임을 천명한다.

자연과학이 인간에 대한 물음에 간접적으로 관여한다면 인문학(Humanities)은 인간을 그 자체로 탐구하고자 한다. 자연과학의 엄청난 성장은 인문학 역시 자연과학적이어야 한다는 환상을 심어 주었다. 대상을 객체로 탐구하는, 그래서 객체성(객관성)을 생명으로 하는 과학은, 주체성과 상호주체성으로 특징지어지는 인간의 세계뿐만 아니라 인간 역시 객체화한다. 인간이 사물, 즉 객체가 되는 순간이며, 사람들은 이를 인간성 상실이라고 말한다.

우리는 다시 묻는다. 나는 누구이며 인간은 무엇인가? 이 물음은 사물화된 인간에 대한 반성을 담고 있다. 인간이 이처럼 소외된 데는 객체화의 원인이라는 이유가 있을 것이다. 그것을 찾고자 인문학이 다시 소환된다. 자신의 가치를 객관적 지표에서 찾으려 동분서주했던 대중 역시 사물화된 자신의 모습에 불안해한다. 인간은 객관적 기술이 가능한 객체라기보다 서사적 존재이고, 항상적 본질을 반복적으로 구현하는 동물이라기보다 현재의 자신을 끊임없이 초월하고자 하는 실존적, 역사적 존재이다. 인간에게서는 실존이 본질을 앞선다. 문학과 예술, 역사, 그리고 철학이 사물화된 세계에서 호명된 이유이다.

한국연구재단은 이러한 사명에 응답하는 프로그램들을 내놓았다. 그것들 중에서도 "인문한국(HK, HK+)" 프로그램은 이 문제에 가장 직접적으로 대면한다. 여전히 성과, 즉 일종의 객체성에 의존하는 측면이 있기는 하지만 인문학자들의 연구활동과 대중의 인문 의식 고양에 획기적인 프로그램으로 자리 잡았다.

연세대학교 근대한국학연구소는 2017년 11월부터 한국연구재단으로부터 "근대한국학의 지적기반 성찰과 21세기 한국학의 전망"이라는 어젠다로 인문한국플러스(HK+) 사업을 수주하여 수행하고 있다. 사업단 내 지역인문학센터는 연구 성과 및 인문학 일반의 대중적 확산에 주력하고 있다. 센터는 강연과 시민학교, 청소년 캠프 및 온라인 강좌 등을 통해 전환기 근대 한국의 역동적인 지적 흐름들에 대한 연구소의 연구 성과들을 시민들과 공유하고 있다. 출간되는 대중 총서 역시 근대 한국의 역사, 문학, 철학 등을 인물별, 텍스트별, 주제별, 분야별로 대중에게 보다 폭넓게 다가가기 위해 기획되었다. 이 시리즈들을 통해 나와 우리, 즉 인간에 대한 물음에 함께하기를 기대한다.

연세대학교 근대한국학연구소
인문한국플러스(HK⁺) 사업단 지역인문학센터

차례

박은식의
문화의식과 근대성의 반성

박승현
조선대학교 재난인문학연구사업단 HK 연구교수

1. 깨어 있는 '지식인'의 자세

인간이라면 누구에게나 자신의 의지와는 상관없이 한 번밖에 주어지지 않는 이 '삶'을 어떻게 의미 있게 살다가 갈 것인가가 최대의 과제로 던져져 있다. 주어진 현실에 그저 안주하고, 무비판적으로 순응하는 것이 아니라, 보다 의미 있고 이상적 방향으로 자기 삶을 전환하고, 전개해 나가기 위해서는 '삶'에 대한 '책임성'을 '자각'하는 것이 우선 요청된다. 부모가 우리에게 준 생명은 시간적 의미의 시작이라고 한다면, 삶의 책임성을 '자각'하는 것은 반드시 스스로 거듭나서 자신의 본심과 의지를 발현하는 그 시점에서 새로운 삶의 출발점으로 삼을 수 있을 것이다. 이것은 가치적 의미의 시작이라고 말한다.

『논어』에 공자의 제자인 증자는 "선비는 뜻이 크고 굳세지 않으면 안 되니, 책임은 무겁고 갈 길은 멀기 때문이다. 인(仁)의 실현을 자기의 임무로 삼으니 무겁지 아니한가? 죽은 뒤에나 그만둘 것이니 멀다고 하지 아니할 수 있겠는가?"[1]라고 말하고 있다. 여기서 '인의 실현'이란 인간이 유한한 시간과 공간의 한계 속에서 인간의 최고 가치인 '인', 즉 '인간다움'의 실현, 달리 말하면 '인격 완성'을 구체적 삶의 현장에서 실제로 실현하는 것이다. 그리고 인간이 살아있는 동안 매일 새로운 하루를 맞이하듯이, 그 새로운 시간의 전개 속에서 이상적 삶의 가치를 실현해 가는 과정은 죽는 날까지 한순간도 멈출 수가 없다. 삶을 보다 나은 방향으로 전환하려는 '깨어 있는 의식'의 작동을 멈추는 순간 바로 타락의 길로 접어들 수 있기 때문이다.[2]

우리의 생명이 감성의 욕망 등에 좌우되지 않고, 진정한 인생의 이상을 세우고, 그 이상을 실현하려는 책임 의식을 가지기 위해서는 반드시 깨어 있는 도덕의식이 발동해야 한다. 이러한 깨어 있는 마음, 즉 도덕의식을 유학(儒學)에서는 '도덕심'이라고 말하고, '도덕심'은 바로 우리의 주체가 되는 것이고, 인간이 마땅히 해야 하는 일을 실천하게 하는 원동력이 된다. 주체를 확립하고, 주체의 문을 열어 가는 행위는 바로 자신의 존재가치 자각이자, 삶의 책임 의식 자각이며, 스스로 자기 삶의 방향을 결정하는 것이다. 도덕심이 살아 움직이고, '두려워하고 측은한 마음'[맹자의 측은지심(惻隱之心)]의 작동은 언제 어디에서나 어떤 상황에서도 항상 선은 좋아하고 악을 싫어하며[호선오악(好善惡惡)], 선은 실행하지만 악은 제거하고[위선거악(爲善去惡)], 남의 고통을 차마 보지 못하는 공감 능력을 발동하고[유소불인(有所不忍)][3], 나쁜 것을 고쳐서 선으로 옮겨가려는 노력[천

---

1 『論語』「泰伯」, "士不可以不弘毅, 任重而道遠. 仁以爲己任, 不亦重乎? 死而後已, 不亦遠乎?"

2 '인생'이란 마치 물을 거슬러 배를 저어 가는 것처럼, 앞으로 나아가지 않으면 퇴보하는 것과 같은 이치이다.[역수행주(逆水行舟), 부진즉퇴(不進則退)]

3 맹자는 남의 고통을 차마 보지 못하는 마음을 '불인인지심(不忍人之心)'이라고 표현한다. '불인(不忍)'은 견디지 못하는 마음의 작동을 가리킨다.

선개악(遷善改惡)]을 의미한다.

'철학함'은 과거의 철학자가 남겨 놓은 이른바 고전들, 즉 그들의 '사유의 결과물'들을 연구하고 분석하는 훈고학적 작업에 그치거나, 혹은 하나의 신념 체계(이데올로기)로 받아들여 비판 없이 맹종하는 것은 아닐 것이다. 조선시대에 주자학을 신봉하고, 그것을 정치적 이념으로 활용하면서, 기타의 다른 이론이나 사유체계에 대하여 '사문난적(斯文亂賊)'이라는 죄명을 씌워 탄압한 예에서 볼 수 있듯이, 하나의 이념이나 사유체계에 함몰되어 다른 사유체계를 맹목적으로 부정하고, 정치적으로 탄압하는 것은 학문적 타당성을 상실한 것이고, '철학함'이라고 할 수가 없다. 우리가 과거의 철학자를 연구하는 이유는 그들의 문제의식을 통하여, 인간들이 직면한 삶의 근원적 물음에 접근하고자 함이다. '철학함'이 '질문'을 던지는 것에서 시작된다고 한다면, 살아있는 '철학함'은 바로 '지금' '여기'라는 시간성과 공간성을 반영해야 한다. 자신의 삶과 시대의 문제에 대하여 자각하고, 깨어 있는 의식을 발동하지 않는다면, 그런 철학적 학문 활동은 생명력을 잃어버린 '죽은 철학'이라고 할 수 있다. 생명력이 있는 질문이 없는 곳에는 '철학함'이 있을 수 없다.

아마도 적확(的確)한 질문 속에는 이미 그 문제 해결의 방향성을 담고 있다고 할 수 있다. 한 개인의 차원에서도 그렇고, 한 걸음 더 나아가 사회적 차원에서도 질문이 생략되거나 차단되는 곳에는 항상 인간의 삶의 가치를 저하(低下)시키는 근본적인 문제에 직면하게 된다. 질문을 하지 않거나 차단되는 그 지점에서, 개인적으로는 자기 삶의 의미와 방향성 상실의 문제를 일으키고, 사회나 국가적으로는 획일적이고 집단주의적인 힘의 논리가 우위를 점하게 될 것이다. 개인의 자유와 존엄성이 약화됨은 물론이고, 사회적 부패 지수도 함께 올라가게 되어, 사회와 국가는 방향성을 상실하고 공멸의 길로 접어들게 될 것이다. 철학적 질문이 부재한 곳에 바로 삶의 위기를 불러오게 되는 것은 너무나 자명한 이치일 것이다. '철학함'은 이른바 '시대정신'을 반영한 살아있는 질문을 통하여 기존의 삶의 틀에서 벗어나 새로운 이상적 방향으로 삶의 태도와 관점의 전환을 모색하는 것이다. 그래서 공자가 인간이 인간다움의 최고 가치인 '인(仁)'의 실현을 자기 자신을 이기는 것에서 시작된다고 말하고 있는 것이다.[4]

따라서 '깨어 있는 지식인'은 언제 자신이 발을 딛고 살아가고 있는 그 시대의 문제에 대한 감수성(感受性), 즉 '시대정신(時代精神)'을 가지고 있다. 시대정신에 대한 '감수성'을 갖는다는 것은 불합리하고 부조리한 시대의 문제에 대한 '자각(自覺)', 즉 '깨어 있는 의식'을 발동하는 것이다. '깨어 있는 의식'의 발동은 시간과 공간의 한계 속에 살고 있는 인간이 진정한 삶의 의미와 가치, 그리고 '인간다움'을 실현하기 위한 '자기 삶의 방향성'과 아울러 타자와 '더불어 사는 삶의 가치와 그 실현의 방법'에 대하여 질문을 던지고, 이상적 방향으로 삶에 대한 관점과 태도의 전환을 모색하고자 하는 것이다. 그래서 철학은 언제나 직면한 현실에 대하여 질문을 던지는 것에서 시작된다.

유학의 학문적 목적은 바로 자기 삶의 책임성 자각과 그 이상적 최고

---

4 『論語』「顏淵」, "克己復禮爲仁"

가치의 실현에 두고 있다. 그런 책임성과 이상적 가치를 최고를 실현한 사람을 유학에서는 '성인(聖人)'이라고 부르고 있다. 현실을 살아가는 인간들은 그러한 이상적 인간상을 지향하면서, 그것을 현실이 삶에서 실현하기 위해서 부단하게 실천하고 수양하기를 늘 강조하고 있다. 이러한 유학의 근본정신에 기반하여, 근대 한국의 민족적 위기 상황 속에서 참된 지식인으로서의 책임 의식을 통감하고, 불합리하고 부조리한 시대적 상황의 극복을 통하여, 민족의 자유와 국가의 독립을 확보하고, 나아가 인류의 평화를 구현하고자 '살신성인(殺身成仁)'의 정신을 구체적 삶의 현장에서 실천한 사람이 바로 '백암(白巖)' '박은식(朴殷植, 1859~1925)'이라고 할 수 있다.

2. 시대적 사명감과 문화의식에 바탕을 둔 삶의 전개

박은식이 활동했던 19세기 말에서 20세기 초는 청일전쟁과 러일전쟁을 통하여 일본의 조선에 대한 침략이 강화되고 있었고, 서세동점(西勢東漸)의 물결이 한반도에 급격하게 밀려와서 민족적 위기가 조성되고 있었고, 안으로는 기득권을 유지하려는 조선의 수구세력과 그것에 대응해서 현실의 모순점을 혁파(革罷)하려는 개혁 세력 간의 충돌이 격화되어 정치적, 사회적 혼란이 극심했던 시기였다.

망국의 위기 속에서 파란만장한 삶을 살았던 박은식에게 붙여진 호칭은 너무나 다양하다. 주자학으로 일가를 이룬 '주자학자', 조선의 주자학의 문제점을 인식한 이후에는 양명학으로 전환한 '양명학자', 양명학을 사상적 기반으로 하여 민족문제를 해결하려는 '애국계몽사상사', '언론인', '교육자', '독립투사', 그리고 임시정부 2대 '대통령' 등 그에게 붙여진 호칭이 많은 만큼 망국의 고통 속에서 민족의 해방과 조국의 독립을 위하여 깨어 있는 지식인으로서 얼마나 많은 수난과 고통을 이겨가며 치열한 삶을 살았는지 짐작해 볼 수 있는 대목이다.

그는 한 생을 사는 동안 한 번도 조국의 독립을 위한 희망과 책임 의식을 내려놓은 적이 없었다. 『한국독립운동지혈사』 서언에서 "나는 정말 자신하고 있다. 우리나라가 광복할 날은 반드시 오고야 말 것이며, 또 일본의 장래는 머지않아 패망하리라는 것을. 그러므로 비록 엎어지고 자빠지며 서로 유리(流離)하여 배고파 추위에 떨며, 병고(病苦)에 시달린다 할지라도, 아직까지 한 줄기 낙관(樂觀)을 버린 적이 없다. 다만 그 시기의 이르고 늦음만을 아직 알지 못할 뿐이다"[5]라고 힘주어 말한다.

그가 이렇게 죽음을 두려워하지 않고 조국 독립이 언젠가는 반드시 오고야 말 것이라는 강한 확신에 바탕을 둔 낙관적 생각을 버리지 않는 이유는 인간에게는 불멸하는 정신이 있다는 생각에 있다. 그는 "한번 나고 한번 죽는 것이 이치인데, 사람마다 죽음을 두려워하는 심정이 있는 것은 무엇 때문인가? 이것은 다만 살고 죽는 것이 빠르고 늦은 동안에 육체

5 박은식 외, 『한국의 근대사상』, 「韓國獨立運動之血史 서언 및 결론」, 이민수 옮김, 삼성출판사, 1985, 124쪽 참조.

상 구차히 살고 한가로움을 얻는 즐거움이란 것만 알 뿐이요, 정신적으로 죽지 않는 것이 있다는 것을 모르는 것이다. 내가 죽어야 할 곳에 죽는다면, 몸뚱이는 세척의 시체에 지나지 않지만, 그 정신은 억년이 되어도 썩지 않아서 영구히 죽지 않는 사람이 될 것이다"[6]라고 말한다. '내가 죽어야 할 곳에 죽는다'라는 것은 바로 인간이 마땅히 가야 할 길에 대한 자각과 책임 의식, 그리고 시대적 사명감을 내려 놓치지 않고, 참다운 자아(眞我)를 확보하여 주체적으로 실천에 옮긴다면, 그가 삶의 현장에서 체현해 낸 인간의 이상성에 대한 가치는 다음 세대에 이어져 영원히 존재하게 될 것이라는 확신이 깔려 있다.

박은식은 1910년 경술국치(庚戌國恥)를 맞이하면서, 언론사들이 일본 제국주의에 의하여 일제히 폐간되고, 자신이 이미 발간한 『동국통감』, 『유교구신론』, 『왕양명실기』등의 저작을 포함한 국학서들이 압수되어 소각되는 극한적 상황에 직면하게 되자 국내 활동을 접고, 만주로 망명을 떠나 『대동고대사론』, 『동명성황실기』, 『천개소문전』, 『발해태조건국지』등의 조선 민족의 역사에 관한 책을 집필하면서, 독립운동의 일환으로 우리 민족의 역사서 집필에 적극적으로 참여하게 된다. 그가 조선 고대사에 관한 많은 역사서 집필 활동도 바로 민족적 기상을 되살리고 민족혼을 보존함을 통하여 조국독립의 희망을 놓치지 않기 위한 노력이었다.

그는 『한국통사』 서언에서 "옛날 사람이 이르기를, 나라는 없어질 수 있으나 역사는 없어질 수 없다고 하였으니, 그것은 나라는 형체(形)이고

---

6 박은식 외, 『한국의 근대사상』, 「大韓精神의 血書」, 이민수 옮김, 삼성출판사, 1985, 194쪽.

역사는 정신(神)이기 때문이다. 이제 한국의 형체는 허물어졌으나, 정신만이라도 오로지 남아 있을 수 없는 것인가? 이것이 『한국통사』를 저술하는 까닭이다."라고 말하면서 "정신이 보존되어 없어지지 않으면 형체는 부활할 때가 있을 것이다"라고 강조한다.[7] 사람이 죽으면 혼백(魂魄)으로 나누어 혼은 하늘로 올라가고, 백은 땅으로 돌아가는 것처럼, 정치, 경제, 군사 등을 말하는 국체(國體)인 국백(國魄)은 비록 망하여 없어졌지만, 나라의 고유 언어, 역사, 사상, 문화 등을 가리키는 국혼(國魂)이 살아 있다면, 언젠가 나라를 되찾게 되는 그때 국백과 국혼이 결합하게 되어 유구한 역사를 새롭게 다시금 이어갈 수 있다는 믿음을 강하게 표출하고 있다. 그래서 "대체적으로 사람의 집단을 비록 무너뜨릴 수가 있어도, 국가의 혼이라는 것은 결코 사라지지 않는다. 그렇다면 반드시 부활하는 날이 있을 것이다"[8]라고 말하면서 일본이 한국을 합병할 수 없는 이유를 제시한다.

박은식이 한 번도 책임 의식과 시대정신에 대한 '자각'을 놓지 않았던 그의 삶은 그가 독립운동할 때 사용하는 그의 별호(別號)에서도 찾아볼 수 있다. 그는 "이역 땅으로 도망하자 사람을 대하는 것이 한층 부끄러우니, 가동(街童)과 시졸(市卒)이 모두 나를 망국노(亡國奴)라고 욕하는 것만 같다. 천하가 비록 크다고 하지만 이 욕됨을 걸머지고 어디로 돌아가겠는가?"[9]

---

7 박은식 외, 『한국의 근대사상』, 「韓國痛史 서언 및 결론」, 이민수 옮김, 삼성출판사, 1985, 120쪽.
8 박은식 외, 『한국의 근대사상』, 「大韓國民老人同盟團이 日本政府에 보낸 獨立要求書」, 이민수 옮김, 삼성출판사, 1985, 166쪽.
9 박은식 외, 『한국의 근대사상』, 「韓國痛史 서언 및 결론」, 이민수 옮김, 삼성출판사, 1985, 119쪽.

라고 자신의 처지를 솔직하게 고백하면서, 중국에 망명하여 독립운동에 종사할 때에 나라가 망하여 미친 노예라는 뜻의 '태백광인(太白狂人)', 나라를 잃고도 부끄러움을 모르고 살고 있는 사람이라는 뜻인 '무치생(無恥生)'이란 별호(別號)를 사용하였다. 이것은 깨어 있는 지식인으로 망국(亡國)이란 시대적 상황 속에서 자신의 책임과 역할이 무엇인지에 대해 분명히 자각하고 있음을 보여 주는 증거라고 할 수 있다.

박은식이 벌인 독립운동의 기본정신은 무력과 침략을 우선시 무력투쟁이 아니고, 전통적 유학사상에 근거하여 인류의 평화를 도모하는 '인도주의'와 인간의 존엄한 가치를 드높이는 '문화 의식'에 기반하고 있었다. 1919년에 일어난 3.1운동을 "결코 무력이나 금력이나 물질력을 믿고 일어난 것이 아니라, 오직 세계 인류의 평화사상과 인도주의(人道主義)로써 강포(强暴)하고, 불법한 군국주의(軍國主義)를 제거하려는 새로운 기운에 순응해서, 무기를 쓰지 않고 독립의 자유를 얻는 새로운 기원(紀元)을 세계 역사에 개창(開創)코자 하는 것이다."라고 평가하면서 "우리가 오늘날에 적과 싸워서 이기는 능력은 오직 우리가 인도주의로써 적의 군국주의를 성토(聲討)하여, 우리의 인(仁)을 가지고 적의 사나운 것을 치며, 우리의 바른 것을 가지고 적의 간사한 것을 친다면, 결코 승리를 얻지 못할 이치가 없을 것이다. 왜냐하면 오늘날 세계에 인도주의로써 군국주의를 제거하고자 하는 것은 인류 대다수의 의향이요, 적(일본)의 국내에서도 유식한 인사들은 모두 군벌파(軍閥派)의 무력주의를 미워해서 이것을 제거하고자 하는 자가 많다"[10]고 주장하고 있다. 유가의 핵심 사상인 '인(仁)'에 기반한다는 것에서 우리는 참다운 자아(眞我)의 책임성 확보와 인간의 존

엄한 가치를 더 높이고, 타자와 함께 더불어 사는 인류애를 실현하고자
하는 그의 독립운동의 기본 정신과 방향성을 읽어 낼 수가 있다.

안중근의 친동생인 안공근(安恭根, 1889~?)이 받아쓴 「백암선생의 유촉
(遺囑)」에서도 "독립운동은 민족 전체가 통일이 되어야 하고, 최고의 운동
으로 어떠한 수단과 방략(方略)도 쓸 수 있는 것이고, 우리 민족 전체의 공
공사업 사업으로 운동 동지 간에 애증(愛憎)과 친소(親疎)의 구별이 있어서
는 안 된다"[11]고 강조하고 있는 것처럼, 박은식은 독립운동에 있어서 전
민족의 통일노선을 매우 중시하였고, 임시정부의 분열을 대단히 우려했
다. 박은식은 원로로서 임시정부의 전면에 나서 활동하기를 꺼리고 뒤에
서 후원하려는 태도를 취하였으나, 임시정부 초대 대통령 이승만이 1925
년 3월에 탄핵 되어 물러나게 되자, 분열된 각 당파로부터 공동으로 추앙
받는 독립운동의 원로이자 사태 수습의 책임자로 임시정부 제2대 대통
령으로 선출되었다. 그는 4월에 임시정부의 체제를 대통령제에서 집단
지도체제인 국무령 체제로 바꾸는 개혁을 실시하고, 취임 한 달 만에 물
러났다. 그리고 그해 11월 기관지염의 악화로, 상하이 자택에서 조선의
진정한 선비의 기품을 지킨 깨어 있는 지식인으로서 66년간의 파란만장
한 생을 마감하게 되었다.

---

10 박은식 외, 『한국의 근대사상』, 「敵을 戰勝할 能力을 求하라」, 이민수 옮김, 삼성출판사, 1985,
   208쪽.
11 박은식 외, 『한국의 근대사상』, 「白巖先生의 遺囑」, 이민수 옮김, 삼성출판사, 1985, 224쪽.

3. 근대성의 반성과 유학의 혁신

근대 이후 300여 년의 역사는 유럽의 국가와 민족들이 그 밖의 세계로 팽창해 나가 기타 문화와 지역에 대한 침략과 약탈의 역사라 할 수 있다. 유럽의 일부 백인을 중심으로 한 사람들이 누리는 경제적 번영과 물질적 풍요의 이면에는 기타 지역에서부터 들어 오는 안정적인 물자 공급이 필수적인 요소로 작용하고 있었다. 이것은 자본주의 세계 경제 건설의 필수적인 부분으로 자리 잡고 있었다. 그러한 팽창은 유럽을 제외한 대부분의 다른 지역에서 언제나 군사적 정복, 경제적 수탈 그리고 엄청난 불법 행위를 수반했다. 이를 선도했고, 가장 많은 이득을 보았던 사람들(유럽의 백인들)은 세계인들에게 더 많은 이익이 되었다는 근거로 자신들과 세계를 향하여 그러한 팽창이 정당한 것이라고 공표해 왔다. 그들이 항상 내세우는 논리는 그 팽창이 문명화, 경제성장과 발전, 혹은 진보 등으로 불리는 어떤 것을 확산시켰다는 점이다. 이러한 모든 단어는 종종 소위 '자연법'이라 일컬어지는 것의 외피를 쓴 채 보편적 가치의 표현으로 해석되었다. 따라서 팽창이 인류에게 유익할 뿐 아니라, 역사적으로 불가피하다고 주장하게 되었다. 이러한 팽창 활동을 묘사하기 위해 사용된 언어는 신학적일 때도 있고, 세속적인 때도 있고, 세속적인 철학적 세계관으로부터 비롯될 때도 있었다.[12]

---

12 이매뉴엘 월러스틴, 『유럽적 보편주의: 권력의 레토릭』, 김재오 옮김, 창비, 2017, 15쪽 참조.

또한 서구 근대는 인간의 이성을 통하여 자연의 변화와 그 법칙성을 찾아내려는 시도인 과학 혁명이 일어나게 되자, 중세까지 만물의 창조주이고, 세계를 주재하는 근본원리인 하나님이 그 지위와 권능을 점차 상실하게 되었다. 인간의 재발견은 하나님이 사라진 자리에 인간이 '홀로서기'를 시도하는 행위라고 할 것이다. 그런 의미에 근대에 있어 '개인'의 발견은 바로 '주체'가 철학적 논의의 중심을 이루게 된다. 주체의 발견은 바로 그와 마주하고 있는 타자를 상정하지 않을 수 없다. 철학적 의미에서 타자는 인간이 마주하고 있는 '자연'이고, 자연의 필연적 법칙을 인간의 이성을 통하여 파악하려는 것이다. 베이컨이 "아는 것이 힘이다"라는 말은 인간이 자연에 대한 정보가 많아질수록, 자연을 인간의 필요에 따라 이용하고 통제하고, 정복할 수 있는 길을 확보할 수 있음을 의미한다.

정치적 방면에서 '주체적 자아'를 해석하게 되면, 그것은 보편적으로 합리적 이성을 바탕으로 선진적으로 '진보'하고 있다고 생각했지만, 이와 마주하는 타자, 즉 유럽을 제외한 기타 지역의 사람이나 문화에 대해서는 전통의 틀에서 벗어나지 못한 후진성을 지적하면서 상대적 우월성을 주장한다. 근대적·이성적 사회로서의 서양과 전통적·비이성적이고 불합리한 사회로서의 동양으로 구별했고, 나아가 이러한 사고의 연장 선상에서 서양문화의 우월성과 동양문화의 후진성을 구별하였다. 이러한 구별은 서양이 동양을 비롯한 기타 문화를 침략하고 약탈하는 이론적 근거로 작용한 것이 사실이다.

근대에 접어들면서 동아시아의 여러 나라는 언제나 전통과 근대화의 갈등을 겪어 왔다. 여기서 근대화는 대체로 '서구화'를 의미한다. 과학기술 문명에 바탕을 둔 서구의 문화는 늘 합리적이고 선진적이고, 추구해야 할 대상이라고 생각하지만, 반면 전통에 바탕을 둔 문화와 사유체계는 낙후한 것이며, 비합리적인 생각을 강요당하기도 하고, 스스로 자발적으로 수용하기도 하여, 자신의 과거 전통을 전면적으로 부정하는 사태가 발생하기도 하였다. 그런 의미에서 동아시아의 측면에서 볼 때, 서구화는 곧 동양적 전통문화의 잠식 혹은 포기를 의미했다. 그래서 동아시아에서 전통과 근대화의 갈등은 '진보'와 '발전'을 뜻하는 서구화 혹은 근대화에 큰 물결 앞에서 자기의 정체성을 전면적으로 부정해야 하는 자기부정과 자기상실에 직면하지 않을 수 없었다.

한국의 근대도 강력하고 이질적인 타자와 마주 섬으로써 주체, 즉 자기 정체성에 관한 물음을 던져야 했던 시기이다. 한국 근대 주체의 생성은 전근대사회를 탈피하여 세계적 지평에서 근대 국가를 구축해야 하는 시대적 요청에 부응하는 철학적 과제였다. 박은식은 일차적으로 당시 조선 사회를 사상적으로 지탱했던 주자학을 신봉하는 학자들의 폐해에 대해 먼저 반성을 시도하였다. 그는 "한국의 인사들은 발자취가 문정(門庭)에서 벗어나지 않고 눈길이 바다 밖에 미치지 못하면서, 육대주가 서로 교통하고 열강(列強)이 패권(覇權)을 다투는 이 시대에 있어서, 편견(偏見)만을 고집하고 지키면서 스스로 현명하고 스스로 옳다고 생각한다. 묵은 책상에 눈이 쏠려서 이를 연구하기에 몰두하고, 시의(時宜)는 강구(講究)하지 않으면서 부질없이 의리를 담론(談論)하면서, 실리적인 경제문제에 대해서는 어두워서 아는 것이 없다. 선진 각국의 이용후생(利用厚生)의 신학문이나 새로운 제도를 원수처럼 보아서 적극 이를 배척한다. 결국 전체

인민을 무지몽매한 가운데에 가두어 놓고, 움직이지도 않고, 변화하지도 않는 것을 스스로 편안하게 여긴다. 작금에 이르러서는 결국 우리 동포 모두를 남의 노예가 되어버리게 하였다. 이것은 누구의 죄인가?"[13]라고 말하면서 지식인의 책임 의식을 강조한다. 시대의 정신이 무엇인지를 고민하지 않고, 안일하고 무기력한 의식 속에서, 과거의 고루한 정책과 사회제도에서 벗어나려는 고민이 없는 당시 지식인들에 대하여 비판을 가하고 있다.

또한 그는 "오늘의 오활(迂闊)(실제와 거리가 있음)한 선비들은 눈을 감고 단정히 앉아서 성정(性情)을 함양시키는 일을 철두철미한 공부로 여기고 사물을 도외시하며, 그 몸을 소상(塑像)처럼 만들고 마음을 시들어 마른 나무 등걸이나 식은 재처럼 만들어서, 마치 불(佛)·노(老)의 법문과도 같으니 이러고서야 또한 무엇을 할 것인가?"[14]라고 개탄하면서, 지식인 계층을 이루고 있는 유림(儒林)들이 하는 공부와 교육 내용에 시대의 요청에 부응하지 못하고 있음을 신랄하게 비판을 가한다. 아울러 "지금 한국 학계(學界)는 아직도 옛날의 부허(浮虛)하여 착실하지 못하고, 고루하여 열리지 못한 풍기(風氣) 속에 있다. 소위 몽학하는 숙사(塾師)의 학문은 『천자문』과 『동몽선습(童蒙先習)』과 『사략(史略)』『통감(通鑑)』에 지나지 않고, 그 중에서도 높다는 자도 역시 『소학』과 『맹자』 등 몇 가지뿐이다. 세계 각국의 역사도 배우지 않고, 일용사물에 긴요한 산술도 알지 못하며, 오대

---

13 박은식 외, 『한국의 근대사상』, 「論學要遯志」, 이민수 옮김, 삼성출판사, 1985, 135쪽.
14 박은식 외, 『한국의 근대사상』, 「學規新論-論學要活法」, 이민수 옮김, 삼성출판사, 1985, 134쪽.

주의 명칭도 알지 못하고, 8성(星)의 위치도 알지 못하는 자들이다"[15]라고 말하고 있다. 이것은 당시 전통적 방식을 답습하고 있는 서당 교육의 폐해와 학문적 내용의 편협성, 그리고 신학문에 대한 무지를 지적하고 있다. 그래서 이러한 현실을 타개하고, 새로운 사회질서를 확립하고, 국가와 사회의 발전을 위해서는 새롭고 확고한 사상의 정립과 교육이 필요함을 절실히 느끼고 있었던 것이다.

그는 「유교구신론」[16]에서 당시의 종교계에서 유학이 현실 사회에서 불교와 기독교만큼 자기 역할을 하지 못하는 이유가 어디에 있는지에 대한 질문을 던진다. 유교계에 세 가지 큰 문제가 있음을 제시하고, 이 세 가지 문제를 개량해서 새롭게 하지 않으면, 우리의 장래가 어둡다고 보았다. 첫 번째는 "유교파의 정신이 오로지 제왕의 편에 서 있고, 인민사회에 보급할 정신이 부족한 것"이다. 그에 의하면, 유학의 역사에서 공자는 대동사상과 맹자의 위민사상을 통하여 인민을 사랑하고 교화하려는 정신이 있었지만, 현재의 유교는 군권 옹호의 사상이 되었다.

두 번째는 공자가 천하를 개선하기 위하여 천하를 돌아다닌 구세 정신이 당시의 유학에서는 찾아보기 힘들다는 것이다. 당시 유학자들은 인민 사회에 대하여 교화를 실시하지 못할 뿐 아니라, 자신의 견해도 고루함에 빠져서 세상의 물정을 제대로 파악하지 못하고 있다고 비판하였다.

세 번째는 우리나라의 유가에서는 간단하고 단도직입적인[간이직절(簡

---

15 박은식 외, 『한국의 근대사상』, 「師範養成의 急務」, 이민수 옮김, 삼성출판사, 1985, 200쪽.
16 박은식 외, 『한국의 근대사상』, 「儒教求新論」, 이민수 옮김, 삼성출판사, 1985, 174쪽-180쪽 참조.

易直切)] 방법을 사용하지 않고, 지루하고 방만한[지리한만(支離汗漫)] 공부만을 오로지 숭상한다고 비판한다. 당시의 각종 과학이 복잡하게 발전하고 세상의 물정이 급속하게 변화하고 있는 시대에 지루하고 방만한 주자학적 방법론만을 고수하면서, 정통이란 이름으로 학문의 다양성을 막고 있는 당시 유학자들을 비판한다. 나아가 만약 주자학을 맹신하고 그 방법론만을 강요하게 되면 후학들이 그 번잡함에 염증을 느끼고 공부를 하지 않을 것이라 염려하였다. 그것보다 평이하고 간단하며 단도직입적인 양명학적 학문 방법을 제시하고 있다. 이것은 유학의 근본정신을 새롭게 해석하여 현실 개혁의 근거를 확보하기 위한 노력이라고 할 수 있다.

전통 학문의 폐해에 대한 반성과 아울러 당시 서구학문의 성격에 대해도 분명한 이해를 가지고 있었다. 그는 "현재의 시대는 생존경쟁(生存競爭)을 진화론(天演)이라고 말하며, 약육강식(弱肉强食)은 공례(公例)(일반적 규칙)라 말한다"[17]라고 규정하고, 적자생존·약육강식의 논리로 대변되는 당시의 사회사상의 문제점을 직시하고 있었다. 이러한 시대 상황 속에서 한국의 자강 독립과 국권을 회복하고, 부국강병을 이룩하는 방법을 다른 세력에 의지하거나 힘을 빌려 그 해결책을 강구 해서는 희망이 없다는 것을 지적한다.

그는 "그 사람의 자격이 자강(自强)의 성질이 없으며, 자립(自立)의 능력이 없이 그저 남의 행동에만 의지하는 자는 결코 노예를 면할 날이 없을 것이다"라고 지적하면서 국권의 회복은 반드시 자신의 힘으로 그것을 실

---

17 박은식 외, 『한국의 근대사상』, 「自强能否의 問答」, 이민수 옮김, 삼성출판사, 1985, 189쪽.

현해야 함을 강조한다. 그리고 "오늘날 우리 한국이 남의 압제(壓制)와 고통을 바고 있는 것이 어찌 원통치 않겠는가? 그러나 어느 날 어느 때에라도 이 사슬에서 벗어나서 독립의 지위에 오르고자 한다면, 우리는 전국 인민 모두가 분발하는 마음과 인내하는 성품으로 국력(國力)을 양성하는 사업에 대해서는 백 가지 어려운 일이 있더라도 돌아보지 않고, 한마음으로 앞으로 나아가 스스로 도우므로 하늘의 도움을 얻기로 목적을 삼은 뒤에라야 자강을 얻을 수 있을 것이요. 독립을 회복할 수 있을 것이다."[18] 그래서 타국의 노예가 되지 않기 위해서는 자강(自强)과 자립(自立)에 힘써야 한다고 말하고 있다.

그렇지만 한국 사회의 발전을 위해서는 '사회진화론적 사유'를 받아들이지 않을 수 없었고, 그것을 토대로 우리의 발전 가능성을 모색하였다. 그러나 당시 일본이 영국으로부터 모방한 서구 제국주의적 세계 질서를 긍정적으로 평가하지 않았고, 이 문제에 대한 명확한 인식을 가지고 있었다. 우리 사회의 발전과 문명화를 위하여 서구의 기술문명과 사회진화론의 사유가 필요하지만, 그렇다고 사상의 전환과 계몽운동이 올바르지 못한 제국의 대열에 합류하기 위한 것이 아님을 강조하고 있다. 우리 주권의 회복과 부국강병한 나라로 발전시키는 것은 바로 세계평화에 이바지하는 길이라고 주장한다. 이러한 생각은 유학의 대동사상이 그 초석이 되었고, 전 인류애적 문화 의식을 보여 준다고 할 것이다.

---

18 박은식 외, 『한국의 근대사상』, 「自强能否의 問答」, 이민수 옮김, 삼성출판사, 1985, 190쪽.

4. 양명학과 세계평화의 실현

박은식은 "시대의 학자들로 하여금 고금의 변역(變易)을 밝게 살피고, 시대에 맞는 조치를 깊이 강구(講究)하고서, 유교(儒敎)의 원리에 따라 마르고 새롭게 하도록 한다면, 정치가 어찌 밝아지고 여유 있지 않겠는가?"[19]라고 하면서 유학의 근본정신과 이상(理想)이 현실 문제 해결의 열쇠가 될 것이라고 주장한다. '유교를 새롭게 개혁해야 함을 논한다'(儒敎求新論)고 할 때 새롭다는 '신(新)'의 의미에 대하여 "새로운 것을 구한다고 하면 별난 일로 생각하지만 〈신(新)〉이라는 한 글자는 우리 도에 있어서 본래부터 있는 광명인 것이다. 공자는 '온고지신(溫古知新)'이라 했고, 장자(張子)는 '옛 본 것을 씻어서 새로운 뜻을 오게 한다(濯去舊見以來新意)'했다"라고 설명하면서, 유학의 근본원리 회복이 바로 새로움을 구하는 것임 밝히고 있다.

그는 "우리 한국 유자들의 습관은 개량이라고 하면 잘못된 일로만 인정한다. 하지만 천하의 모든 물건이 크고 작은 것을 막론하고 오래되면 반드시 폐단이 생기고, 폐단이 생기면 반드시 고쳐야 하니, 만일 폐단이 생겼는데도 고치지 않는다면 끝내 멸망하고 마는 것이다. 어찌 이것을 생각지 않을 수 있으랴?"라고 기존의 학계를 비판하면서 조선 주자학의 변화가 필요함을 깨닫게 되고, 양명학으로 전환을 통하여 전통 유학

---

19 박은식 외, 『한국의 근대사상』, 「學規新論-論學要活法」, 이민수 옮김, 삼성출판사, 1985, 134쪽.

의 근본 정신을 회복하는 계기를 마련하자 하였다. 사회 개혁을 위하여 주자학에서 양명학으로의 전환을 주장하는 이러한 박은식의 사상의 배경에는 청나라 말기의 학자 양계초(梁啓超)의 영향이 컸던 것으로 보인다. 이와 아울러 일본의 메이지유신과 근대 사회로의 발전을 도모한 주역들이 양명학을 기초로 하여 사회 개혁을 성공적으로 수행했다는 사실에 주목하고, 긍정적 평가를 내리고 있다.[20] 그래서 당시 조선의 위기상황을 벗어나게 하기 위해서는 역시 이러한 양명학의 필요성을 절감하고 있었다.

박은식은 철학과 과학의 학문적 목적과 방법론이 다름을 지적하는 것에서 유학, 양명학의 역할에 대하여 논의를 전개한다. "대개 정신상 문명은 철학으로서 구(求)하고, 물질상 문명은 과학으로써 구하는 것인데, 현금 세계 인류가 물질문명으로써 생활을 요구하는 우승(優勝)을 경쟁하는 시대이므로 과학의 연구가 우리 학자계(學者界)에 가장 시급하고 긴요한 공부라 할지로다. 그러나 인격의 본령을 수립하여 인심의 함닉을 구제코자 하면 철학의 진리를 발휘하는 것이 또한 일대 사건이라 할지로다" 라고 말하면서, "현금은 과학의 실용이 인류의 요구가 되는 시대라. 일반

---

20 박은식은 일본 양명학회 주간에게 보낸 편지에서 다음과 같이 말하고 있다. "양명은 공자와 맹자를 활용하는 학자요, 귀국의 여러분은 또한 양명을 활용한 학자이다. 그러므로 유신의 호걸들은 다수가 양명학파이니, 그 실제 효용을 발전시킨 것은 중국보다 훨씬 뛰어났다. 하물며 오늘날에 이르기까지 계속하여 귀회(일본양명학회)가 더욱 밝혀갔으니 정신교육에 보탬이 됨을 어찌 헤아릴 수 있겠는가? 귀국은 이미 서양의 물질로 국력을 크게 떨치게 하고, 또한 동아시아의 철학으로 백성의 도덕을 배양하여, 문명 사업을 완전하게 도모할 수 있었으니, 이것이 과연 무슨 역량이겠는가?" 『박은식전서』하, 「再與日本哲學士陽明學會主幹東敬治書」, 236쪽.

청년이 마땅히 차(此)에 용력(用力)할 터인데 인격의 본령(本領)을 수양코자 한다면 철학을 또한 폐할 수 없다"[21]라고 말하면서 실용을 중시하는 과학의 학문적 목적과 달리 철학은 인격형성의 본령임을 주장하고 있다. 과학의 학문적 물음은 객관적 세계에 대한 질문을 던지는 것이라고 한다면, 인격 형성을 위한 도덕적 질문은 그의 내면으로 전환하여 주체인 자기 자신에게 던지는 것이다. 그래서 그는 "도덕이라는 것은 날로 새로워져서 빛을 발휘하고, 국가의 생명은 오직 새로워서 더욱 장구(長久)해지는 것이다. 그러니 새로운 것을 구하는 뜻은 밖으로부터 오는 것이 아닌 것이다."[22]라고 분명히 밝히고 있다. 그래서 그는 "지금의 유자(儒子)가 각종 과학 이외에 본령의 학문을 구하고자 한다면, 양명학(陽明學)에 종하는 것이 실로 간단하고도 절실히 요구되는 법문(法門)인 것이다."[23]라고 역설하고 있는 것이다.

양명학에서 말하는 치양지(致良知)와 지행합일(知行合一)의 실천정신은 객관적 규범이나 인습을 거부하고 인간의 도덕적 자율성인 선험적인 양지를 사상의 근저로 삼아 인간과 우주가 조화를 이룬 만물일체의 세계를 구현하려고 하였다. 그는 "대개 양지(良知)를 이룬다는 학문은 바로 본심(本心)으로 하여금 범속(凡俗)을 초월해서 성인(聖人)의 영역으로 들어가는 길이요. 지행합일(知行合一)의 학설은 마음의 은미(隱微)한 곳에 대하여 성

---

21 박은식 외, 『한국의 근대사상』, 「學의 眞理는 疑로 좇아 求하라」, 이민수 옮김, 삼성출판사, 1985, 220쪽.
22 박은식 외, 『한국의 근대사상』, 「儒教求新論」, 이민수 옮김, 삼성출판사, 1985, 180쪽.
23 박은식 외, 『한국의 근대사상』, 「儒教求新論」, 이민수 옮김, 삼성출판사, 1985, 179쪽.

찰(省察)하는 법이 긴요하고도 절실하며, 사물을 응용하는 데 있어 과감한 힘을 활발한 것이다"[24]라고 설명하고 있다.

왕양명(王陽明)이 말하는 '양지(良知)'는 원래 맹자의 철학적 용어인데, "사람이 배우지 않고도 어떤 것을 할 수 있는 것이 양능이며, 생각하지 않고도 알 수 있는 것이 양지이다"라고 정의하고 있다. 양명이 주장하는 '심즉리(心卽理)'란 본심(本心)의 활동 그 자체, 우리의 행위의 방향, 즉 理가 된다는 것이다. 본심 그 자체의 활동(본심의 자각)이 바로 이치(즉 도덕실천의 원리)이고 행위의 방향을 결정한다. 이것은 마음의 본체 즉 심체(心體)라고도 말하며, 이것을 양지라고 불렀다. 양명의 입장에서 보면, 인간이 마땅히 실천해야 할 천리(天理)가 객관적으로 외재하는 추상적인 법칙이 아니라, 인간의 내면에 내재하고 있는 본심의 작용이고, 이 본심이 자발적으로 드러나는 것이 천리이다. 그러므로 양명은 천리의 드러남이 본심의 양지에서 발현되는 것으로 파악한다.

박은식이 "주자학의 '지리활번'은 용력하기 난하다"[25]라고 한 말은 우리의 마음이 객관적으로 존재하는 이치를 파악하고, 그것을 행위의 원리로 삼아서 실천에 옮기게 되므로, 도덕 실천력이 상대적으로 떨어지고 복잡해진다는 뜻이다. 주자의 격물치지는 실천의 원리인 리(理)를 규명을 위한 인식론적 방법이었다. 그는 격물궁리(格物窮理)를 통해 존재를 규명하고, 다시 이를 윤리적 당위법칙을 실천하는 선지후행(先知後行)의 논

---

24 박은식 외, 『한국의 근대사상』, 「儒教求新論」, 이민수 옮김, 삼성출판사, 1985, 179쪽.
25 박은식 외, 『한국의 근대사상』, 「學의 眞理는 疑로 좇아 求하라」, 이민수 옮김, 삼성출판사, 1985, 221쪽.

리체계를 구축하였다. 그 결과 주자학은 도덕 실천성의 약화를 가져오게 되고, 역사적으로 도덕 실천보다는 학문이나 사변에 치우치는 폐단을 낳게 되었다. 박은식이 주자학에서 양명학으로 전환을 시도하는 것도 바로 이러한 도덕 실천성을 확보하려는 노력이라고 할 수 있다.

박은식은 "대개 양지의 본체는 천리이니, 천리 위에 또 무엇을 더하겠는가? 배우는 사람은 마땅히 온 마음을 천리에 두되, 가만히 있을 때에는 이것을 잘 보존하여 기르고, 행동할 때에는 이것을 좇아 행하면, 바야흐로 사람의 행동이 하늘의 도리에 부합할 수 있다. 그러니 그 천리를 드러내 엿볼 수 있는 곳은 내 마음의 양지이다. 양지는 자연히 밝히 깨닫는 앎이요, 순수하고 거짓이 없는 앎이요, 유행하여 멈추지 않는 앎이요, 두루 응하여 막히지 않는 앎이요, 성인과 어리석은 사람 모두에게 있는 앎이요, 하늘과 사람이 하나 되는 앎이니, 신비하고 묘하구나! 누가 거기에 더 보탤 수 있겠는가?"라고 정의를 내린다.[26]

'양지의 본체'는 양지의 안에 그 근원으로서 '본체'가 따로 있다는 의미가 아니고, 양지의 활동 그 자체, 즉 본심의 활동성 그 자체가 바로 본체라는 뜻이다. 만약 양지가 있고, 또 양지의 본체가 있다고 하면, 양지의 파악이 대상이 되는 것이 본체가 된다. 이것은 주자학에서 말하는 '성즉리(性卽理)'의 의미로서 양명학을 잘못 이해한 것이 되기 때문이다. 그러므로 양지가 바로 본체이고, 본체인 양지가 바로 천리이다. 박은식이 여기서 '더 이상 무엇을 더 더하겠는가'라고 말하는 것도 역시 양지가 천리 그

---

26 박은식, 「왕양명실기」, 이종란 옮김, 한길사, 63쪽.

자체이기 때문에, 양지의 실현이 바로 천리의 실현이 되므로, 주자학에서처럼 천리를 먼저 따로 인식해야 할 필요가 없음을 말하고 있다.

그러므로 "인(人)이 묘연(渺然) 일신으로써 복잡하고 변환(變幻)하는 사물의 중에 처하여 능히 인유(引誘)가 되지 않고 사역(使役)이 되지 않아 모든 것을 명령하고 제재하자면 양지(良知)의 본능으로써 주재를 삼는 것이 근본적인 요령이다. 양지의 본능은 영명(靈明)이오 영명의 원질(原質)은 정결이라. 일체 인생이 누가 무양지(無良知)리오마는 욕망의 장애와 습관의 장애, 물질의 장애로 인하여 본래의 밝음을 상실하는 까닭에 항상 불식(拂拭)과 세척(洗滌)의 공(工)으로써 그 정결한 것을 보존하여야 광명이 자재(自在)하는 고로 왈 청명재궁(淸明在躬)에 기지여신(其知如神)이라"라고 말한다. 이것은 그가 양명학이 주자학에 비해 인간 주체의 자율성을 확장시켜 실천성을 보다 더 확장시키고 있고, 아울러 현실의 변화에 보다 신속하게 대체할 수 있는 유연성을 지니고 있다는 것을 강조한 것이다.

박은식은 양지를 '유행하여 멈추지 않은 앎[유행불식지지(流行不息之知)]'와 '두루 응하여 막히지 않은 앎[범응불체지지(泛應不滯之知)]'로 규정한다. 이것은 양지의 활동성과 실현성을 드러낸 설명이다. 양지는 도덕심이므로 당연히 쉼 없이 활동하는 본체이고, 어떤 상황에서도 막힘이 없이 실현된다. 양지는 주자학처럼 객관적 규범으로서의 활동하지 않는 리(理)가 아니라, 끊임없이 활동하는 본체이다.[27] 그는 이러한 양지의 특성을 수용

---

27 이명한, 김나윤, 「한국철학사에서 박은식 선생의 위상 연구 — 전통유학의 회복」, 『양명학』 36, 2013, 280쪽 참조.

하여 유학을 근대 사회에 적용하려고 하였다. 양지는 어떤 사태나 대상에 대해서 스스로 재량하고 판단하는 주체이다. 그러므로 그 상황에 따라 가장 적절한 규범을 이끌어 낼 수 있는 것이다. 즉 늘 변화하는 현실적 상황에 주체적으로 대응하고 상황에 맞는 도덕적 판단을 할 수 있음을 강조한 것이다. 양지에 대한 이러한 해석은 양명학의 특성을 나름대로 재해석한 것이고, 양지를 바탕으로 해서 우승열패(優勝劣敗)의 시대에 맞게 도덕을 재확립해야 한다고 본 것이다.

박은식은 양명학에서 주장하는 양지를 구현하는 진아(眞我, 참다운 나)를 삶의 현장에서 실천적으로 실현하기를 강조하고, 한 걸음 나아가 이러한 진아가 근대 한국 사회의 주체가 될 때, 한국은 일본 제국주의 침략에서 벗어날 수 있을 뿐 아니라, 세계평화를 이루어 나갈 구심점이 될 것이라 주장한다. 우리는 박은식을 양명학에서 강조하는 양지를 구현하는 참다운 주체를 삶의 현장에서 실천적으로 체현해 보여 준 진정한 깨어 있는 근대 지식인이라고 평가할 수 있다.

참고자료

『논어』, 동양고전연구회 역주, 민음사, 2016

김용구, 「박은식의 내용과 특징분석」, 『양명학』, 50, 한국양명학회, 2018

박은식, 『백암박은식전집』(1-5), 백암박은식선생전집편찬위원회, 2002

_____, 『박은식전서』,(상,중,하), 단국대학교 출판부, 1975

_____, 「왕양명실기」, 이종란 옮김, 한길사, 2010

박은식 외, 『한국의 근대사상』, 이민수 옮김, 삼성출판사, 1985

박정심, 「박은식의 自家精神과 近代 主體 認識」, 『양명학』, 16, 한국양명학회, 2006

_____, 『박은식, '양지'로 근대를 꿰뚫다』, 학고방, 2021

_____, 『한국근대사상사』, 천년의 상상, 2016

신용하, 『朴殷植의 社會思想研究』, 서울대학교출판부, 1998

이매뉴엘 월러스틴, 『유럽적 보편주의 : 권력의 레토릭』, 김재오 옮김, 창비, 2017

이종란, 「박은식의 『儒教求新論』과 孔子觀」, 『공자학』, 3권, 한국공자학회, 1998

이명한, 김나윤, 「한국철학사에서 박은식 선생의 위상 연구-전통유학의 회복」, 『양명
　　학』 36, 2013

현대국가주의의
기원과 안호상
—일민주의(一民主義)를 중심으로

정대성
연세대학교

1. 들어가는 말

두 번의 세계 대전과 수많은 국지전, 그리고 혁명들로 점철된 20세기는 인류 역사상 최악의 세기로 기억될 법하다. 사회진화론과 같이 힘을 정당화하는 19세기의 이데올로기가 20세기의 비극적 운명을 만들어 냈었는데, 20세기 후반부에 등장한 유사한 이데올로기가 어느새 다시 우리의 문지방을 넘어와 있다. 제국주의, 인종주의, 공산주의, 민족주의, 국가주의 등, 전체주의와 그러한 경향은 20세기의 비극을 상징하는 기호들인데, 청산되어야 할 이 기호들이 다시금 우리에게 성큼 다가와 있다.

전체, 그중에서도 국가는 최고선이고 개인은 이 최고선을 위해 봉사해야 한다는, 국가를 신격화한 이 국가주의

【그림 1】 제1대 문교부 장관 한뫼 안호상

는 파시스트인 무솔리니의 다음의 말로 잘 요약된다.

"Tutto nello Stato, niente al di fuori dello Stato, nulla contro lo Stato!"
모든 것은 국가 안에 있고, 국가 이외에는 아무것도 없으며, 국가에 반
하는 것도 없다!

— 무솔리니

　20세기 한국사회는 식민과 분단의 경험으로 인해 민족주의와 국가주
의 그리고 반공주의가 거의 아무런 저항 없이 받아들여졌고, 이념화되었
으며, 삶의 양식이 되어 버렸다. 우리는 아직도 이 이데올로기의 짙은 그
늘 아래 있으며, 세계의 추세에 맞게 더욱 짙어만 간다.

　국가주의(Statism)를 바라보는 여러 가지 시각이 있지만 여기서 말하는
국가주의는 국가를 가장 우월적인 조직체로 인정하여 국가 권력이 경제
나 사회 정책을 통제해야 한다고 주장하는 국수주의적 신조를 말한다.
국가주의 이데올로기는 국가와 국민을 분리하여 주권이 국민에 있지 않
고 국가에 있다고 하며, 개인과 사회는 국가의 권력, 명성과 안녕을 위해
존재한다는 신념으로 표출된다. 전체의 통일성을 저해할 수 있는 것들,
예컨대 개인의 권리, 삶을 자신의 양식에 따라 구성할 수 있는 자유 등은
통제의 대상이며, 좀 더 일반화해서 말하자면 '다른 것'은 용인되지 않고,
심지어 혐오의 대상이 된다. 다른 것에 대한 혐오와 불안은 전체주의적
국가주의가 낳은 자식이자 동시에 바로 그런 이데올로기를 양육한다.

우리 사회의 국가주의 이데올로기는 일제 강점기 민족주의와의 연속성과 불연속성 속에서 생겨났다. 말하자면 강점기 우리 사회를 응집시켰던 중요한 이데올로기인 민족주의는 해방과 새로운 국가 탄생과 더불어 자연스럽게 국가주의로 이행했다. 연속성은 전체를 아우르는 관점에 중점을 두며, 불연속성은 민족주의의 해방적 기능 소멸과 순응 및 적응 요소의 잔존을 의미한다.

전환기 국가 이데올로기의 가장 적극적 주창자는 안호상(1902-1999)이었다. 안호상은 해방 이후 현대 한국교육의 이념과 이승만의 통치이념을 설계한 자로 알려져 있다. 그는 철저한 국가주의에 기초하여 현대한국을 설계한 사람이다. 물론 그에게 국가와 민족이 일차적으로 구별되지 않았으며, 따라서 그의 국가주의에는 민족주의 요소도 숨어 있었다. 말년에 국가주의 대신 민족주의를 재강조한 행위는 그가 국가주의와 민족주의를 구체적으로 구별하게 되었음을 시사한다.[1]

안호상은 현대식 철학교육을 받은 극소수의 1세대 철학자로서 교육과 국가철학에 대한 체계적인 저술을 남겼으며, 나아가 이를 구체적인 현실에 적용할 수 있는 위치에 있었다. 즉 그는 교수로서뿐 아니라 관료이자 정치가로서 초기 한국을 설계하는 가장 중요한 위치에 있었다. 그는 대한민국 초대 문교부 장관으로서 이승만 정권의 국시이자, 자유당의 당시

---

[1] 1992년부터 1997년까지 대종교 총전교를 지냈던 그는 95년 정부의 허락 없이 북한을 방문하여 단군릉 개건기념 어천절 행사에 참여하였다. 이전까지 북한에 적대적이었던 그는 이 일로 북한과의 민족 공동운명체론을 개진하게 된다는 점에서 국가주의에서 민족주의로의 선회를 볼 수 있다. 물론 그는 일민주의에도 이미 민족주의 요소가 있다고 해명하지만, 그는 일민주의로 북한에 적대적이었다는 것 또한 사실이다.

이고 각종 관변단체의 지도이념이 된 '일민주의(一民主義)'(이후 한백성주의)의 이론적 기초를 제공했다. 이사상이 민족주의와도, 반공주의와도 그리고 국가주의와도 공명한다는 점에서 그의 국가철학 고찰은 오늘의 우리를 보는 중요한 거울이 될 것이다.

2. '일민주의'에 나타난 안호상의 국가철학

1) 일민주의

안호상의 국가이론은 그의 일민주의(一民主義)에 잘 나타나 있다. 해방된 신생 독립국, 그러나 분단된 국가의 지도이념으로 제시된 일민주의는 그의 몇몇 단서들에도 불구하고 철저하게 전체주의적이다. 일민주의는 (개인에 대해) 민족과 국가 우선성을 명백히 밝히는 해방 이후 이승만 정권의 공식적 통치이념으로서 안호상이 이 이념을 이론화하고 정당화하는 데 결정적인 역할을 한 것으로 알려져 있다. 그는 한민족의 종교와 철학에서 이 이념을 이끌어 낸다. 말하자면 그는 우리의 전통에서 전 인류에 통용될 수 있을 보편성을 찾아냈다. 그렇

【그림 2】 일민주의 체계표, 대한민국역사박물관 소장

다면 그가 말하는 일민주의란 무엇인가? 그는 우선 일민(一民) 개념 분석에서 시작한다.

> "일민은 한 백성, 한 겨레라는 뜻인 까닭에, 우리는 일민으로서 곧 단일민족이다. 우리가 일민인 것은 과거와 현재도 그러려니와 미래에도 또한 그러할 것이다. 우리는 쪼개여지고 갈라진 두 개의 백성들이 아니라, 오직 한 줄기로 된 백성이요, 한 겨레로서 일민이며, 또 일민의 정신은 "한겨레주의요" "한백성주의"로서 곧 일민주의다."
>
> — 『일민주의의 본바탕』, 일민주의연구원, 1950, 24쪽.

〈세계신사조론〉에서는 다음과 같이 말한다.

> "일민(一民)의 일(一)은 한일 자로서 하나라는 뜻이며, 또 민은 백성 민자로서 백가지 성씨들이란 말인데, 그것은 곧 여러 사람 혹은 여러 뭇사람들이 모이어 뭉쳤다는 의미다. 뭇사람들의 무리로서의 백성은 아무런 서로관계(相互關係)가 없는 사람들의 떼와 무리가 아니라 도리어 그것은 벌써 일정한 땅 위에서 혹은 지역 안에서 모여 살며 뭉쳐 사는 사람들의 떼요 무리인 것이다. 또 이 일민(一民)의 '민'은 일가와 친척과 같이 한 겨레요, 한 민족이라는 뜻도 갖고 있다."
>
> — 『세계신사조론』 상, 일민출판사, 99쪽.

다소 유치한 이런 한자 풀이를 통해 그는 일민(一民)을 한 백성이자 민족으로 지시함으로써 자연스럽게 민족을 국가 단위로 상상한다. 국가의 구성원으로서의 '백성' 개념과 혈통적 군집으로서의 '민족' 개념에 입각하여 그는 '일민' 개념을 분석하는데, 이를 통해 그는 즉각 하나의 민족국가를 표상한다.

　사실 민족국가 개념은 유럽의 근대의 산물이다. 중세는 가톨릭, 즉 보편종교에 기초하여 유럽 전체가 하나로 묶여 있었다. 이때 라틴어는 유럽의 보편어였다. 근대인들, 특히 19세기 낭만주의자들은 그런 보편성에서 벗어나 개별성과 특수성을 지향하게 되는데, 이때 동일한 언어 사용집단인 '민족'이 호명되었다. 기독교가 가톨릭, 즉 보편성을 강조했다면, 민족은 특수성을 강조했으며, 따라서 보편언어인 라틴어가 아니라 다양한 민족어가 전면에 등장하게 된다. 민족 개념을 유의미하게 제시한 최초의 근대인 중 하나인 헤르더는 이 개념을 혈통적 동질성보다 언어적, 문화적 공동성을 지칭하는 의미로 사용했다. 하지만 이 개념은 급속하게 혈통적 개념으로 이행해 갔고, 안호상이 독일 유학 시절에는 이 혈통적 동질성으로서의 민족 개념이 주류를 형성하고 있을 때였다. 그리고 그의 지도교수였던 부르노 바우흐는 혈통에 기초한 민족 개념을 주창한 가장 유력한 민족주의자였으며, 이후에는 나치의 이데올로그로 활동하기도 했다. 안호상은 자신의 스승 부르노 바우흐를 세계 최고의 민족주의자로 추앙했다. 이러한 사상적 영향을 받은 안호상이 민족 개념에 혈통성과 가족성을 포함한 점은 그와 그 시대의 맥락에서 자연스러운 현상이었다. 더욱이 대종교의 구성원이자 지도자로서 그는 혈통의 근원을 단군까지 거슬러 올라가는 견해를 자연스럽게 피력했다. "한 겨레인 일민(一

民)은 반드시 한 핏줄(同一血統)이다. 이
핏줄이란 것이 일민에는 절대적 요소
다." (『일민주의의 본바탕』, 26쪽)

2) 국가유기체설

그는 일민 개념으로 원자적 개인주
의에 기초한 근현대의 유력한 국가이
론을 단번에 제거해 버린다. 일민의
집합성과 혈통성은 강한 결집성을 특
징으로 하며, 이를 설명하는 데는 유
기체가 안성맞춤이다. 그리고 유기체

【그림 3】 『일민주의의 본바탕』, 대구보건
대학교 인당뮤지엄 소장

이론이 대체로 그러하듯 그 이론은 전체주의적인 특성을 갖는다. 유기체
론적 국가이론은 현대에도 여전히 특정한 지지를 받고 있지만, 근현대의
유력한 사회정치이론, 말하자면 사회계약론과 이에 기반을 자유민주주
의와 대립한다. 근대 정치철학의 아버지로 불리는 홉스는 일종의 사유실
험을 통해 국가가 개인들의 자발적인 계약에 의해 성립되었다고 설명한
다. 사회계약론의 핵심은 국가의 구성원들이 이 계약을 통해 국가로부터
특정한 권리를 보장받는다는 점에 있다. 말하자면 국가라는 엄청난 힘을
가진 기구도 개인의 특정한 권리를 침해할 수 없다. 홉스는 절대왕정을
주장했음에도 개인의 생존권을 양보할 수 없었고, 이후 자유민주주의의
이론적 선구가 되는 로크는 생존권과 자유권 그리고 소유권 등을 양도할
수 없는 권리로 주장했으며, 이런 것들이 지켜지지 않을 때 저항권 역시

보장받아야 한다고 말했다. 그런 점에서 현대 국가이론의 중요한 기초가 되는 사회계약론은 무엇으로도 환원될 수 없는 단위인 개인(Individual)을 최종 단위로 설정하며, 이 개인에게는 양도할 수 없는 권리가 있다고 한다. 이는 물질의 최종 단위인 원자의 이합집산으로 물질이 형성된다는 근대 원자론의 사회이론적 버전이라고 할 수 있다. 이러한 세계관을 원자론적, 개인주의적 세계관이라고 한다. 안호상은 유럽 근대의 산물인 계약론적 사회이론을 다음과 같이 정리한다.

> "개인과 사회의 관계는 원자와 물체의 관계와 같다. 더 쪼갤 수 없는 원자들이 모여 한 물체가 되듯이 더 쪼갤 수 없는 개인들이 모여 한 사회가 된다. 원자가 물체의 맨 밑단위이듯이 개인은 사회의 맨 밑단위로서 사회의 참된 밑덩이(기체)이며, 오직 하나의 실재다. 개인은 사회의 참된 실재요, 사회는 단순히 개인과 개인의 관계로서 된 허상에 지나지 않는다."
>
> — 『인생과 철학의 교육』, 195쪽.

사회계약론에 따르면 개인이 궁극적으로 존재하는 하나의 실체이며, 사회는 실체가 아니라 개인들의 총합으로서 하나의 '허상'에 불과하다. 말하자면 원자론적 세계관은 전체를 부분들의 총합으로 보는데, 이는 마치 기계가 그 부분들의 총합과 같다는 생각에서 기계론적 사회이론이라고도 한다. 말하자면 기계를 각 부분으로 해체하여 다시 조립할 경우 이전의 기계와 동일한 형태를 가진다는 점에서, 전체는 부분의 합과 정확히 일치한다는 생각이다.

안호상은 사회계약설에 기초한 당대 유럽 사회의 유력한 사회, 국가이론인 자유주의적 민주주의를 유기체 이론에 입각하여 강하게 비판한다. 유기체, 즉 생명체는 전체가 부분의 합 이상이며, 부분은 전체를 위해서 존재하고, 전체와의 관계에서만 의미를 갖는다고 여겨진다. 생명체의 각 부분을 떼어 내어 다시 붙인다고 하더라도 그것은 그 이전과 같을 수 없다. 왜냐하면 유기체의 원리가 되는 생명이 사라져 버렸기 때문이다. 안호상은 이를 다음과 같이 표현한다.

> "온덩이로서의 전체는 부분들의 기계적 총합에 의하여서도 도저히 설명할 수 없는 한 새 성질을 가졌다. … 한 전체로서 온덩이가 부분으로서의 낱덩이들의 모여 합친 종합이 아닌 것은, 저 전체는 이 종합 밖에 혹은 위에 어떤 무엇이 더 있는 까닭이다. 이 더 있는 어떤 무엇은 아무 다른 것이 아니라 전체성이 제 안에 지닌 내적 통일 원리, 곧 부분들을 통일하는 법칙성 또는 목적성이다."
>
> ─ 『인생과 철학의 교육』, 215-217쪽.

안호상은 국가란 하나의 유기체로서, 평등한 원자적 개인들에 의해 형성된 것이 아니라 국가의 원리 그 자체를 통해 형성된다고 한다. 그는 『세계사조론』에서 다음과 같이 말한다. "사람은 물리학자의 추상적 생각으로써 말하는 원자와 같이 홀로 떨어져 외로이 헤매는 것이 아니라 그는 벌써 날 때부터 만들과 필연적 서로관계를 갖고 났다. 사람은 서로 뭉치며, 합치(社) 모여(會)서 사는 본능을 가진 까닭에 그는 본래 사회적 동물이다."(『세계신사조론』 상, 173쪽)

3) 도구적 국가 비판

일민주의에 기초하여 국가를 해명함으로써 당시 개인주의적이고 자유주의적인 국가이론은 곧바로 비판의 대상이 된다. 자유주의 국가이론은 국가의 존립 근거를 구성원의 자유와 생존 등 그 권리를 보장하는 것에서 찾는다. 자연스럽게 계약론적으로 이해된 국가 개념에 따를 경우 국가는 구성원의 안녕을 위한 도구에 불과하다. 안호상은 이런 도구적 국가의 대표적인 형태로 자본주의 국가를 든다. 그는 전형적인 전근대적인 논리로 이 도구적 국가를 비판한다. "모든 개인들이 다 같은 평등한 자리에서 저마다 저의 자유와 권리, 안전과 행복을 누릴 권리가 있으며, 또 나라는 개인들의 이 목적을 위하여 있다는 것이 자본주의의 개인주의적 민주주의자들의 사회이론이요 나라철학(國家哲學)이다."(『인생과 철학의 교육』, 162-163쪽).

그는 자본주의 국가를 국가를 도구로 보는 대표적 형태로 간주한다. 도구로서의 국가는 그 기능을 상실할 때 존재 근거도 함께 잃게 되는데, 자본주의 국가는 이러한 위험을 항상 내포하고 있다고 그는 주장한다. 자본주의는 관계성이 아니라 개인성에 기초한 경쟁을 그 본질로 하며, 그 경쟁은 약육강식의 논리에 지배되고, 결국 사회는 부익부 빈익빈의

48

상태로 전락하게 되며, 이로 인한 사회 내 갈등으로 국가의 존립이 위태로워진다는 것이다. 스스로 헤겔주의자임을 자처하는 그는 여기서 헤겔의 법철학의 한 구절을 연상시키는 말을 한다.[2] "부유한 사람은 돈벌이에 눈이 어두워서, 그리고 가난한 사람은 가난에 치여 국가에 대한 충성심이 사라진다. 그렇게 되면 국가가 위태롭게 된다. 더구나 인생의 최고목적을 개인의 돈벌이에 두기 때문에 돈벌이에 이용가치가 없으면 조국과 민족을 경시하게 된다."(『세계신사조론』 상, 11-13쪽).

그는 경제적으로 심각한 격차가 국가에 대한 존경심을 소멸하게 한다는 점에서 경제적 격차의 위험을 본다. 물론 안호상이 사적 소유 그 자체를 부정하지는 않는다. 그는 소유를 "사람의 본성이자 본능에 속한" 것으로 보기 때문에 사적 소유를 금하는 공산주의 역시 비판에서 자유롭지 않다. 그에 따르면 공산주의는 "사람의 이러한 천연의 본성을 모르며, … 하나의 감정주의요 공상주의"일 뿐이다.(『세계신사조론』 상, 13쪽, 17쪽). 그가 사적소유와 소유욕을 비판하는 근거는 그것이 국가와 국민 전체의 복리를 위협할 때이다. 사적 소유는 공동의 복리라는 선의 테두리 안에서만 허용되어야 한다는 것이다.

---

2 그의 헤겔 해석은 임의적이며, 극히 왜곡되어 있다는 의미에서 '자처'한다는 말을 썼다. 헤겔은 자본주의 사회가 천민(Poebel)을 양산한다고 하는데, 이때 천민이란 경제적 의미의 빈민이 아니라 권리/법(Recht)을 무시하는 사람들을 의미한다. 가난한 사람은 노동의 권리를 상실한 무권리의 상태에 빠지기에 불법적인 폭동을 일으키고자 하고, 부유한 자들은 법을 지키지 않으려는 태도를 취한다. 권리상실과 불법의 상태가 진정한 천민의 모습이다. 헤겔, 『법철학』, 서정혁 옮김, 지식을 만드는 사람들, 243-245쪽 참조.

그런 점에서 그는 일민주의에 입각한 국가를 자본주의와 공산주의 둘 다를 극복한 대안적 국가상으로 간주한다. 자본주의 국가는 유산자의 이익을 대변하고, 공산주의 국가는 무산자의 이익을 대변하기 때문에 민족 전체의 이익을 대변하지 못하는 편파적인, 그런 점에서 불완전하고 심지어 위험한 국가체제일 뿐이다.

> "일민주의는 개인의 소유와 이익을 절대로 승인하며 보장한다. 그러나 민족이익이 개인이익에 앞선다. 혹은 민족이익이 개인이익보다 더크다. 이것이야말로 일민(주의)의 경제책의 변치 못할 원칙이다."
>
> — 『일민주의의 본바탕』, 일민주의연구원, 76쪽.

우리는 민족 전체의 이익을 앞세우는 그의 이런 태도를 어떻게 볼 것인가? 많은 학자는 그의 이런 태도에서 파시즘적 징후를 본다.[3] 이미 사회적 국가의 초기 형태를 경험한 적인 있는 독일에서 그가 자유 자본주의와 공산주의의 대안으로 사회적 국가(social state)를 상상해 볼 수 있었을 텐데, 그는 그 길을 택하지 않고 오히려 전체에 우선성을 주는 길을 간다. 헤겔주의자임을 자처하는 그는 헤겔에게서 유래하는 사회적 국가를 전혀 이해하지 못했다. 헤겔의 국가철학에 대한 가장 왜곡된 상은 국가주의적 해석이었다. 자유주의자들은 그것을 부정적으로 보았지만, 안

---

3 서중석과 연정희는 일민주의의 이러한 특성을 파시즘과 연결한다. 서중석, 「이승만 정부 초기의 일민주의」, 『진단학보』, 1997, 155-183쪽, 연정희, 「안호상의 일민주의와 정치·교육활동」, 『역사연구』, 2003, 7-38쪽 참조.

호상과 같은 전통주의자들은 이를 긍정적으로 받아들였다는 점만이 차이다. 하지만 헤겔의 국가이론은 그 둘 다와 상관이 없다. 그것은 '사회적 국가'로 이해되어야 한다('보론'에서 다룸). 헤겔은 이미 개인주의적 자유주의 국가가 그 한계를 명확히 드러낸 시기에 활동했다. 그의 국가이론은 개인주의에 대한 반성에서 나온다. 하지만 그렇다고 해서 이전의 유기체적, 전체주의적 국가관으로 나아가지는 않는다. 그는 근대 유럽이 발견한 개인의 가치를 알고 있었다. 개인과 전체의 변증법적 상호작용을 설명하는 국가이론을 입안한 이유인데, 이것이 곧 사회적 국가이다. 이것은 개인주의적, 자유주의적 국가와도, 사회주의적 국가와도 구별된다.

헤겔주의자임을 자처하는 그는 헤겔의 국가이론을 철저하게 전체주의적으로 왜곡했다. 그에게는 전체 아니면 개별이라는 이분법만 있을 뿐 이 둘 사이의 진정한 상호관계를 표상할 수 없었던 것 같다. 그래서 그가 비록 인본주의를 말하고는 있지만, 그 세부 논리는 전체주의로 향한다. 그는 국가의 목표를 다음과 같이 말한다.

> "'사람을 크게 유익하게 함'은 곧 사람과 백성을 주체의 본위로 하는 인본주의와 민본주의인 사람주의와 백성주의로서, 이것이 곧 모든 나라의 목적이요 본질이다."
>
> ― 『정치와 사회』

말하자면 그는 홍익인간(弘益人間)이 모든 국가의 목적이라고 한다. 그는 이 이념을 동시에 교육의 목적으로 제시하기도 한다. 그는 홍익인간의 이념을 일민주의의 한 핵심 개념으로 삼아 이처럼 국가와 교육의 보편적 목적으로 삼는데, 이를 그는 삼국유사의 단군 사상에서 읽어 낸다. 그리고 일민주의는 보편적으로만 적용되는 것이 아니라 국가의 특수한 상황에서 다르게 발현되는데, 그것은 한반도의 특수 상황에서 민족통일로 나타난다고 한다. 물론 그는 이 통일의 정신 역시 우리의 전통인 화랑의 정신에서 본다. 그가 화랑을 통일의 이상으로 본 이유는 국가의 목적 실현을 위해서는 개인의 희생이 당연히 요구됨을 보이기 위함이다. 유럽 근대의 위대한 발견인 인간 개인의 자유와 권리 개념은 국가의 부름에 기꺼이 포기될 수 있다. 이런 이유로 안호상의 철학은 "국가 자체를 인격체로 이해하면서 그것을 숭배의 대상이자 모든 가치관의 정점"[4]이라고 비판되기도 한다.

4) 개인의 문제와 일민민주주의

그의 일민주의는 전체를 위해 개인의 희생을 정당화한다. 하지만 적어도 그는 표면적으로 개인의 자유와 권리를 외면하지 않는다. 그는 개인과 국가의 관계를 상호의존적인 관계로 설명한다. 이때 그 설명의 모델은 앞에서도 살폈듯이 유기체이다.

"'나'라는 것이 병들 적에 내 몸의 부분들이 따라 병들듯이 내 '나라'가 병들 적에 '나'라는 것이 따라 병들게 된다. 그리고 한 유기체의 한 부

---

4 조효제, 「애국주의/국가주의 대 인권」, 『내일을 여는 역사』, 2015, 118쪽.

분이 나빠질 적에 그것이 곧 전체에 나쁜 영향을 주듯이, '나'라는 것이
나빠질 적에 그것이 곧바로 '나라'에 나쁜 영향을 주게 된다."

— 『철학개론』, 대한교과서, 221쪽.

하지만 그가 비록 전체와 부분의 상호관계를 주장하기는 하지만 그 관
계를 유기체적 관점에서 설명할 경우 언제나 전체 우선성을 피할 수는
없다. 왜냐하면 부분은 언제나 전체를 위해서만 의미가 있기 때문이다.
말하자면 유기체적 설명은 부분을 언제나 전체와의 관계에서만 해명한
다. 실제로 그는 그런 상호성을 말하면서도 결국에는 전체의 우선성으로
나아간다. "전체는 부분들에 대하여 그들의 자리를 정하며 가치를 붙여
주는 것으로서, 부분들에 대하여 논리적 먼저성(先在性)과 가치적 우위성
을 가졌다. 그러므로 각 부분은 오직 전체에 있어서만 참으로 하나의 부
분으로서의 있음과 가치와 또 의미를 가지게 되는데, 그것은 이제 말한
생물체와 나라, 혹은 사회의 본질에서 잘 알 수 있다."(『인생과 철학과 교
육』, 217쪽)

따라서 전체와 부분의 상호성이라는 그의 요청은 말 그대로 요청으로
끝난다. 이러한 생각은 자연스럽게 국가우선주의로 나아간다. 국가 우
선성에 대한 그의 해명은 오늘날 진부하게 들리는 국가주의의 논리를 따
른다. '나는 없어져도 국가(우리)는 있을 수 있지만, 국가가 없으면 나는
없다. 만약 국가가 없으면 나의 자유를 주장할 수 없게 된다. 그러므로
나의 자유를 말할 수 있으려면 국가가 자유가 있어야만 한다. 한마디로
말하면 국가의 주권이 없으면 국민 개인의 자유는 없기 때문이다.'(『세계

신사조론』 상, 176-177쪽).

안호상은 일민주의를 민주주의와 결합한 일민민주주의라는 정치형태를 제안한다. 그에 따르면 민주주의는 세 가지 종류가 있다. 1) 서구민주주의, 2) 소련민주주의, 3) 일민민주주의가 그것이다. 특히 그는 서구민주주의와의 대결에서 일민민주주의의 압도적 우수성을 강조한다.

서구민주주의는 개인들의 형식상의 평등을 말하지만 현실적으로 금권정치에 다름 아니라고 한다. 안호상은 세금납부의 유무와 과소에 따라 표의 등가를 두었던 최초의 자유주의적 실험을 염두에 둔 것이거나 당대 유럽의 정치 현실을 그렇게 평가했다고 보인다. 서구민주주의는 보편적 참정과 평등한 참정이 19세기 말에서 20세기 초에 걸쳐 서양 제국에서 광범위하게 도입되었기에 서구민주주의를 단순히 금권정치로 표현하기는 힘들다. 그리고 유럽의 정치 현실에 대한 이러한 평가는 지극히 마르크스주의적 접근으로 보인다. 오히려 그의 비판에서 주목해야 하는 것은 서구민주주의가 개인의 자유와 권리, 행복과 안전을 주목적으로 한다는 데 있다. 서구민주주의에서 상정하는 개인은 원자론적 개인이다. 국민 각자는 모두 독립적 개체로서의 개인이고, 국민 전체는 개별적 존재로서의 국민들의 총합이다.

이에 반해 그는 일민민주주의에서 국가의 주권이 국민 전체(일민)에 있고, 국민 전체를 위한 정치와 도의정치가 그 특징이라고 한다. 주권의 소재가 국민 전체에 있다는 것은 군주제나 특정한 엘리트 혹은 유산자 계층의 참정권만을 말한 (초창기) 서구민주주의와 구별되고, 또 특정한 엘리트나 유산자에게만 참정권을 주었던 과거의 서구민주주의와도 구별된다. 국민 전체를 위한 정치는 개인의 권리와 자유의 보장을 주목적으로 하는 서구민주주의와 구별된다. 여기서 도의정치는 이러한 민주주의가 잘 수행되기 위해 피치자와 정치지도자가 공히 도의적인 사람이어야 함을 말한다.

3. 나오는 말

안호상의 일민주의는 일견 온건한 민족주의처럼 보이지만 사실은 파시즘의 독소를 안고 있다고 주장들이 1990년대 이후 등장하기 시작했다. 예컨대 서중석은 단군과 화랑 등을 이끌어 일민주의를 정당화하는 논리에 '모순과 허황함'과 '역사의식의 결여'가 눈에 띈다고 평가했다.[5] 이후 안호상에 대한 연구가 많이 나왔는데, 대부분이 그의 파시즘적 요소에 주목하고 있다. 사실 그의 이론뿐 아니라 행적을 살펴보면 그러한 평가가 정당해 보인다.

---

5 이병수 역시 이러한 평가를 한다. 안호상은 일민주의에 세계성과 민주주의가 내포되어 있음을 정당화하는데, 홍익인간을 보편적 가치로, 그리고 단군자손으로서의 한 민족이 민족적 단일성을 보장하듯 한얼님의 자손으로서 온 인류는 세계적 단일성을 보장한다고 함으로서 일민주의의 세계성을 말한다. 그리고 일민주의적 민주주의를 정당화하기 위해 신라 화백제도의 만장일치제도를 드는데, 화백제도가 철저한 신분사회에 기반을 둔다는 것을 전혀 고려하지 않은 "황당한 역사인식"이라고 비판한다. 이병수, 「문화적 민족주의의 맥락에서 본 안호상과 박종홍의 철학」, 『시대와 철학』, 2008, 177쪽 이하 참조.

그의 국가철학은 파시스트들이 즐겨 원용하는 유기체설에 입각해 있으며, 구체적으로 반개인주의, 국가·민족중심주의로 요약할 수 있다. 그는 국가를 개인의 이익을 위한 도구로 보는 모든 종류의 도구적 국가관, 구체적으로 하자면 자유주의적, 개인주의적 국가관을 주된 비판의 대상으로 삼는 것은 그에게서 당연하다.

그가 정당화한 일민주의는 이승만의 통치이념이 된다. 물론 일민주의가 이승만의 아이디어인지 안호상의 아이디어인지에 대한 의견이 분분하지만, 적어도 그것을 이론으로 정립한 자가 안호상이었다는 것은 이론의 여지가 없다. 이 이념은 당의 이념이 되고, 학교의 이념이 되었으며, 심지어 엘리트 양성학교를 꿈꾸는 일민학교를 창건하기도 했다. 그리고 문교부장관 시절 학도호국단을 창건하기도 하는데, 일민주의의 중요한 한 토대인 화랑도의 정신을 구현한 것이라고 하기도 한다. 그리고 1968년 박정희 정권 당시 국가주의적인 내용을 담은 국민교육헌장의 제정 위원이 되기도 한다.

그렇다면 왜 우리 사회에서는 유기체적 국가관이 그렇게 쉽게 한국의 통치철학이 될 수 있었을까? 근대 유럽의 독특한 발견물인 개인(individual)은 우리 사회에서 한 번도 제대로 이해되지 못했다. 기계론과 유기체론을 통합하는 제3의 길을 생각하기에는 우리의 이론적, 실천적 경험이 일천했다. 이는 예컨대 계몽주의의 기계론적 자유주의와 낭만주의의 유기적 전체성 논리를 접했던 헤겔이 변증법적 사유로 나아간 것, 국가이론에서는 자유주의 국가도 전체주의 국가도 아닌 제3의 국가이론, 즉 사회적 국가이론으로 나아간 것과는 대비된다. 사실 안호상은 자신을 헤겔주의자로 소개하지만, 적어도 국가이론에 관한 한 그렇게 말할 수 없을 것 같다. 헤겔이 원자론적 사유와 유기체적 사유의 종합으로 변증법적 사유를 제시했는데, 이 변증법적 사유를 다시 전체 우위의 유기체적 사유로 변경시켰으니 말이다. 한 번도 서구적 의미의 개인주의, 원자적 세계관을 경험하지 못했던 시대, 즉 근대적 개인이 역사적 주체로 등장할만한 사회적 기반이 마련되지 않았었다는 사실이 곧바로 유기체론으로 가는 쉬운 길을 택했을 것이다. 유기체론은 형태는 다르지만 우리의 전통과 깊이 맞닿아 있다.

하지만 어쨌거나 우리 사회는 서구의 근대를 빠르게 받아들이고 내재화하였지만, 서구 근대의 위대한 발견인 개인과 그에 내재한 권리 등의 개념을 제대로 이해도 하지 못한 채 다시 근대이전의 사회체를 설명하는 유기체적, 전체주의적 세계관으로 급속히 나아가고 있다. 그 뿌리 근처에는 안호상이 있다.

보론: 헤겔의 국가론 – 사회적 국가

헤겔의 국가를 이해하기는 쉽지 않다. 그만큼 곡해의 가능성이 크다. 대표적인 오해가 전체주의 국가관이다. 한국의 1세대 철학자들도 대부분 그렇게 이해했다. 하지만 헤겔의 국가는 자유주의적으로도, 전체주의적으로고 이해되어서는 안 된다. 그것은 이상적으로 조화하는 사회적 국가로 이해되어야 한다. 국가론이 등장하는 그의 〈법철학〉은 객관정신의 한 영역이다. 객관정신은 법, 도덕, 인륜을 다루는데, 이 인륜은 다시 가족, 시민사회, 국가로 이뤄져 있다. 국가는 객관정신의 가장 마지막 단계이자 절대정신 직전의 단계이다. 바로 이 구도에서 그의 국가 개념은 사회적 국가로 읽혀야 한다는 것이 헤겔 시대부터 있어 온 해석이자 오늘날 힘을 얻고 있는 해석이다.

사회적 국가란 헌법에 따라 기본권과 개인적 자유와 경제적 자유를 보장할 뿐 아니라[법치국가(Rechtsstaat)], 사회적 적대와 긴장을 완화하기 위해 법적, 재정적, 물질적 조치를 취하는 민주주의 국가로 정의된다. 다른 말로 하면 사회적 국가는 민주적 체계 내에서의 삶의 위기와 자본주의적 시장경제의 사회적 파급효과를 정치적으로 제어할 수 있는 체계를 구축하고 있는 국가이다. 독일헌법은 독일 연방공화국을 "사회적 연방국가"(sozialer Bundesstaat)(Art. 20, 1)로, 혹은 "사회적 법치국가"(sozialer Rechtsstaat)(Art. 28, 1)로 표기함으로써 사회적 국가 개념을 그 체제로서 받아들이고 있다. 사회적 국가의 이념에 따르면 시장의 과정은 상품의 공급 외에 시장 자체에 의해서는 제어될 수 없는 사회적 위기와 문제들에 대해서도 신경을 써야 한다. 그런데 시장경제의 그런 사회적 영향에 대한 정치적-국가적 극복은 사회국가적 정치체계에서 시장경제를 훼손하지 않고서 수행되어야 한다고 한다.

사회적 국가의 이런 이념은 자유와 권리보호라는 자유주의적 이상과 사회적 불평등을 제거함으로써 공동의 이익을 극대화하고자 하는 공화주의적 이상, 혹은 전체의 복리를 조화하려는 오랜 노력의 결과로 읽힐 수 있다. 다른 방식으로 표현하자면 국가를 사회에 종속시키는 자유주의, 사회를 국가에 포섭시키는 전체주의, 그리고 국가를 사회로 지양하고자 하는 사회주의국가(socialist state)나 그 완성태인 공산사회 그리고 무정부주의 등을 동시에 피하고자 하는 노력의 결과가 국가와 사회를 조화하는 사회적 국가 형태로 등장했다고 할 수 있다. 이때 '사회적'으로 번역되는 형용사 sozial은 일반적으로 동일하게 '사회적'으로 번역되는 gesellschaftlich와는 전혀 다른 의미를 가진다. 예컨대 독일어 soziales Problem(사회문제)은 사회적 약자에게 주로 발생하는 문제를 말한다. 빈곤문제와 이에서 파생하는 문제들은 그 대표적인 예이다. 이에 반해 gesellscaftliches Problem(사회문제)은 폭력, 테러, 왕따, 자살문제 등을 지시하기 위해 사용된다. 이 문제들은 굳이 사회적 약자에게서만 나타나는 것이 아니다. 따라서 사회적 국가에서 '사회적(sozial)'은 '사회적 약자를 배려하는'의 의미를 담고 있다. 사회적 약자에 대한 고려가 없을 경우 국가는 위기에 처할 수 있다는 오랜 정치적 경험과 철학적 숙고의 결과이다.

사회적 국가는 일단 정치와 경제, 시민적-공적 삶과 사적 삶을 철저하게 구분하며, 여기서 더 나아가 정치의 우위를 강조한다. 물론 이때 경제가 정치에 종속된다는 말은 아니다. 정치와 경제가 구분된다는 것은 자본주의적 시장경제를 정치가 간섭하지 않는다는 것을 의미한다. 사회적 국가가 기본적으로 경제의 자율, 즉 시장을 강조한다는 점에서, 경제의 영역을 한계짓기는 하지만, 경제 자체에 직접 개입하지는 않는다는 점에서 그것은 사회주의적 시도와 다르다. 말하자면 시장에서 수행되는 경제의 영역을 정치적으로 규정하여, 경제가 그 영역을 벗어나지 못하게 한다는 것이다. 삶의 특정한 영역, 말하자면 공공영역으로 구별할 수 있는 영역, 예컨대 교육과 의료의 영역을 경제영역에서 정치적으로 제외함으로써 그 영역을 국가의 영역에 둘 수 있다. 이러한 생각은 정치(공적 영역)에 대한 경제(사적 영역)의 우위를 강조하는 전통적 자유주의(시장경제)뿐 아니라, 삶의 모든 영역을 경제원리로 운용해야 한다는 신자유주의(시장사회)와도 구분된다. 그리고 그것은 또한 경제 영역을 일반의지의 이름으로 전적으로, 혹은 압도적으로 정치에 포섭하려는 공화주의와도 구별된다.

헤겔이 〈법철학〉에서 시민사회와 국가를 구별하고 시민사회의 작동방식을 경제적 자유주의의 원리에 따르고 국가를 경제적 자유주의를 유지하기 위해 경제적 자유주의가 가지고 있는 자기파괴적 요소를 통제하는 기구로 구상한 것은 잘 알려져 있다. 그가 그리는 국가는 경제적 자유를 위해 정치적 자유가 선행되어야 함을 보인다. 즉 경제적 자유와 정치적 자유를 통합하기 위해 사회적 국가 모델을 제시한 것이다. 그는 이를 "구체적 자유"라고 말한다. 하지만 이보다 더 큰 이유가 있다. 이에 대한 답을 얻기 위해서는 절대정신과의 관계를 살펴야 한다. 많은 경우 헤겔의 국가 개념은 객관정신의 영역 내에서, 즉 실천철학 내에서만 해명되고 만다. 하지만 그 진정한 의미는 절대정신과의 관계에서 드러난다고 생각한다.

그가 객관정신인 국가와 절대정신의 영역을 구분하는 근거는 다음과 같다. 한편으로 절대정신에 속하는 예술과 종교와 철학은 국가의 지리적, 문화적 국경을 넘어 세계성과 보편성을 띤다는 점에서 그런 것에 제약을 받는 국가보다 위에 있다. 말하자면 세계로 외화된 정신은 자신의 외화된 사물을 매개로 해서만 자신을 인지하지 결코 자신을 직접 인지할 수 없다. 정신의 순수한 자기 인식은 절대정신에서만 가능하다.

다른 한편 헤겔이 절대정신의 영역에 위치시킨 것들, 즉 예술과 종교와 철학은 일반적으로 정신의 영역이라 불러도 낯설지 않지만, 그가 국가나 사회를 '정신의 구현체'라고 부르는 것은 어딘지 낯설다. 이 영역들은 정신의 영역이라기보다 물질적, 실천적 재생산의 영역에 위치하는 것이 일반적이기 때문이다. 하지만 헤겔이 그런 인륜적 공동체도 정신의 영역에 위치시킨 것은 중요하다. 정신의 본질인 이성이 인간의 공동체의 원리여야 하고, 자유가 그 공동체의 본질이어야 함을 주장하기 때문이다. 말하자면 경제적 행위와 정치적 행위는 상대적으로 낮은 단계의 정신 영역, 우리의 일상적 용어로 말하자면 (정신과 구별되는 의미의) 물질적 혹은 질료적, 실천적 재생산의 영역인데 반해, 절대정신의 세 영역은 진정한 의미의 정신의 영역으로서 인간이 정신적 존재이고, 그런 점에서 자유로운 존재임을 알려 주는 가장 직접적 현상들이라 할 수 있다.

사정이 이러하다면 "국가라고 하는 것, 그것은 세계 안에 있는 신의 통로다(Es ist der Gang Gottes in der Welt, dass der Staat ist)"라는 헤겔의 유명한 구절의 의미를 이해할 수 있다. 사실 이 문장만큼이나 헤겔을 국가주의자로 해석하게 하는 문장은 없었다. 이 문장은 영어로 "국가는 세계를 관통해 가는 신의 행진이다"로 번역되면서 국가를 신성한 것으로 이해하게 하는 빌미를 제공했다. 하지만 헤겔은 이 구절로 국가가 절대정신으로 나아가게 하는 "질료적 토대"가 됨을 말하고자 했다. 국가는 통로이지 그 자체 목적이 아니다. 말하자면 국가는 신, 즉 절대적 정신이 자신을 드러내기 위해 통로로 사용하는 인륜적 실체, 절대정신으로 향하는 통로라는 것이다. 테일러가 "국가는 헤겔이 '절대정신'이라고 부른 의식의 양태에서 다른 존재와 맺는 본질적 관계를 회복할 수 있게 하는 불가피한 도정 중 하나이다"[6]고 헤겔의 국가 개념을 해석한 이유는 바로 이런 점 때문이다.

그렇다면 국가의 존립 근거는 보다 분명해진 것 같다. 그가 국가를 객관정신의 최고의 형태로 간주하는 이유는 정치적 결정을 통해 물질적, 현실적 안정을 도모함으로써 그 구성원에게 정신적 활동을 할 수 있도록 토대를 제공하는 임무를 갖음을 설명하고자 한 데 있다. 국가가 자유주의자들이 주장하듯이 생존권과 자유권, 그리고 사유재산권을 보장하는 이유는, 그리고 공화주의자들이 주장하듯이 평등한 정치의 참여를 보장하는 이유는 바로 거기에 있다. 말하자면 우리에게 경제적 자유와 정치적 자유가 필요한 이유는 정신적 자유를 향유하기 위해서다. 이는 역으로 정신적 자유가 가능하려면 경제적, 정치적 안정이 필수조건임을 보여 준다. 더 높은 질의 삶을 영위하게 하기 위한 토대의 마련, 그것이 곧 오늘날 국가의 임무이다. 서양은 헤겔의 이러한 생각을 사회적 국가라는 이념으로 구체화했다.

---

6 찰스 테일러, 정대성 옮김, 『헤겔』, 2014, 그린비, 715쪽.

우현(又玄) 고유섭(高裕燮) 예술철학의 원류

한상연
가천대학교 리버럴아츠칼리지 교수

1. 여는 글

우현 고유섭(1905~1944)은 한국적 미학과 예술사학의 태두이다. 우선 '태두'라는 말에 주목해 주기를 바란다. 태두란 본래 태산(泰山)과 북두칠성을 아울러 이르는 말이다. 특정한 분야에서 가장 권위가 있는 사람을 일러 비유적으로 태두라 한다. 이 글은 고유섭이 오늘날에도 여전히 한국적 미학과 예술사학의 태두로 인정되어야 한다는 전제에서 출발한다.

고유섭에 관한 연구들은 대체로 고유섭이 한국적 미학과 예술사학을 정초한 인물임을 인정한다. 하지만 근래에는 고유섭의 한계를 지적하는 연구들도 있다. 특히 이들은 대체로 고유섭이 식민사관의 영향을 받았다고 보고, 한국의 전통 예술에 관한 고유섭 해석의 문제점을 지적한다.

고유섭이 식민사관의 영향을 받았다는 것은 필자 역시 인정한다. 고유섭이 한국적 미학과 예술사학을 정초했다는 말은 고유섭 이전에는 한국적 미학 및 한국적 예술사학이 존재하지 않았다는 뜻이기도 하다. 적어도 미학과 예술사학을 동아시아의 전통적 학문과 구분되는 서구적 학문으로 이해하는 한에서는 그러하다. 서구적 학문성의 관점에서 한국의 전통 예술에 관해 연구하고 평가하는 작업은 외국인 학자들에 의해 시작되었다. 그중 가장 큰 비중을 일본인 학자들이 차지했다. 물론 고유섭 이전에는 미학과 예술사학을 체계적으로 연구한 한국인도 존재하지 않았다. 이러한 상황에서 고유섭이 식민사관의 영향을 받지 않았다는 가정은 비현실적이다. 고유섭이 정초한 한국적 미학과 예술사학이 식민사관의 영향을 받았다는 지적은 타당하다는 뜻이다.

그러나 고유섭에 대한 정당한 평가는 고유섭의 사상이 식민사관의 한계 안에만 머물렀는지 철저하게 따져본 이후에나 가능하다. 만약 고유섭의 사상에 식민사관의 한계를 넘어선 무언가가 있다면, 우리는 마땅히 그것이 무엇인지 잘 드러내고 평가하려는 노력을 기울여야 한다. 이러한 작업은 고유섭을 맹목적으로 숭배하거나 미화하려는 태도와는 무관하다. 오늘날의 관점에서 지난 시대의 사상가들을 비판하기는 쉬운 일이다. 그러나 지난 시대의 사상가들이 시대의 한계를 넘어서기 위해 어떤 노력을 기울였는지 먼저 살펴보지 않으면 지난 시대의 사상가들에 대한 어떤 비판도 정당할 수 없다.

2. 고유섭의 학문적 성장 과정

고유섭은 1905년 2월 2일 인천부 부내면 용리(현재 인천광역시 중구 용동)에서 태어났다. 고유섭의 아호(雅號) '우현'은 『도덕경』의 '현지우현'(玄之又玄)을 가리키는 것으로 생각된다. '현지우현'의 '현'은 깊고 아득하여 신비하다는 뜻이다. '우'는 '또', '다시', '더욱' 등의 뜻이다. 그러니 '우현'이란 매우 깊고 아득하여 그 정체를 분명히 헤아릴 수 없을 만큼 신비한 것을 가리키는 말일 터이다.

고유섭의 성장 과정에서 중요한 사실 중 하나는 유년기에 취헌(醉軒) 김병훈(金炳勳)의 서당 의성사숙(意誠私塾)에서 수학(修學)한 것이다. 어려서부터의 한문 공부는 훗날 고유섭이 한국의 전통 예술을 연구하는 데 큰 자산이 되었을 것이다. 또한 고유섭이 15세의 나이로 3·1운동의 만세 시위에 가담한 뒤 체포를 당해 구금되었다가 사흘 만에 풀려났다는 사실도 주목할 필요가 있다. 한국의 전통 예술에 대한 고유섭의 태도가 항일정신과 무관하지 않다는 점을 암시하기 때문이다.

고유섭은 1925년 서울 보성고등보통학교를 졸업한 후 경성제대 예과에 입학했다. 1927년 본과로 법문학부 철학과를 선택하고 미학과 미술사를 전공했다. 당시 경성제대에서는 미학과와 미술사과의 구분이 없었다.

경성제대의 교수 중 고유섭에게 가장 큰 영향을 끼친 인물은 고유섭의 지도교수이기도 했던 우에노 나오테루(上野直昭)였다. 우에노는 주로 미학과 서양미술사를 강의했다. 고유섭에게 콘라트 피들러를 연구할 마음을 품도록 한 사람도 우에노라고 생각된다. 고유섭은 우에노의 지도 아래 피들러에 관한 학사 논문을 작성했다.

물론 우에노 외에도 고유섭에게 영향을 끼친 교수들이 있었다. 일본과 중국의 미술을 강의했던 다나카 도요조(田中豊藏), 고고학을 강의했던 후지다 료사쿠(藤田亮策) 등이 고유섭에게 적지 않은 영향을 끼쳤을 것이다.

고유섭의 학사 논문은 주로 피들러의 주저 『예술 활동의 근원(Der Urspurung der Künstlerlischen Tätigkeit, 1887)』을 다루고 있다. 1929년 제출된 고유섭 학사 논문의 제목은 「예술적 활동의 본질과 의의」이다. 이 제목 자체가 피들러 예술철학의 핵심문제를 드러낸다. 피들러는 '예술이란 무엇인가?'라는 물음에 대한 적확한 대답은 '예술적 활동의 본질과 의의'에 대한 성찰로부터만 주어질 수 있다고 보았다.

고유섭은 1930년 경성제대를 졸업하고 난 뒤 같은 학교 미학연구실의 조수가 된다. 고유섭은 조선미술사를 학문적으로 정초할 것을 필생의 목표로 삼았다. 고유섭은 미발표 유고인 「학난(學難)」에서 다음과 같이 회상한다.

"내가 조선미술사의 출현을 요망하기는 이미 소학시대(小學時代)부터였다고 생각한다. 그것이 내 자신의 원성(願成)으로 되기는 대학시대부터이다."

— 『隨想 紀行 日記 詩』(又玄 高裕燮 全集 9), 열화당, 2013, 26쪽.

고유섭의 회상에 미루어 보면, 그는 피들러의 예술철학 역시 조선미술사를 학문적으로 정초하려는 마음으로 연구했을 것이다. 유감스럽게도 고유섭은 40세도 되기 전에 너무 일찍 세상을 떠났다. 그는 분명 조선미술사를 자신의 손으로 온전하게 서술하기를 원했을 것이다.

고유섭은 「조선미술사 초고」와 「조선미술약사(朝鮮美術略史)」 등 미완의 저술을 남겼다. 하지만 짧은 생애에도 불구하고 그는 불꽃 같은 탐구열로 조선 미술에 관한 수많은 저술을 남겼다. 게다가 그의 저술은 모두 경주, 개성, 부여 등 국내의 도시뿐 아니라 중국과 만주에 이르기까지 조선의 미술 흔적을 발견할 수 있는 유적지를 두루두루 답사하며 수행한 구체적이고 실증적인 연구에 토대를 두고 있다. 조선 미술에 대한 진지한 관심과 섣불리 이론을 세우려 하지 않고 철저하게 실증적으로 예술 작품을 먼저 조사하려는 태도가 고유섭이 짧은 생애에도 불구하고 한국적 미학과 예술사학의 태두가 되게 한 원동력이었다.

아마 민감한 독자는 지금쯤 왜 필자가 미술사학과 예술사학이라는 말을 함께 쓰는지 의아해하고 있을지 모르겠다. 고유섭에 관한 글은 대개 예술사학이 아니라 미술사학이라고 쓴다. 고유섭 본인이 '조선미술사'라는 말을 썼다면 당연히 고유섭의 학문 역시 미술사학이라고 불러야 하지 않을까?

이러한 문제 제기는 미술의 '미'를 어떻게 이해하느냐에 따라 타당할 수도 있고 타당하지 않을 수도 있다. 만약 '미'를 인식과 별개인 시각적 'beauty'와 같은 것으로 이해한다면, 고유섭의 학문을 미술사학이라 부르면 안 된다. 하지만 '미'를 우리말 '아름다움'으로 풀고, '아름다움'의 뜻을 '아는 것이 아름답다'라는 것으로 파악한다면, 고유섭의 학문을 미술사학이라 불러도 된다. 고유섭은 '아름답다'를 '알음과 답다'가 합쳐진 말로 보았다. 물론 아름다움의 어원에 대한 해석은 다양하다. 그러나 우리에게 중요한 것은 고유섭이 아름다움을 일종의 인식 현상으로 보았다는 사실이다. 필자가 군이 미술사학이라는 말과 예술사학이라는 말을 함께 쓰는 것은 고유섭의 '미'를 인식과 별개인 시각적 'beauty'와 명확하게 구분하지 않는 경향이 적지 않다고 보기 때문이다.

이러한 점을 고려해 보면, 피들러의 주저 『예술 활동의 근원』에 관한 고유섭의 학사 논문 제목이 「예술적 활동의 본질과 의의」라는 점은 의미심장하다. 실은 바로 피들러가 예술이란 일종의 인식 현상이라고 강조한 장본인이다. 피들러에게 예술 활동은 일종의 인식적 활동이고, 그 근원은 언어로 포착할 수 없는 시지각적 인식을 표현하고자 하는 욕구와 의지이다. 필자는 미술의 '미'를 '알음 답다'의 '아름다움'으로 이해하는 고유섭에게 미술이란 본래 일종의 인식적 활동인 예술 활동과 연관된 말이라고 본다. 미술 내지 예술의 본질에 대한 이해에서 고유섭은 예술을 인식적 활동의 하나로 보는 피들러의 견해를 적극적으로 수용했다고 보아야 한다.

고유섭에 관한 연구서들을 읽다 보면, 빈학파의 시조로 통하는 오스트리아의 미술사가 알로이스 리글(Alois Riegl)과 스위스의 미술사가인 하인리히 뵐플린(Heinrich Wölfflin) 등이 고유섭의 미술사 연구에 적지 않은 영향을 끼쳤다는 주장을 자주 접하게 된다. 분명 타당한 주장으로 보인다. 특히 뵐플린이 양식사적 관점에서 선적인 것과 회화적인 것, 표면적인 것과 심오한 것, 닫힌 형식과 열린 형식 등의 구분 제시가 고유섭의 방법론 형성에 핵심적이었을 것이다. 그런 점에서 고유섭의 학문 형성에 콘라트 피들러가 가장 큰 영향을 끼친 인물인지의 문제는 관점에 따라 달리 답변할 수 있는 문제인 셈이다.

그럼에도 필자는 예술의 본질에 관한 성찰에 한해서는 고유섭에게 피들러가 가장 결정적인 사상가였다고 본다. 아름다움을 앎의 표현으로 보는 고유섭의 근본 관점이 피들러 연구를 통해 형성되었다고 생각하기 때문이다.

조선미술사에 대해 고유섭은 대체로 통일 신라 시기를 중심으로 서술하는 방식을 취한다. '조선'이라는 말의 의미 확정이 매우 복잡하고 까다로운 일임을 전제로 하면서도, 고유섭은 조선 미술의 본격적인 출발점을 삼국시대라고 추측한다. 고유섭에 따르면, 조선 미술의 고전 확립은 통일 신라 시대에 이루어졌다. 이러한 생각은 그리스·로마의 고전주의 미술을 가장 완성된 미술로 보는 유럽 미술사적 시각의 반영으로 보인다. 고유섭은 통일 신라 시대를 조선 미술의 고전주의 시대로 보았다는 뜻이다.

그러나 고유섭이 통일 신라 시대의 고전적 예술을 긍정적으로만 보고 그 이후의 고려 시대와 조선 시대를 단순한 쇠퇴기로 여겼다고 보면 안 된다. 고유섭은 「조선미술문화의 몇 낱 성격」, 「조선고대의 미술공예(朝鮮古代의 美術工藝)」, 「조선고대미술의 특색과 그 전승문제」 등 몇몇 글에서 조선 고대 미술에서 고전적 미술의 형성과 더불어 이상주의적 경향과 추상성이 강화되는 경향이 시작되었다고 밝힌다. 조선미술사에 대한 고유섭적 관점의 근본 특성은 조선미술사를 고전과 낭만의 길항작용을 통해 서술한다는 점이다. 고유섭은 통일 신라 시대에 고전적 예술이 형성되면서 낭만적 경향 역시 생겨났으며, 낭만적 경향이 고려 시대에 이르러 더욱 강해졌다고 본다.

이 점은 고유섭의 조선미술사를 이해하는 데 매우 중요하다. 피들러에게, 그리고 피들러를 연구하면서 예술을 일종의 인식적 활동으로 이해하게 된 고유섭에게, 인식 혹은 앎이란 이상적이고 추상적인 앎을 뜻하지 않는다. 앎으로서의 아름다움이란 기본적으로 시지각적인 것이며, 이는 곧 이상적이고 추상적인 앎의 그물망을 빠져나가는 시지각적 앎의 전체를 포착하고 표출하는 것이 예술적 활동의 근본 의미라는 것을 뜻한다. 그런 점에서 통일 신라 시대에 조선의 미술이 고전적 완성을 이루었다는 고유섭의 평가는 통일 신라 시대의 조선 미술에 비해 그 이후의 조선 미술은 열등하다는 뜻으로 해석되어서는 안 된다.

참으로 예술다운 예술은 고전의 완성을 통해서가 아니라 고전이 제시하는 이상주의적이고 추상적인 앎의 한계 밖으로 나가려는 '낭만'적 경향이 생겨나 고전과 낭만이 창조적인 길항작용을 함으로써 부단히 생성된다. 바로 여기에 조선미술사에 대한 고유섭 연구의 진정한 의의가 있다.

3. 예술과 인식

고유섭은 대체로 미학자이자 미술사학자로 분류된다. 하지만 고유섭이 아름다움을 일종의 앎으로 간주했다고 전제하는 경우, 고유섭의 미학과 미술사학은 통념적 의미의 미학 및 미술사학과 다르다고 보아야 한다.

사실 피들러는 예술의 본질에 대한 이해에서 미학은 불필요할 뿐 아니라 심지어 방해가 된다고 보았다. 미학은 예술 작품의 미(美)에 주목하도록 함으로써 예술의 본질은 앎에 있다는 진실로부터 멀어지게 한다는 뜻이다.

피들러는 "바움가르텐 이래 근대 미학은 예술가가 작품을 산출하면서 하는 행위가 본래 무엇인지 묻는 것에서 출발하지 않았다"고 주장한다. 피들러에 따르면, "어느 한 부류의 만족(Gefallen)을 아름다움으로서 [규정함으로써] 다른 부류의 만족과 구분하는 것이 어떻게 일어나는지 묻는" 미학적 방식은 예술에 대한 근거 없는 선입견에 토대를 두고 있을 뿐이다. "미가 예술의 목적이라는 것은 자의적이고 증명되지 않은 가정으로, 예술의 본질과 근원에 대해 편견 없이 숙고하는 것을 불가능하게 했다"는 것이다.[1]

고유섭은 피들러에 대한 학사 논문에서 "예술적 활동도, 인식적 활동도 동일한 것이다"라는 피들러의 주장을 인용한다. 또한 "언어적 개념적 표출형식도 예술적 표출형식과 동일한 하나의 창조활동이다. 즉 양자 어느 것이나 하나의 형성적(形成的) 활동이다"라고 그 의미를 해석한다.[2]

피들러의 예술철학에 대한 고유섭의 학사 논문은 고유섭이 피들러 예술철학의 핵심을 비교적 명료하고 일목요연하게 파악했다는 것을 드러낸다. 실제로 피들러에 따르면, "예술적 의욕(Trieb)은 일종의 인식적 의욕이고, 예술적 행위는 인식적 능력의 작용이며, 예술적 결과는 인식적 결과이다." 한 마디로, 예술이란 본래 인식하는 행위를 가리키는 말이고, 바로 이러한 점에서 예술 작품은 인식하는 행위에 의해 산출된다. 그런

---

1 K. Fiedler, Schriften zur Kunst II, hrsg. von G. Boehm, München, 1971, p. 14-15.
2 고유섭, 『美學과 美術評論』(又玄 高裕燮 全集 8), 열화당, 2013, 34쪽. 원문 강조.

점에서 예술가는 스스로 지성적 세계를 산출하는 행위자인 셈이다. "예술가는 자신의 세계 안에서 그 안에 모든 인식의 본질이 존속하는 이성적 형성(Gestaltung)의 작품을 완성하는 것을 할 뿐"이고, 그 때문에 예술작품의 본래적 의미는 예술적 인식의 세계를 산출함에 있다.[3]

고유섭의 이후 저술들은 그가 아름다움을 일종의 앎으로 간주한다는 것을 반복해서 알린다. 그런 점에서 고유섭은 미학과 미술사라는 말을 'Aesthetics', 'Art History' 등의 서구식 용어와 다르게 사용했다고 보아야 할 것이다. 고유섭에게 미학과 미술사의 '미(美)'는 우리말 아름다움이 암시하듯 일종의 앎이며, 그런 점에서 미학은 개념적 앎과 다른 감각적·지각적 앎을 추구하는 학문을, 미술사는 감각적·지각적 앎을 표현하는 방식과 기술의 변천사에 관한 학문을 뜻했다.

이 점을 분명하게 전제하면, 아마 고유섭의 미술사학을 예술사학이라고 고쳐서 부를 필요는 없다. 하지만 유감스럽게도 고유섭의 미학과 미술사학을 통념적 의미의 미학과 미술사학으로 혼동하는 경향이 큰 것으로 보인다. 이것이 필자가 이 글에서 미술사(학)과 예술사(학)이라는 두 용어를 함께 적는 까닭이다.

그런데 예술이 어떻게 인식 행위일 수 있을까? 인식 및 앎이란 당연히 개념과 언어의 산물이라고 보아야 하지 않을까? 감각적·지각적 앎이란 일종의 형용모순 아닐까? 이러한 의문을 푸는 데 명민한 지성 같은 것은

3 K. Fiedler, Schriften zur Kunst I, hrsg. von G. Boehm, München, 1971, p. 78.

필요 없다. 자신이 방금 전 한 송이 꽃을 보았다고 상정해 보라. 사실 꼭 꽃이어야 할 이유는 없다. 꽃 외에 다른 사물이어도 상관은 없다.

나는 그 꽃에 대해 무엇을 알고 있는가? 나는 그 꽃이 붉다는 것을 알고 있고, 초록색 이파리를 지니고 있다는 것을 알고 있으며, 그 꽃이 장미라는 것도 알고 있다. 그렇다면 이러한 앎을 무엇이 가능하게 하는가? 꽃의 시각적 이미지 그 자체를 통해서이다. 물론 꽃에 관한 언어적 진술은 내가 특정한 언어를 사용할 줄 안다는 것, 내가 본 것을 꽃이라고 말할 수 있게 할 어휘력 등을 요구한다. 그러나 꽃에 관한 모든 언어적 진술의 근본 전제는 꽃의 시각적 이미지이다. 꽃의 시각적 이미지는 지금 내 눈앞에 서 있는 꽃 그 자체인 시각적 이미지일 수도 있고, 기억 이미지일 수도 있다. 어떤 경우든 꽃에 관한 나의 언어적 진술은 내가 알고 있는 꽃의 시각적 이미지를 언어적으로 재현하려는 시도에서 비롯된다. 즉, 꽃에 관해 언어적으로 진술하기에 앞서서 나는 이미 꽃을 시각적 이미지로서 알고 있었다. 시각적 이미지로서의 꽃에 관한 그 자체로 시각적인 앎이 꽃에 관한 내 언어적 진술을 가능하게 하는 그 근거인 것이다.

피들러는 예술의 본질은 예술 작품의 효과나 작용 등을 통해 규정되어서는 안 된다고 본다. 예술 작품을 감상하면서 우리는 모종의 감정이나 감동, 감각 등을 느끼게 된다. 예술 작품의 무엇이 감정과 감동, 감각 등을 불러일으키는가? 색상의 강렬함, 구현된 형상의 특별함, 작품이 담고 있는 역사적이거나 신화적인 이야기와 의미, 섬세한 장식성, 도시에서 맛볼 수 없는 전원풍경의 수수함 등 감상자의 마음에 감정과 감동, 감각 등을 불러일으키는 예술 작품의 요소는 많고도 다양하다. 하지만 모든 종류의 감정과 감동, 감각에 공통적인 특성이 하나 있다. 그것은 바로 수동성이다.

만약 예술의 본질이 예술 작품의 효과나 작용 등을 통해 규정되어야 한다면 예술이란 감상자의 수동성에 그 존립 기반을 지닌 것이라는 결론이 나오는 셈이다. 이것은 예술 작품의 효과와 작용이란 결국 예술 작품의 능동성 및 감상자의 수동성을 뜻하는 표현이라는 점에서 매우 당연한 결론이기도 하다. 결국 예술 작품의 작용을 감상자가 수동적으로 받아들임으로써 생겨나는 것이 예술 작품의 효과인 감정과 감동, 감각 등이다. 게다가 예술의 본질을 예술 작품의 효과나 작용에서 찾는 경우 예술 작품의 효과와 작용의 크기가 예술 작품의 탁월함을 결정하는 요소라고 간주하기 쉽다. 물론 일종의 중용의 덕을 판단의 기준으로 도입해서 예술 작품의 효과와 작용은 지나쳐서도 안 되고 모자라서도 안 된다는 식으로 주장할 수도 있다. 하지만 이 경우 지나치지도 않고 모자라지도 않은 적절함 및 알맞음의 판단 기준을 정확하게 세우기 어렵게 된다. 예술 작품의 효과와 작용의 알맞은 크기는 감상자마다 달라 객관적으로 확립할 수 없기 때문이다.

예술 작품의 '미(美)'란 무엇인가? 이러한 물음에 대한 대답은 여러 가지일 수 있다. 한 가지 분명한 것은 예술 작품의 '미'는 예술 작품이 감상자의 마음에 불러일으키는 감정과 감동, 감각 등을 전제한다는 점이다. 즉, 예술 작품의 '미'는 기본적으로 감상자의 수동성을 표현하는 말이고, '미'가 전제하는 감동과 감정, 감각 등의 크기가 '미'와 예술 작품의 훌륭함의 크기와 정비례한다고 생각하는 경우 예술 작품은 감상자의 수동성을 키우는 정도에 따라 훌륭하다는 결론이 나오는 셈이다.

그렇다면 적당함과 알맞음 등을 미의 판단 기준으로 도입하면 어떨까? 그런데 이 경우에도 감상자의 수동성이 미의 판단 기준으로 작용한다는 점은 변하지 않는다. 열병에 걸린 아이의 몸을 식히는 데 적당한 물의 온도가 어느 정도인지는 아이의 능동적 의지나 정신적 명민함과 무관하게 아이의 체질에 따라 결정되는 문제이다. 마찬가지로 예술 작품이 감상자의 마음속에 불러일으키는 감정과 감동, 감각의 크기 및 강도가 어느 정도여야 적당하고 알맞은 것인지 역시 감상자의 취향이나 정신적 강인함의 정도 등에 따라 결정된다. 결국 적당함과 알맞음의 판단 기준을 도입하든 도입하지 않든 예술 작품의 훌륭함 여부는 결국 주관적이고 자의적인 판단에 달린 셈이다. '미적 판단은 취미 판단'이라는 칸트의 유명한 명제가 암시하듯 하나의 예술 작품이 아름다운지의 여부는 각자의 취향에 따라 달라지고, 그 강렬함의 크기나 적당함, 알맞음 등도 각자의 취향이나 성격, 예술관 등에 따라 달라지기 마련이다.

물론, 칸트가 『판단력 비판』에서 주장하듯이, 하나의 작품을 아름답다고 판단하도록 만든 조건과 이유의 보편성을 제기할 수도 있다. 그런데 이러한 요청은 하나의 시지각적 이미지로서 주어지거나 표상되는 예술 작품의 미 자체가 아니라 미의 생성을 가능하도록 하는 그 조건과 이유의 보편성에 대한 요청이고, 그런 한에서 예술 작품을 통해 감상자가 알게 된 시지각적 앎의 전체가 아니라 보편성으로서 개념화된 것만을 가리키고 있다. 달리 말해, 하나의 작품을 아름답다고 판단하도록 만든 조건과 이유의 보편성을 받아들인다고 해도, 작품에 대한 감상자의 판단이 취미 판단이기를 그칠 수는 없다. 감상자의 미적 판단을 결정하는 것은 감상자가 작품에게서 발견한 보편성 및 보편성으로서 개념화된 것이 아니라 예술 작품을 통해 감상자가 알게 된 시지각적 앎의 전체이기 때문이다.

피들러는 칸트의 철학을 열광적으로 수용했다. 그러나 몇몇 피들러 연구자들은 피들러의 예술철학이 칸트의 한계를 넘어서는 것임을 옳게 지적한다. 피들러에게 일종의 인식 활동인 예술적 활동은 개념적이고 언어적인 사고에 국한되지 않는다. 도리어 예술적 활동을 통해 인식이란 본래 개념적이고 언어적인 사고의 한계를 언제나 이미 넘어서며, 바로 그러한 것으로서 개념적이고 언어적인 사고로 표현하지 못할 진실을 드러낸다. 아마 연인처럼 자신이 열정을 다해 표현하고 싶은 대상을 지닌 자라면 이러한 진실을 이미 분명히 알고 있을 것이다. 어떤 말로도 표현할 수 없는 사랑의 대상을 적절하게 표현하기 위해 문학적 감성이 있는 자는 문학적 비유와 수사에 의지하고, 예술적 감성과 재능이 있는 자는 자신의 손을 통해 개념적이고 언어적인 사고로 포착할 수 없는 사랑의 대상의 모든 것을 표출하려 한다. 그는 단지 자신이 아름답다고 여긴 것만을 표현하려 하는가? 물론 그렇지 않다. 그는 자신이 시지각적 이미지화의 방식으로 알게 된 사랑의 대상의 모든 것을 꼼꼼하고 정확하게, 가장 진실되게, 표현하기를 원한다. 사랑의 대상에게서 예술가 자신이 아름답다고 파악한 것만을 선별해서 표현하는 경우 사랑의 대상을 온전히 표현할 수 없음을 알기 때문이다.

몇몇 피들러 연구자들은 피들러의 예술철학이 칸트의 철학보다 메를로 퐁티의 현상학에 가깝다고 본다. 이러한 견해에 따르면, 피들러의 예술철학과 가장 잘 어울리는 예술가는 바로 세잔이다. 사실 피들러의 예술철학에 가장 큰 영향을 끼친 예술가는 그가 1866년 로마에서 알게 된 한스 폰 마레스(Hans von Marées, 1837~1887)였다. 조각가 아돌프 폰 힐데브란트(Adolf von Hildebrand, 1847~1921) 역시 적지 않은 영향을 끼친 것으로 알려져 있으나, 예술 활동을 일종의 인식적 활동으로 파악하는 피들러 예술철학의 근본 관점은 마레스의 영향 아래 형성된 것으로 보인다. 그렇다면 왜 마레스가 아니라 세잔이 피들러의 예술철학과 가장 잘 어울리는 예술가로 평가되어야 하는가?

이러한 물음은 아마 피들러의 예술철학이 일종의 순수주의적 경향을 띠고 있었음을 전제해야 비로소 답할 수 있다. 여기서 순수주의란 예술 지상주의나 형식미 지상주의 등을 가리키는 말이 아니라, 알고자 하는 대상이나 풍경에 대한 온전한 이해와 표현에 방해가 되는 모든 것을 배제해야 한다는 입장을 가리키는 말이다.

하나의 대상이나 풍경을 온전히 이해하고 표현하는 데 방해가 되는 것은 무엇인가? 신화, 종교, 역사적 이야기 내지 서사, 정치적 이데올로기 등이 가장 대표적이다. 예술가는 자신의 작품이 신화적이거나 종교적·역사적 배경을 지닌다면, 자신이 알고자 하고 또 표현하고자 하는 대상이나 풍경을 그 배경 이야기에 걸맞게 수정하거나 아예 공상으로 창조해낼 궁리를 하게 된다. 마찬가지로 감상자 역시 작품 속에 직접 나타난 대상과 이미지가 아니라 그 배경에 마음을 빼앗기게 될 것이다. 결국 예술적 활동은 신화, 종교, 역사 등을 포함하는 모든 배경 이야기에서 벗어날 때 비로소 인식적 활동이라는 자기의 본질에 충실하게 되는 셈이다.

그런데 언어적으로 파악된 배경 이야기만이 알고자 하는 대상이나 풍경에 대한 온전한 이해와 표현에 방해가 되는 것은 아니다. 전해 내려오는 예술적 기예 역시 결코 드물지 않게 방해가 된다. 대상과 풍경에 대한 면밀한 관찰을 통해 획득한 인상을 순수하게 그 자체로 드러내려 하는 대신 손에 익은 기예의 힘을 빌어 정해진 방식대로 왜곡해서 표현하려는 경향 때문이다.

마레가 아니라 세잔이 피들러의 예술철학과 가장 잘 어울린다는 피들러 연구자들의 주장은 바로 이러한 생각을 반영한다. 예술을 일종의 인식적 활동으로 보는 자신의 근본 관점에도 불구하고 마레는 종종 작품 속에 배경 이야기를 담기도 하고, 위대한 선배 예술가들로부터 물려받은 기예에 기대기도 했다. 그런 점에서 세잔이야말로 피들러의 예술철학에 가장 잘 어울리는 예술가라고 볼 수 있다. 물론 이때의 세잔은 인상주의를 수용한 이후의 세잔을 가리킨다.

주의할 점은 피들러의 예술철학을 통념적 의미의 사실주의나 자연주의를 지지하는 것으로 보아서는 안 된다는 것이다. 피들러는 자연주의를 강력하게 비판하면서, 인간의 정신성과 무관한 객관적 세계 같은 것은 존재하지도 않고, 설령 존재한다고 하더라도 인식되거나 표현될 수 없는 것이라는 점을 분명히 밝힌다. 그런 점에서 피들러에게 예술 작품을 통해 드러나는 세계의 진실은 절대적이고 보편타당하다는 의미의 진실은 아닌 셈이다.

필자는 피들러의 예술철학이 현상학적 성찰에 바탕을 둔 일종의 실존론적 존재론을 향해 가는 도상에 있었다고 본다. 이 점에 대한 상세한 논구는 이 글의 한계를 크게 넘어선다. 그래도 고유섭에 대한 이 글의 논의를 독자들이 잘 이해할 수 있도록 하려면 이 점을 미리 밝힐 필요가 있다. 필자는 이미 필자의 견해에 일리가 있음을 알리는 방증 하나는 이미 제시한 셈이다. 피들러의 예술철학이 칸트의 철학보다 메를로 퐁티의 현상학에 더 가깝다고 보는 연구자들이 있다는 사실이 그것이다. 잘 알려져 있는 것처럼, 메를로 퐁티는 종종 후설의 현상학으로부터 하이데거의 존재론을 향해 가는 도상의 철학자로 평가된다.

현상학과 실존론적 존재론의 관점에서 보면, 객관과 분리된 주관이나 주관과 분리된 객관 같은 것은 형이상학적 망념에 지나지 않는다. 우리가 살면서 만나는 모든 것은 우리 자신에게 특유한 지각의 역량 및 이해의 역량에 상응하는 방식으로 생성된 현상적인 것이고, 그런 한에서 사람들이 흔히 물질적 사물들의 세계로 아는 세계조차 실은 그 자체로 주관과 객관의 한계를 넘어서 있는 것이다. 피들러에게 언어적 인식과 예술적 인식은 모두 세계의 객관적 재현을 추구하는 것이 아니다. 인식이란, 언어적인 것이든 예술적인 것이든, 기본적으로 형성하는 활동이다. 몸과 하나인 것으로서 언제나 이미 세계 안에 참여하고 있는 정신의 활동을 통해 부단히 새롭게 세계를 형성함이 인식의 본질이라는 것이다.

4. 고유섭이 제시한 한국미(韓國美)의 특징과 고유섭이 추구한 미학의 상관성

고유섭에 관해 잘 알려진 사실 중 하나는 그가 한국미를 '구수한 큰 맛', '무기교의 기교', '무작위성' 등과 같은 말로 규정했다는 것이다. 한국미에 대한 이러한 규정은 주로 고유섭 말년의 저술인 「조선미술문화의 몇 날 성격」과 「조선고대미술의 특색과 그 전승문제」에 집중적으로 나온다.

한국미에 대한 고유섭의 규정은 사실 오늘날에 이르기까지 줄곧 하나의 표준으로 작용해 왔다. 여전히 고유섭을 높게 평가하고 따르는 경향이 많지만, 비판하는 경향도 적지 않다. 특히 1970년대 이래로 고유섭의 한계를 비판하는 글이 꾸준히 발표되었다. 비판의 핵심은 크게 두 가지로 보인다. 첫째, 한국미에 대한 고유섭의 관점은 주로 일본 학자의 영향 아래 형성되었다. 즉, 고유섭은 식민지 조선 예술의 한계를 부각함으로써 조선에 대한 통치를 용이하게 하려는 일본 제국주의 정책에 대한 명확한 비판의식을 지니지 못했거나, 설령 지녔다고 하더라도 시대의 한계를 온전히 극복하지 못한 것으로 보인다. 둘째, 한 나라, 한 민족 미술의 역사 전체를 일관하는 특색은 있을 수 없음에도 불구하고 '구수한 큰 맛', '무기교의 기교' 등 조선의 미술 전체 역사를 일관하는 특색이 있는 것처럼 전제함으로써 조선 미술의 다양성과 역사성을 무시하는 결과로 이어졌다.

필자는 고유섭에 대한 위의 두 비판이 일리가 있다고 본다. 그러나 앞에서도 밝혔듯이, 고유섭에 대한 비판은 오직 그가 시대의 한계를 극복하기 위해 시도한 것이 있는지, 그리고 그 시도의 의의는 무엇인지 옳게 밝히려는 노력을 전제로 하는 경우에만 온당할 수 있다. 고유섭의 학문을 오늘날의 기준을 내세워 함부로 폄훼해서는 안 된다는 뜻이다.

한국미에 대한 성격 규정을 가장 먼저 한 사람은 일본의 미술평론가이자 종교철학자, 민예연구가인 야나기 무네요시(柳宗悦, 1889~1961)로 알려져 있다. 1922년에 출판된 야나기 무네요시의 책『조선과 그 예술』은 전통적 한국미술에 대한 최초의 단행본이고, 책 안에 수록된 글들은 고유섭이 14세였던 1919년부터 발표되었다, 또한 한국에서 1919년부터 1928년까지 20년 동안 살며 한국미술에 각별한 애정을 보인 베네딕트회 소속 독일인 신부 안드레아스 에카르트(Andreas Eckardt, 1884~?)는 1929년에『조선미술사』를 독일어로 출판했다. 일본의 건축사가였던 동경 제국대학이 교수 세키노 다다시(関野貞, 1868~1935) 역시 1932년에『조선미술사』를 일본어로 출판했다. 이처럼 고유섭이 한국미술에 대한 예술사적 연구를 본격적으로 착수하기에 앞서서 일본과 독일 등 외국의 학자들이 한국미술에 대한 연구를 진행했다. 그런 점에서 한국미술에 대한 고유섭의 관점 역시 선행 연구자들인 외국인 학자의 영향 아래 형성될 수밖에 없었다고 보아야 한다.

'구수한 큰 맛', '무기교의 기교', '무작위성' 등 한국미술에 대한 고유섭 특유의 성격 규정에 가장 큰 영향을 끼친 인물은 야나기 무네요시였던 것으로 보인다. 동경 제국대학 철학과 출신으로 일본 민예운동의 창시자로 통하는 야나기 무네요시는 사실 조선의 예술에 대해 각별한 애정을 보인 인물이었다. 그는 조선 고유의 문화를 무시하는 일본 정부의 정책에 반대했다. 조선 고유의 문화를 살리려는 취지로 조선의 도자기를 수집했으며, 1924년에는 조선 민족미술관을 서울에 세웠고, 이조 도자기 전람회를 열기도 했다. 야나기 무네요시는 한국의 전통 미술과 공예를 높게 평가해서 미술품과 공예품을 꾸준히 수집하고 또 평론했다.

야나기 무네요시에 따르면, 한국미술의 고유성은 '민예미', '소박미', '백색의 미', '불이미(不二美)', 비애의 미 등으로 규정될 수 있다. 한국미술의 고유성에 대한 야나기 무네요시의 시각은 기본적으로 세련되고 섬세한 기예를 요구하는 고급미술이 아니라 민예를 중심으로 삼았다. 물론 이러한 시각은 자칫 한국미술이 소박한 민예의 수준에 머물렀을 뿐 훌륭한 고급미술을 독자적으로 형성하지는 못했다는 선입견으로 이어지기 쉽다.

필자는 한국미술의 고유성에 대한 야나기 무네요시의 시각을 긍정적으로만 볼 필요도 없고, 반대로 부정적으로만 볼 필요도 없다고 여긴다. 고유섭과 야나기 무네요시의 학문적 관계에 대한 연구자들이 생각은 크게 둘로 나뉘는 듯하다. 하나는 고유섭과 야나기 무네요시의 동질성을 강조하는 생각이고, 또 다른 하나는 이질성을 강조하는 생각이다.

양자의 동질성을 강조하는 연구자는 고유섭 역시 한국미술을 세련되고 섬세한 기예나 고급미술의 관점에서 조망하기보다 소박한 민예의 관점에서 조망한다고 본다. 이러한 관점에 따르면, 고유섭은 한국미술에 대한 야나기 무네요시의 제국주의적 편견에서 벗어나지 못했다. 비록 한국미술에 대해 우호적이기는 했어도, 한국미술에 대한 야나기 무네요시의 생각은 한국미술이 중국미술이나 일본미술과 달리 고유의 고급미술을 형성하지는 못했다는 믿음을 반영한 결과였다. 한 마디로, 한국의 전통 미술에 대한 야나기 무네요시의 관점은 나라를 잃은 조선 민족에 대한 동정심으로 흐려져 있었다. 또한 독자적으로 훌륭한 고급미술을 형성하지 못한 한국미술의 열등성을 암묵적으로 전제하는 것이기도 했다. 그러니 한국미술에 대한 고유섭의 관점이 야나기 무네요시의 관점과 동질적이라면, 고유섭 역시 한국미술에 대한 야나기 무네요시의 편견에서 벗어나지 못했다는 결론이 나온다. 즉, 고유섭 역시 한국미술의 열등성을 암묵적으로 전제했다는 것이다.

양자의 이질성을 강조하는 연구자는 야나기 무네요시에 대해 고유섭이 비판적이었다는 것을 부각시킨다. 야나기 무네요시에 대한 고유섭의 비판은 특히 야나기 무네요시가 한국적 미를 '비애의 미'로 규정한 것을 향해 있었다. 고유섭은 하나의 민족이 형성한 미술의 전체 역사를 비애 같은 단일한 감정으로 규정하는 것은 잘못이라고 옳게 보았다. 고유섭은 도리어 조선 민족의 기백에서 한국미술의 근본 성격을 발견하려 하였다.

야나기 무네요시처럼 한국미술의 근본 특성을 '비애의 미'로 규정하는 것은 분명히 잘못이다. 한국뿐 아니라 그 어느 나라의 미술도 비애나 기쁨, 고독 같은 단일한 감정으로 그 아름다움의 근본 성격이 규정되기는 어렵다. 하지만 민예에 대한 야나기 무네요시의 관심은 매우 진지했으며, 그 자신은 민예란 정교하고 섬세한 고급예술에 비해 열등하다는 식의 생각을 하지 않았다. 그러니 야나기 무네요시가 한국미술의 특징을 민예를 중심으로 파악하려 했다는 이유로 그가 한국미술을 열등한 것으로 보았다고 간주하는 것은 무리다. 실은 이러한 해석 자체가 고급예술보다 민예가 열등하다는 선입견의 결과라고 보아야 할 것이다. 또한 민예에 대한 야나기 무네요시의 관점과 별개로, 콘라트 피들러의 영향 아래 형성된 고유섭의 예술관 역시 '우월한 고급예술과 열등한 민예'의 이분법적 도식을 허용하지 않는다는 점 또한 고려해야 한다.

우리는 앞에서 피들러에게 예술적 활동이란 일종의 인식적 활동이라는 것을 확인한 바 있다. 또한 인식적 활동인 예술적 활동은 신화적, 종교적, 역사적 이야기 등의 배경이나 정교한 기예에 의해 오히려 방해받는다는 것 역시 알게 되었다. 그렇다면 예술적 활동은 시지각적 인식의 올바른 수행을 위해 두 가지 한계를 넘어서야 한다는 결론이 나온다.

첫째, 모든 종류의 배경 이야기에서 벗어나야 한다. 배경 이야기가 인식하고 표현하고자 하는 사물과 풍경에 대한 예술적 인식을 방해하기 때문이다.

둘째, 정교한 기예를 발휘하는 경우 도리어 표현되지 못할 대상과 풍경의 진실을 추구해야 한다. 예술적 활동이 인식적 활동으로서 온전해지려면 무엇보다도 우선 정교한 기예의 덫에서 빠져나가는 법을 배워야 한다는 뜻이다. 정교한 기예가 대상과 풍경을 온전히 인식하고 표현하는 것을 방해하는 일종의 틀로 작용하기 때문이다. 손에 익힌 정교한 기예를 발휘해 익숙한 방식으로 대상과 풍경을 표현하는 사이 익숙한 방식으로 드러낼 수 없는 대상과 풍경의 고유한 실제적 현상이 틀에 박힌 형식의 비실제적 가상으로 변질되어 버리고 만다.

아마 피들러에게 정교한 기예가 도리어 예술적 인식과 표현에 방해가 된다는 생각에 이르게 한 원인 중 하나는 당시 예술계의 흐름과 분위기였을 것이다.

1819년 출생으로 피들러보다 22년 연상인 사실주의 화가 구스타프 쿠르베(Gustave Courbet, 1819~1877)의 모토는 "본대로 그린다!"였다. 누군가 천사를 그려 달라고 요청했을 때 쿠르베가 "나는 천사를 본 적이 없다. 천사를 내 눈앞에 데리고 오라. 그럼 그때 그려 주겠다"라고 대답했다는 유명한 일화는 쿠르베의 사실주의 정신이 어떤 것인지 잘 보여 준다. 쿠르베의 사실주의 정신은 주류 화단이 두 가지 경향에 대한 반발이었다. 하나는 사회비판적 의식이 부족한 예술가들이 비현실적인 신화적 이야기나 종교적 이야기, 영웅적 서사 등을 회화의 소재로 삼는 경향이었다. 또 다른 하나는 대상과 풍경을 실제로 보지도 않고 스승에게 배운 대로, 그리고 위대한 거장의 작품을 모방해서, 그럴듯하게 일종의 사실적 느낌의 환영을 만들어 내는 경향이었다. 물론 사실주의 화가 쿠르베에게 예술의 목적은 미(美)의 창조나 표현도 아니었다. 간단히 말해, 쿠르베는 예술의 목적을 현실세계에 대한 사실적 인식과 표현이라고 보았고, 바로 그렇기 때문에 참된 예술은 모든 종류의 배경 이야기와 전수된 기예의 질곡에서 벗어나는 경우에만 실현될 수 있다고 믿었다.

또한 1870년대부터 프랑스에서 본격적으로 시작된 인상주의의 모토 역시 "본대로 그린다!"였다. 인상주의 예술가들 역시 쿠르베와 마찬가지로 배경 이야기와 전수된 기예에 기대는 것은 사물과 풍경을 본대로 그리는 데 방해가 된다고 보았다. 입체감과 원근감이 거의 구현되지 않아 평면적인 느낌이 강한 인상주의 회화의 모토가 "본대로 그린다!"였다는 것은 아마 많은 사람에게 역설적으로 들릴 것이다. 인상주의 예술가들이 주목했던 것은 우리의 시지각 장(場)은 본래 평면적이며, 따라서 사물과 풍경이 우리에게 남기는 근원적인 인상은 본래 평면적일 수밖에 없다는 단순하고도 분명한 진실이었다.

한편 우리가 그림 이미지에서 느끼는 입체감과 원근감은 센소-모토릭(senso-motoric)한 몸으로 움직이며 생활하는 가운데 사물의 보이지 않는 이면이 있음을 체험하고 또 사물과 사물 사이의 공간적 거리를 확인하는 과정을 반복적으로 겪은 결과 생겨난 일종의 습관의 산물이다. 평면일 뿐인 시지각 이미지를 보면서도 보이지 않는 그 이면을 미리 상정하며 입체적이고 공간적인 것으로 해석하게 된다. 하지만 다른 한편 그것은 평면적인 이미지로 입체적이고 공간적인 환영을 구현하게 하는 기예의 산물이기도 하다. 사물과 풍경이 우리에게 남기는 근원적인 인상은 본래 무상하며, 평면적이고, 견고한 입체적 사물의 이미지나 기하학적 공간의 이미지로 고찰될 수 있는 존재가 아니다. 이러한 점에서 보면, 사물과 풍경에 대한 올바른 인식과 표현은 사물과 풍경이 우리에게 남기는 본래적으로 무상하고 평면적인 인상을 그 자체로서 포착하고 드러내려는 예술가적 인식에의 의욕을 통해서만 가능하다. 즉, 예술가의 정신은 두 가지 종류의 덫에서 벗어나야 한다. 사물과 풍경에 대한 타성적 인식의 덫이 그 하나이고, 입체적이고 공간적인 환영을 구현하게 하는 기예의 덫이 또 다른 하나이다.

필자는 한국미술에 대한 고유섭의 관점 역시 그가 당시의 철학과 예술에서 파악한 일종의 시대정신의 반영이라고 본다. 아마 그 시대정신은 "사태 자체로!"라는 현상학의 근본 모토로 가장 잘 표현될 수 있다.

학사 논문인「예술적 활동의 본질과 의의」를 작성한 이후 고유섭이 발표한 첫 번째 기고문은「미학의 사적(史的) 개관(槪觀)」(1930)이다. 현대 미학의 기원과 발생과정을 약술한 후 고대에서 현대에 이르기까지 미학 사상 및 예술 사상의 전 과정을 약술하는 이 흥미로운 글에서 고유섭은 최근의 미학 경향에서 가장 주목할 만한 것은 현상학적 미학이라고 밝힌다. 고유섭은 "[19세기] 후반기에 이르러 형이상학적 미학은 경험과학적 미학에 압도되어 버리고" 말았다고 주장하면서, 이후 다시 "선험철학적(先驗哲學的) 미학이 대두하여 형이상학적 미학의 대신으로 경험과학적 미학과 대립하게 된다"라고 밝힌다. 고유섭에 따르면, "최근에 나타난 현상학적(現象學的) 미학이 이 새로운 대립이 의미하는 미학상의 문제를 얼마만큼이나 해결할 수 있을까 하는 것이 오늘의 흥미있는 문제"이고, 이러한 문제에 대한 여러 "학파의 대립과 학설의 형상을 조감"하는 것이 "필자의 집필한 목적이요, 따라 본문의 본론"이다.[4]

그렇다면 고유섭은 현상학적 미학의 본질을 어떻게 파악했을까? 논문의 말미에서 고유섭은 현상학적 미학을 다음과 같이 설명한다.

"이 현상학적 미학이 말하는 현상이라는 것은 형이상학에서 말하는 바의 실재와 대립하여 그 현현(顯現)으로서의 현상을 의미함이 아니요, 또

---

4 고유섭,『美學과 美術評論』(又玄 高裕燮 全集 8), 열화당, 2013, 84쪽.

심리학에서 말하는 바의 의식상의 작용현상을 말하는 바도 아니다. 현상학이 말하는 현상은 오인(吾人)에 직접 여건인 가치의 사실이요 체험이다. 이리하여 발생한 현상학적 미학의 대상인 현상 즉 체험은, 형식·내용 또는 가치·사실 등을 분리하기 이전의 것으로, 가장 직접성을 가진 것이므로 가장 순수한 것이다. 즉 그것은 선험적 철학·미학과 같이, 이 직접적인 체험으로부터 형식적 대상만을 추출함도 아니요, 경험과학적 미학과 같이 다수성의 총계(總計)를 취하는 간접적 방법도 아니다. 이 한에서 그것은 순수하다. 즉 순수체험을 대상으로 하는 것이다."[5]

현상학적 미학에 대한 고유섭의 설명은 다음과 같이 보다 평이하게 풀 수 있다.

1. 현상학적 미학의 현상은 실재적 사물의 겉모습인 사전적 의미의 현상도 아니고, 사물과 무관한 단순한 의식의 작용이나 의식 현상도 아니다.
2. 현상학의 현상은 주체와 객체의 추상적 분리 이전에 나 자신의 정신성을 반영하며 드러나는 존재의 현상이다. 이런 점에서 그것은 정신과 무관한 순수한 물리적 사물의 드러남이라는 뜻의 현상도 아니고, 사물과 무관한 순수한 주관적 정신성 및 가치의 드러남이라는 뜻의 현상도 아니다.

---

5 같은 글, 98.

3. 현상학적 미학은 주체와 객체의 분리, 내용과 형식의 분리 이전의 순수 체험을 대상으로 삼는 학문이다. 그런 점에서 그것은 추상적 사고의 작용 이전의 근원적이고 본래적인 현상적 체험에 관한 학문이다.

현상학적 미학에 대한 고유섭의 해석은 그가 현상학적 미학의 본질을 옳게 파악했음을 보여 준다. 한 가지 간과할 수 없는 것은 현상학적 미학에 대한 고유섭의 진술을 피들러의 예술철학에도 거의 완전하게 적용할 수 있다는 것이다. 피들러가 일종의 인식적 활동으로 표현한 예술은 주어진 시지각적 체험의 전체를 추상적이거나 개념적인 사고에 의해 해석되기 이전의 순수하고도 근원적인 것으로서 온전히 인식하고 표현하기를 지향하는 것이다. 또한 자연주의에 대한 피들러의 비판은 그가 시지각적 체험을 통해 드러난 것을 순수하게 물리적이고 객체적인 것으로 파악하지 않음을 드러낸다. 피들러의 관점에서 보면, 예술가가 인식하고 표현하기를 원하는 모든 대상과 풍경은 이미 그 자체로서 예술가 고유의 정신성을 반영하고 있다.

아쉽게도, 고유섭은 「미학의 사적(史的) 개관(概觀)」보다 더 체계적으로 미학에 대한 자신의 입장을 진술하는 저술을 남기지는 않았다. 그럼에도 이 글을 통해 두 가지는 분명하게 드러난다.

첫째, 고유섭이 말하는 미학이란 피들러의 예술철학 및 현상학적 미학에 가까운 의미를 지닌다. 현상학적 미학에 대한 고유섭의 진술 속에는 그가 추구하는 미학이 순수 체험의 영역 속에서 발견될 수 있는 현상 그 자체의 인식과 표현 지향이지 예술 작품의 작용과 효과의 부산물인 미(美)의 해명에 국한되지 않았다는 생각이 담겨 있다는 뜻이다.

둘째, 이러한 점에 비추어 보면 소위 고급미술이란 미학의 올바른 형성과 발전을 위해 긍정적이기보다 부정적이기 쉽다는 결론이 따라 나온다. 고급미술이 표현하고자 하는 고차원적인 정신성은 인위적이고 추상적인 사고 과정 속에서 순수 체험의 영역인 현상 그 자체로부터 이념의 세계로 탈각(脫却)하게 된 정신성일 가능성이 농후하기 때문이다. 또한 고급미술의 구현에 필요한 정교하고도 섬세한 기예는 전습된 기예의 작용 양식에 따라 인위적인 아름다움을 창출하는 방향으로 작용하기 쉽다. 그런 점에서 정교하고도 섬세한 기예의 구현물인 고급미술은 피들러의 예술철학과 현상학적 미학을 긍정적으로 평가한 고유섭의 관점에서 보면 민예보다 우월하기는커녕 열등하기 쉽다.

5. 삶과 존재의 역동성을 그 본래적 무한함과 유장함의 양태 속에서 드러내는 한국미술

에카르트의 『조선미술사』는 보통 한국의 미술사에 관한 세계 최초의 학문적 저술로 통한다. 아마 이러한 시각의 바탕에는 학문을 유럽의 학문과 동일시하는 서구중심주의적 관점이 깔려 있을 것이다. 하지만 에카르트의 『조선미술사』가 한국의 전통 미술에 대한 진심 어린 찬탄과 애정을 담고 있다는 점을 무시해서는 안 된다. 에카르트는 중국과 일본, 한국의 예술을 비교하면서, 한국의 미술이 가장 고전적이라고 평가한다. 에카르트가 보기에, 중국의 미술은 과장과 왜곡이 지나칠 때가 많고, 일본의 미술은 너무 감상적이고 판에 박은 듯한 느낌을 줄 때가 많다.

사실 당시 한국의 전통 예술에 대한 외국인 학자들의 평가는 대체로 우호적인 편이었다고 보인다. 그 점에서는, 앞에서 말했듯이, 야나기 무네요시 역시 마찬가지였다. 고유섭보다 두 살 연상인 박종홍도 조선미술사를 쓰고자 하는 마음을 지니고 있었다. 박종홍은 1922년 봄부터 월간지인 『개벽』에 "조선미술의 사적 고찰"이라는 논문을 게재하기 시작했다. 하지만 석굴암에 대한 야나기 무네요시의 글을 읽고 나서 '남의 나라 사람보다 우리의 예술을 더 심도 있게 바라보지 못한다면 차라리 그만두는 것이 좋다'고 여겨 연구를 중단한다.

만약 석굴암에 대한 야나기 무네요시의 평가가 부적절한 내용이나 폄하하는 생각을 담고 있었다면, 박종홍은 조선미술사를 쓰고자 하는 마음을 접지 않았을 것이다. 그러니 한국의 전통 미술에 대한 야나기 무네요시의 생각이 민예를 중심으로 전개되었다고 해서, 그가 한국의 전통 미술을 단순히 열등한 것으로 여겼다고 볼 필요는 없을 것이다.

사실 고유섭 연구자들을 당황하게 하는 사실 가운데 하나는 한국의 전통 예술에 관한 고유섭의 평가가 때로 에카르트나 야나기 무네요시보다 더 부정적으로 보인다는 것이다. 에카르트는 특히 한국의 궁궐 건축 양식을 높게 평가했고, 야나기 무네요시는 조선의 백자를 높게 평가했다. 반면 고유섭은 한국의 궁궐이나 백자 등에는 큰 관심이 없었던 것으로 보인다. 적어도 한국의 궁궐과 백자를 섬세하고 정교한 기예가 발휘된 한국의 독창적인 고급미술로 평가하려는 시도는 고유섭의 저술에서 발견되지 않는다. 도리어, 한국미술의 독자성을 강조하는 에카르트나 야나기 무네요시와 달리, 조선의 고급미술을 중국미술의 아류에 불과한 것으로 평가하는 경향마저 고유섭에게서는 엿보인다.

하지만 이러한 사실을 근거로 삼아 고유섭이 한국의 전통 예술을 열등한 것으로 보았다고 단정하기는 어려울 것이다. 앞에서 살펴보았듯이, 고유섭에게 소위 고급미술의 형성을 가능하게 할 정교하고 섬세한 기예나 추상적인 정신성은 일종의 인식적 활동으로서의 예술에 오히려 방해가 되는 것이었다. 예를 들어, 조선의 건축에 대한 에카르트의 찬탄은 주로 조선의 궁궐이나 양반 가옥에서 발견할 수 있는 생동감 넘치는 색채와 문양의 '바로크적' 양식성과 장식성에 있었다. 즉, 에카르트가 말하는 한국미술의 고전성은 본래 자연적 사물이나 풍경에 대한 인식과는 무관한 것이었다. 에카르트는 고전적이고 이상적인 아름다움을 향한 정신의 운동과 적절하게 어우러진 예술적 기예와 표현 양식을 조선의 고급미술에서 보았고, 그런 점에서 에카르트의 예술관은 예술을 일종의 인식적 활동으로 보는 피들러나 고유섭과는 거리가 멀었다.

필자는 앞에서 고유섭이 통일 신라 시대의 미술을 일종의 고전적인 완성의 시기로 간주했다는 것을 말하면서, 그러나 이것을 근거로 삼아 고유섭이 고려 시대 및 조선 시대를 일종의 쇠퇴기로만 간주했다고 보아서는 안 된다고 지적한 바 있다. 유감스럽게도, 고유섭에게 비판적인 연구자들의 견해는 한국미술에 대한 고유섭의 견해가 '통일 신라 시대는 고전적 완성기이고, 그 이후의 시대는 쇠퇴기'라는 도식적인 관점에 기인

하는 것으로 보인다.

한국미술에 대한 에카르트 해석과 고유섭 해석의 차이에 대해서 생각해 보자. 만약 고유섭에게 '통일 신라 시대의 미술'이 고전적 미술로서 가장 완전하고 훌륭한 미술이고, 그 이후의 미술은 단순한 쇠퇴와 불완전으로 특징지어질 예술이라면, 이는 곧 통일 신라 시대의 고전적 미술이 예술의 본질인 인식적 활동에 가장 잘 부합했다는 뜻이다. 하지만 만약 고유섭이 미술의 고전성을 에카르트와 같거나 유사하게 이해했다고 전제하면 문제가 달라진다. 에카르트가 중국과 일본의 미술의 특징으로 언급한 과장과 왜곡, 지나친 감상성, 판에 박은 듯한 느낌 등은 자칫 한국의 전통 미술이 예술의 본질인 인식에 충실했다는 생각을 불러일으키기 쉽다. 과장과 왜곡, 지나친 감상성, 판에 박은 듯한 느낌 등은 올바르게 인식하고 표현하는 데 실패했음을 알리이기 때문이다. 하지만 고유섭은 에카르트가 주목한 한국의 전통적 고급미술의 소위 고전성에 별로 주목하지 않은 것으로 보인다. 고유섭이 생각하기에 한국의 전통적 고급미술은 대개 중국적인 것을 답습하거나 변형한 것에 지나지 않는다. 고유섭에게 비판적인 연구자의 관점에서 보면 한국의 전통적 고급미술에 대한 고유섭의 이러한 견해는 일제 식민사관의 영향으로 비칠 수밖에 없을 것이다. 다시 한번 강조하건대, 필자 역시 그런 측면이 있을 수 있음을 부정하지 않는다. 하지만 고유섭 역시 에카르트처럼 미술의 고전성을 올바른 예술적 인식의 완성으로 이해하기보다 과장되거나 지나치게 감상적인 표현에 기울지 않은 표현 양식의 적절성 및 생동감 넘치는 장식성 등으로 이해했다면, 그리고 이러한 고전적 적절성을 실현한 것이 통일 신라 시대의 미술이나 조선의 고급미술이라고 파악했다면, 고유섭에게 통일 신라 시대 미술의 고전성 및 조선의 고급미술의 고전성은 결코 긍정적인 의미만을 지니지는 않는 셈이다. 이러한 고전성이란 본래 대상과 풍경의 인식과 무관한 것이고, 고전적 완성미라는 이상을 추구한다는 점에서 보면 도리어 올바른 인식을 방해하기 쉬운 것이다. 달리 말해, 고유섭이 한국미술에서 주목하고자 했던 것은 고전성이 아니라 고전성의 한계를 넘어서 삶과 존재를 예술적으로 인식할 가능성의 드러남이었다.

'구수한 큰 맛', '무기교의 기교' 등 한국미술의 근본 특징에 대한 고유섭의 주장을 비판적으로 보는 연구자들은 대개 한 나라의 미술에 어떤 초역사적 특징이 있다는 전제 자체가 잘못이라고 본다. 하지만 고유섭은 「조선미술문화의 몇 낱 성격」에서 자신이 두 가지 경향을 거부한다는 것을 분명히 밝힌다. 하나는 문화를 물리적 사물을 규정하듯이 감각적 명료함만으로 설명하려는 경향이다. 또 다른 하나는 항구적이고 불변하는 관념성을 문화의 정체성으로 규정하려는 경향이다. 그렇다고 고유섭이 문화를 부단한 변화와 상대성의 관점에서 파악해야 한다고 주장하는 것은 아니다. 고유섭에 따르면, 문화 발전의 양상은 '변이불변(變而不變)'으로 특징될 수 있다. 문화가 변화의 관점에서 파악되어야 하는 까닭은 문화란 늘 지금의 관점에서 새롭게 파악되는 것이기 때문이다. 그럼에도 문화를 단순한 변화가 아니라 불변성의 관점에서 파악해야 하는 것은 문화란 인간이 현실에서 획득한 어떤 가치를 지닌 것이기 때문이다. 문화를 문화로서 규정하도록 하는 것은 바로 문화가 지닌 현실적 가치이며, 바로 이 현실적 가치가 문화를 문화로서 규정하도록 하는 것인 한에서 문

화는 가치를 지닌 것으로서의 본질을 자기의 근본 규정으로서 지니는 셈이다.[6]

고유섭이 한국미술의 근본 특징으로 제시하는 모든 표현은 기본적으로 '변이불변'의 양상들을 가리킨다. 그러나 이 변이불변의 불변성은 고유섭에 대해 비판적인 연구자들이 생각하는 것처럼 어떤 초역사적인 불변성을 가리키는 것은 아니다. 실은 그 반대이다. 예를 들어, 고전적인 미술을 통해 제시되는 미술의 이상(理想)은 초역사적인 것이다. 고전적인 미술의 이상을 완벽하게 구현하는 데 필요한 섬세하고 정교한 기예 역시 기본적으로 초역사성의 성격을 띠기 마련이다. 초역사적이고 이상적인 아름다움을 드러내는 데 적합한 기예로서 고안되고 발전된 것이기 때문이다. 피들러의 예술철학이 고유섭의 미학 사상에 결정적인 영향을 끼쳤다는 것을 전제로 하면, 그리고 고유섭 본인이 피들러의 관점을 따라 '미(美)'를 참된 앎을 뜻하는 '아름다움'으로 풀어내는 것을 근거로 삼으면, 고전적인 미술의 이상과 기예의 초역사성은 미술의 본질에서 벗어난 것이고, 그러한 점에서 긍정적이기만 한 것으로 파악될 수 없다. 도리어 미술은, 일종의 인식적 활동으로서, 초역사성에 대한 관념적 이해의 한계를 근원적으로 넘어서는 현실세계 그 자체의 앎을 부단히 추구해야 한다.

고유섭이 한국미술의 특정으로 제시한 표현들 가운데 가장 대표적인 것은 아마 '구수한 큰 맛'일 듯하다. '구수함'이란 무엇인가? 그것은 순후

---

6 고유섭, 『朝鮮美術史 上』(又玄 高裕燮 全集1), 열화당, 2007, 106쪽 이하 참조.

한 큰 맛이 안팎으로 온축되어 있음을 가리키는 말이다. 하나의 작품이 형태적으로 순박한 느낌과, 느린 속도감, 깊은 느낌 등을 함께 갖추고 있으면 구수한 큰 맛을 자아내는 작품이라 할 수 있다는 뜻이다. 필자는 이러한 의미의 '구수한 큰 맛'은 고전적 미술의 엄격한 이상성이나 섬세하고 정교한 기예의 활용을 통해 구현될 수 없는 삶과 존재의 무한성과 유장(悠長)함을 가리킨다고 본다. 이상적이고 완벽한 형태를 지닌 것, 섬세하고 정교한 기예로 자기만의 완벽한 형상미와 구조를 지니게 된 것은 삶과 존재의 무한성과 유장함을 드러낼 수 없다. 그런 점에서 이상과 기예에 치우치는 예술은 삶과 존재의 무한성와 유장함을 인지하는 데 오히려 방해가 되는 것이고, 바로 이러한 이유로 인식적 활동인 예술의 본질로부터 멀어진 것이다.

한 가지 흥미로운 점은 고유섭이 '구수한 큰 맛'을 '신라의 모든 미술품'에서 구현되었다고 본다는 것이다. 또한 고유섭에 따르면, 이후의 한국 미술 역시 전반적으로 '구수한 큰 맛'으로 특징될 수 있다. 그렇다면 고유섭이 신라 미술을 한국미술의 고전적 완성으로 보았다는 것은 두 가지 해석의 여지를 남기는 셈이다. 하나는 고유섭이 한국미술의 고전적 완성을 고전적 이상미와 '구수한 큰 맛'의 어우러짐으로 보았다는 해석이다. 또 다른 하나는 고유섭이 신라 미술 자체 안에서 고전적 이상성을 추구하는 경향과 고전적 이상성의 한계를 넘어서 '구수한 큰 맛'을 구현하려는 경향을 함께 보았다는 해석이다. 어느 해석이 더 타당한지 필자는 아직 명확하게 입장을 정하지 못했다. 다만 잠정적으로 두 해석 중 어느 하나를 반드시 선택하기보다 둘 다 포용하는 것이 적절하리라 일단 결론을 내려보았다. 신라의 미술 작품 가운데 고전적 이상미와 '구수한 큰 맛'이 어우러지는 경향을 보이는 작품도 있고, 고전적 이상성을 보이면서도 동시에 고전적 이상성의 한계를 넘어서려는 경향이 나타나는 작품도 있다는 것이다. 필자가 이러한 해석을 내린 것은 고전적 이상성 자체가 두 가지 상이한 의미로 해석될 수 있다고 생각하기 때문이다. 고전적 이상성은 온건하고 반듯한 형상을 통해 그러한 형상의 형성을 가능하게 하는 삶과 존재의 역동성을 무한하고도 유장한 것으로서 드러낼 수 있다. 그러나 고전적 이상성이 지나치게 확고한 형상을 통해 구현되는 경우 삶과 존재의 역동성은 도리어 가려지게 되고, 고전적 이상성을 구현하는 형상을 통해 가려진 삶과 존재의 역동성을 그 본래적 무한함과 유장함의 양태 속에서 인식하려는 경향이 나타나게 된다. 아마 고유섭은 신라 미술에서 이 두 가지 경향을 함께 보았을 것이다.

필자가 한국미술에 대한 고유섭의 관점을 적절하게 이해했다면, '무기교의 기교'란 사실 고유섭이 한국미술에 바친 최상의 찬사라 할 만하다. 오직 지나치게 섬세하고 정교한 기예를 추구하지 않는 예술, 기교를 부리는 이의 의도를 넘어서서 섬세하고 정교한 기예의 구현물을 통해 도리어 가리어지는 삶과 존재의 역동성을 그 본래적 무한함과 유장함의 양태 속에서 드러내는 예술만이 인식적 활동인 예술의 본질에 충실할 수 있기 때문이다. 고유섭이 조선백자의 색택(色澤)을 표현하는 용어로 선택한 '고수함'(구수함보다 작게 응결된 맛), 고려자기 일부에서 나타나는 '맵자'(작고 짜임새 있음), '단아', '온아', '적조미' 등은 모두 한국미술이 지나치게 섬세하고 정교한 기예에 치우치지 않고 작품을 통해 삶과 존재의 역동성을 그 본래적 무한함과 유장함의 양태 속에서 드러내려는 경향을 띠고 있었음을 가리키는 말이다. 물론 고유섭은 한국의 미술 작품이 무조건 훌륭하다고 보지는 않았다. 그러나 한국미술에 대한 고유섭의 표현들은 그가 한국미술을 예술의 본질에 가장 충실한 미술로 보았음을 드러낸다. 고유섭에게 한국미술은 몰가치적 물질성이나 초역사적 관념성과 가장 먼 예술이다. 몰가치적 물질성과 초역사적 관념성을 향한 경향이야말로 실은 인식적 활동인 예술의 본질에서 벗어나려는 비예술적 경향이기 때문이다.

6. 닫는 글

고유섭을 한국적 미학과 예술사학의 태두로 소개하는 이 글은 기본적으로 고유섭의 근본 관점이 그의 학사 논문 주제이기도 했던 콘라트 피들러의 예술철학으로부터 결정적인 영향을 받았다는 전제에서 출발한다. 그런데 이 전제는 동시에 고유섭의 근본 관점을 일종의 현상학적 존재론으로 풀어낼 수 있다는 뜻이기도 하다. 피들러 예술철학과 메를로퐁티 예술론 사이의 유사성이나 고유섭의 글에서 발견되는 현상학적 미학에 대한 깊은 관심은 그 방증이다.

필자는 고유섭이 피들러와 마찬가지로 예술적 활동을 일종의 인식적 활동으로 이해한다는 것을 밝혔다. 고유섭이 '미(美)'를 참된 앎의 의미로 해석한다는 사실은 그가 말하는 미학과 미술사가 통념적 의미와 다른 뜻을 지니고 있음을 강력하게 암시한다. 유감스럽게도 고유섭에 대한 지금까지의 연구는 이 점에 충분히 주목하지 않았다고 보인다. 이 말은 물론 고유섭이 '미'를 '앎'과 동일시한다는 것을 연구자들이 몰랐다는 뜻이 아니다. 필자가 말하고자 하는 바는 '미'를 앎의 현상으로 이해하는 것이 고유섭의 한국미술 연구에 어떤 의미를 지니는지 구체적이고 수미일관하게 밝히는 연구가 보이지 않는다는 것이다.

필자는 '구수한 큰 맛', '무기교의 기교' 등 고유섭이 한국미술의 근본 특징으로 제시한 표현들이 하이데거의 예술론과 통한다고 본다. 잘 알려져 있듯이, 하이데거는 고대 그리스어 '테크네'의 근본 의미를 '그 무엇의 존재를 그 자체로서 드러나도록 함', 즉 알레테이아라고 제시한다. 달리 말해, '테크네'란 본래 제작기술을 뜻하는 말이 아니라 그 무엇의 존재를 그 자체로서 드러나도록 할 실천적 역량을 가리키는 말이었다. 미술(예술), 즉 아트(art)를 하이데거가 말하는 '테크네'의 관점에서 해석하면, 미술의 본질은 존재론적 진리를 드러냄인 셈이다. 즉, 미술은 일종의 앎의 현상이며, 미술 작품의 제작에 사용되는 기교에서 결정적인 것은 제작기술의 섬세함이나 정교함이 아니라 그 무엇의 존재를 그 자체로서 드러내도록 할 역량으로 작용함이다. 이러한 역량으로 작용하지 않는 경우 미술 작품의 제작에 사용되는 기교는 도리어 미술의 본질에 어긋나는 셈이다. 기교의 인공성은 예술적 표현의 대상인 그 무엇의 존재를 도리어 가리는 작품의 제작으로 이어지기 때문이다.

미술은 존재론적 진리를 어떻게 드러내는가? 하이데거는 미술을 통해 드러나는 존재론적 진리를 작품성과 ─ 작품성으로 환원되지 않는 ─ 작품의 사물성 사이의 역동적 긴장, 세계와 대지 사이의 투쟁, 사방세계 등의 개념으로 표현한다. 필자는 고유섭의 '구수한 큰 맛', '무기교의 기교' 역시 이와 유사한 사상을 담고 있는 표현이라고 본다. 앞에서 필자가 강조했듯이, '무기교의 기교'란 사실 고유섭이 한국미술에 바친 최상의 찬사이다. 참된 예술은 일종의 진리 현상으로서, 섬세하고 정교한 기예의 구현물을 통해 도리어 가리어지는 삶과 존재의 역동성을 그 본래적 무한함과 유장함의 양태 속에서 드러내야 하기 때문이다.

고백하건대, 필자는 고유섭 전문가도 아니고 한국의 전통 미술을 전공하지도 않았다. 고유섭에 관한 필자의 연구는 고유섭과 콘라트 피들러의 학문적 연관성에 관한 강연을 해달라는 요청을 어느 지인으로부터 받은 것이 계기가 되어 시작되었다. 솔직히 필자에게는 매우 난감한 요청이었다. 고유섭도 피들러도 필자가 큰 관심을 가진 적이 없는 사상가여서 필자에게 해당 주제에 관한 강연을 할 자격이 없다는 판단도 들었고, 강연을 맡게 되면 준비하기가 어렵고 힘들 것 또한 분명했다. 하지만 서양의 예술철학자인 피들러의 사상이 한국적 미학과 예술사학의 태두인 고유섭에게 끼친 영향이 어떤 것인지 밝히는 작업은 서양의 예술철학 연구자가 참여해야 하는 작업이라는 지인의 설득에 마지못해 강연 요청을 받아들이고 말았다.

솔직히 필자는 고유섭과 피들러에 관한 연구를 별다른 열정과 관심 없이 시작했다. 필자가 큰 관심을 가지고 연구할 만한 사상가들이라고 여기지 않았던 탓이다. 하지만 연구를 수행해 나가면서, 필자는 고유섭과 피들러가 참으로 시대를 앞서간 인물들이라는 사실을 깨닫게 되었다. 결국 필자는 고유섭과 피들러의 학문적 연관성에 관한 강연을 해달라는 지인의 요청을 받아들인 것이 계기가 되어서 새롭고도 큰 지식을 얻게 되었다.

필자는 이 글이 고유섭 연구뿐 아니라 한국미술 연구에서도 일종의 전환점이 되리라 기대한다. 적어도 필자가 아는 한에서, 고유섭과 피들러의 관계를 명확하게 밝힌 연구 결과는 아직 나온 적이 없고, 한국미술에 대한 고유섭의 해석을 현상학적 존재론의 관점에서 조망한 연구 역시 전무한 형편이다.

필자는 필자 본인이 얼마나 철저하게 고유섭 연구를 수행하게 될지 아직 알지 못한다. 이미 오래전부터 필자가 탐구해 왔고 또 앞으로도 반드시 지속적으로 탐구해야 할 철학적 연구 주제가 따로 있기 때문이다. 아무쪼록 이 글을 참조해서 고유섭의 사상을 현상학적 존재론의 관점에서 분석하는 한국미술 연구자가 여럿 나오기를 바란다. 아무리 생각해도 고유섭 연구는 한국미술 연구자가 하는 것이 제격이다.

참고자료

고유섭,『朝鮮美術史 上』(又玄 高裕燮 全集1), 열화당, 2007.

_____,『美學과 美術評論』(又玄 高裕燮 全集 8), 열화당, 2013.

_____,『隨想 紀行 日記 詩』(又玄 高裕燮 全集 9), 열화당, 2013.

Fiedler, K., Schriften zur Kunst I, hrsg. von G. Boehm, München, 1971.

_____, K., Schriften zur Kunst II, hrsg. von G. Boehm, München, 1971.

근대 한국의
종교적 갈등과 공존의 현상
—정치와 종교의 상관성을 중심으로

심상우
강남대학교 인문사회연구소 연구교수

1. 들어가는 말

근대화 이전 사회를 이해하려면 종교에 대한 이해가 필수적이다. 종교는 사회, 정치, 경제, 문화에 지대한 영향을 미친다. 종교적 교리와 법은 해당 국가의 도덕적 규범이자 사회적 행위를 규율하는 데 사용되었다. 시민들에게 공통의 신념을 제공하고, 이를 공동체 내에서 실천하도록 만드는 종교는 시민들 사이의 상호 인식과 소속감을 형성하는 데 중요한 역할을 한다. 사람들의 일상생활, 사회 구조, 문화적 표현 등에 깊이 뿌리내렸던 종교는 근대사회로의 전환 과정에서 중대한 변화를 겪었다. 그 결과 세속화, 개인주의의 증가 그리고 정교분리 정책을 초래했다.

개항을 기점으로 조선에도 근대화의 물결이 찾아왔다. 그러나 서구의 근대화 결과물 중 세속화와 정교분리 문제는 조선 사회에서 곧바로 받아들이기 어려웠다. 당시 기득권을 지닌 유교는 시대정신인 자유와 평등의 가치의 중요성에 둔감하였다. 인습에 얽매인 유교는 내적으로 제례에 집착한 나머지 본질을 잃어버리는 결과를 낳았다면 외적 파장은 서구 근대화가 직·간접 영향을 미쳤다. 외적 파장으로는 유교를 비롯한 전통종교를 비판하며 탄생한 민족종교와 서구로부터 유입된 기독교의 등장이다. 근대화에 보조를 같이하며 기독교와 민족종교는 유교, 불교, 무속신앙과 같은 전통적인 가치관과 신념체계에 도전하며 사회적 변화를 촉진하는 데 중요한 역할을 했다.

그렇다면 전통종교인 유교와 불교 역시 근대화 과정에서 변화와 적응을 모색하지 않았을까? 그렇지 않다. 유교는 서양 문화와의 접촉을 통해 가치 체계를 변화시키고 적응하려 했으며, 개화 운동과 연계하여 근대사회에서의 역할을 재정의했다. 불교 역시 사회적 참여를 확대하고 근대 교육 기관을 설립하는 등 근대화 과정에 적극적으로 참여했다. 이러한 변화와 적응 과정은 유교와 불교가 근대사회의 다양한 도전에 대응하며 지속적인 영향력을 유지할 수 있게 한 중요한 요인이었다. 하지만 전통종교인 유교와 불교의 변화는 시대정신에 부응하기에는 제한적이었다. 이들보다는 민족종교와 기독교가 그 자리를 대신했다. 그 시기에 만들어진 대표적인 민족종교로는 천도교, 대종교, 증산교, 원불교 등이 있다. 이들 종교는 서구와 일본으로부터 밀려오는 근대화의 물결에 대한 위기의식을 느끼며, 우리 민족에 걸맞은 사회 변화를 추진하고자 했다.

근대화 과정에서 민족종교는 단순히 종교적 문제에만 집중한 것이 아니라 정치와도 긴밀하게 관계했다. 주권회복 운동을 펼친 대표적인 종교가 천도교와 대종교다. 이들 민족종교는 민중이 중심이 되어 정치적 목소리를 크게 내었다. 천도교는 '인내천(人乃天)' 사상을 바탕으로 모든 권력의 출발이 국민에게 있음을 주장하며 사회 개혁의 필요성을 강조했다. 이들은 사회적 평등을 중요한 가치로 여기고, 신분제 해체, 여성 권리 신장 등의 사회 개혁을 추구했다. 대종교는 한국 고유의 문화와 전통을 중시하며, 자주적으로 민족 문화의 부흥과 정체성을 강화할 수 있는 이론적 기반을 마련하고자 했다. 이를 위해 그들은 국민 계몽과 사회 개혁을 위해 교육 기관을 설립하고, 사회 개혁을 위한 출판 활동을 펼치는 등의 노력을 기울였다.

서구의 종교인 기독교는 민족종교처럼 시대정신인 민주주의와 인권을 강조했다. 조선에 들어온 선교사들은 이교도인 조선인들에게 전도가 일차적 목적이지만 교육과 의료에도 진심이었다. 특히 서구 교육이 가능해지면서 서구의 민주주의의 가치인 자유와 평등을 조선인들에 고취시켰다. 이처럼 서구 교육은 조선인들에게 정신의 각성을 통해 사회 개혁을 이루도록 했다.

본 연구는 3.1운동에 참여한 대표적인 종교와 민족의 자주권 회복을 위해 앞장서 펼친 천도교, 대종교 그리고 기독교를 중심으로 정치와 종교의 상관관계를 검토해 보고자 한다.

2. 근대화의 과정에서 근대 일본 문화가 조선에 미친 영향

조선의 근대화는 내부적으로 이뤄지기도 했지만, 외부의 영향력이 더 컸다. 근대화의 물결이 조선에 전달되는 방식이 달랐다. 일본을 경유한 전수가 있었고 서양으로부터의 직접 전수가 있다. 후자의 측면에서 보면

과학기술, 근대 교육 체계, 의료 체계와 더불어 기독교가 들어왔다. 나아가 민주주의와 과학기술 등 다양한 보편적 가치와 기술을 서구로부터 직접 경험할 수 있어 장점이 많았다. 하지만 조선의 근대화는 일제강점기에 주로 이루어졌기 때문에 일본을 경유한 결과물이 주를 이루었다. 일본은 조선에 서양의 기술과 사상을 전달하는 중개자 역할을 했을 뿐만 아니라 식민지의 정당성을 부여하는 정책을 폈다. 그들은 조선의 경제, 사회, 교육 체계를 일본식으로 개편하여 정신을 지배하려 했다. 근대화라는 명목하에 내선일체(內鮮一體)를 내세우며 조선을 지배하는 정책을 폈으며, 그 과정에서 자국의 유익을 위한 교육과 정책을 강화하였다.

그렇다면 일본의 근대화를 이뤄 낸 대표적인 사상가는 누구이며 일본과 조선에 어떤 영향력을 끼쳤는가? 일본의 근대화를 이끈 대표적인 사상가는 후쿠자와 유키치(福澤諭吉, 1835-1901)다. 그의 교육과 사상은 일본의 근대화를 이끄는 데 중추적인 역할을 했다. 한국의 개화파 사상가들인 김옥균, 홍영식, 박영효, 유길준, 윤치호, 서재필, 서광범 등은 직·간접적인 영향을 받았다. 그는 입헌군주제, 개인의 자유, 권리 보장, 사회개혁, 언어 개혁, 의무교육론, 여성 권리 등에 관한 100여 권 이상의 책을 집필하며 일본의 근대화에 앞장섰다. 이러한 그의 노력은 700년 동안 이어진 막부 정치의 종식을 가져왔으며 구습 타파와 종족주의와 관련된 배타적인 사고를 극복할 수 있었다.

후쿠자와 유키치의 노력이 상당 결실을 거두게 되자 그들은 외부로 눈을 돌리기 시작했다. 그 과정에서 당시 유럽의 제국주의적 국가에 의해 만들어진 비정상적인 산물을 일본은 그대로 전수하였다. 사실 근대에 들

어와 전통적인 종교공동체나 왕조적 질서가 사라진 공간을 메운 것이 민족이라는 대체물인 데, 이러한 민족주의는 유럽, 아시아 그리고 아프리카의 광범한 식민지역에서도 행해졌고, 식민화를 면한 일본에서도 변형된 형태로 모방하였다. 근대문명을 일찍 받아들여 동양 사회에서 문명국가라는 타이틀을 가지게 되었다고 생각한 후쿠자와 유키치는 일본이 선도자가 되어 동양의 다른 국가들을 이끌어야 함을 주장한다. 그에게 아시아의 문명국은 일본이고 다른 국가는 반문명국가이자 2등 국민으로 보였다. 이들 국가를 계몽해야 한다는 명목하에 침략을 정당화한다. "조선은 나라가 아니다", "조선 인민은 소와 말, 돼지와 개다."[1] 여기서 그치지 않고 그는 조선뿐만 아니라 동북아공정의 차원에서 중국까지 극도로 폄훼하며 골수 민족주의로의 모습을 보인다. 1875년에 쓴 『문명론의 개략(文明論の槪略)』과[2] 10년 뒤에 쓴 「탈아론(脫亞論, 1885)」 저술은 이 부분을 더욱 명확하게 보여 준다. 『탈아론』에서 그는 조선과 중국을 '반개화'가 아닌 '야만'으로 분류한다.[3] 따라서 아시아에서 문명화된 국가인 자신들이 지도자 역할을 해야 한다고 주장한다. 그렇지만 그의 야망은 여기에 그치지 않는다. "문명에는 한계가 없으므로, 지금의 서양 각 나라에 만족해서는 안 된다. 따라서 서양 각 나라의 문명은 만족하기에는 부족하다."[4] 그의 야망이 얼마나 큰지를 알 수 있는 대목이다. 결국, 이러한 그

---

1 https://h21.hani.co.kr/arti/society/society_general/47691.html 사학자 김득중은 2019년 10월 9일 제1282호에서 「일본의 '한국 멸시' 근원」이란 글을 발표하였다.

2 후쿠자와 유키치, 성희엽 옮김, 『문명론 개략』, 소명출판, 2020.

3 다카시로 코이치, 『후쿠자와 유키치의 조선정략론 연구』, 선인, 2013 참조.

4 위의 책, 116쪽.

의 논리가 아시아를 집어 삼기는 정당성을 부여했다. 김득중의 이야기를 들어보자. "그는 다른 이웃 국가를 식민지로 만드는 것은 본국의 영토적·경제적 이익을 취하려는 행위가 아니라, 오히려 식민지를 도와주는 혜택이라고 인식했다. 후쿠자와가 설파했던 문명론, 아시아 멸시, 식민지 지배라는 삼각 체제는 제국의 책임을 회피하는 최면 논리였다. 이 논리는 아직 많은 일본인을 사로잡고 있다."[5]

그렇다면 후쿠자와 유키치가 보는 문명국은 어떤 나라이며 특징은 무엇이었을까? 그에게 문명국은 유럽이었다. 당시 유럽은 이러한 논리로 아프리카와 중앙아시아를 비롯한 다른 지역 국가들을 식민지화하였다. 마치 일본이 조선과 중국을 통제하듯이 이들은 미개한 민중을 계몽하기 위해 폭력을 사용하는 것도 정당화하였다. 한 가지 큰 차별점은 유럽은 기독교를 국교로 삼았으나 일본의 경우는 천황숭배 아래 종교를 두고 있었고, 기독교는 다양한 종교 가운데 한 종교여야 했다. 따라서 기독교가 일본에 정착하기에는 많은 제약이 따를 수밖에 없었다. 그는 일본을 문명국가로 인식하면서도 서구 문명을 주도한 기독교를 받아들임에 있어 일정 부분 주저함을 보였다. 돌이켜 보면 근대화 과정 초기, 일본은 외교적 관계를 강화하기 위해 기독교를 수용하려 했지만, 일본 왕실은 중앙집권적 권력을 유지하고자 했다. 따라서 기독교는 이러한 정치적 환경에 맞지 않았다. 그들은 왕실 밑에 신도(Shinto)라는 종교를 두고 민족주의를 만들고자 했고 기독교도 그 가운데 하나이길 원했다.

---

5 https://h21.hani.co.kr/arti/society/society_general/47691.html

종교는 정치에 필요한 수단으로 여겼기에 일본은 '신도'를 국교로 정하였다. 왕실 아래 존재하는 다신론의 '신도'와 단일신론의 기독교와 충돌할 수밖에 없었다. 그렇지만 근대화를 받아드려야 하는 일본 정부는 서구의 강력한 요청 때문에 어쩔 수 없이 기독교를 수용하게 된다.[6] 배귀득 따르면 "기독교가 헌법상 공인되었다고는 하나 여전히 기독교는 … 신(神)에게 항복하고 전통적 종교나 도덕 정신을 배반한 사교(邪敎)이며, '국가 신도'에 예속되어야 하는 '예속 종교'였다."[7] 명목상으로는 그들이 기독교를 승인했으나 '화혼양재(和魂洋才)'의 원칙은 변하지 않았다. 즉 일본의 전통과 정신을 소중히 여기면서 서양의 학문, 지식, 기술과 조화롭게 발전시키고자 했다. 서양 문화의 뿌리인 기독교의 수용문제를 배제하고는 정치적인 문제를 풀 수 없기에 어쩔 수 없이 수용했지만, 내부적으로는 배타성을 거두지 않았다.[8]

한편 조선을 일본화하려는 제국주의적 전략이 진행되는 과정에서 종교는 크게 문제가 되었다. 일본은 조선이 종교단체가 정치적 독립을 지속하고 있었기에 이를 해결할 방안으로 조선인의 정신을 개조하기 위해 역으로 종교를 이용하고자 했다. 제한적이지만 조선총독부는 일본 선교사를 통해 조선인의 정신세계를 지배하길 원했다. 하지만 이미 조선에는 서구 선교사들이 독자적으로 활동하고 있었다. 19세기에 들어온 선교사

---

6 서정민, 『한일기독교 관계사 연구』, 대한기독교서회, 2002, 18쪽.
7 배귀득, 「근대 전환기에 있어서의 일본 기독교 지도자들의 조선관」, 『차세대 인문사회연구』, 2007, 290쪽.
8 위의 책, 291쪽.

들은 국적이 다양하지만, 급진적인 신앙을 가지기보다 다수가 보수적인 신앙을 지니고 있었다. 그들은 본국의 요청도 있지만, 근대의 산물인 정교분리의 원칙을 고수하였다. 후술하겠지만 서구의 정교분리와 일본기독교의 정교분리의 원칙에는 현격한 차이가 있다. 서구의 정교분리의 원칙은 국가가 그 권력의 행사범위를 세속적 사항에 한정하고 신앙적 생활은 국민의 자유에 맡겨 개입하지 않는다는 원칙을 의미한다. 그렇지만 일본은 종교가 정치의 영역으로 들어오지 못하게 함으로 통치체제의 강화를 목적으로 했다.

근대화 초기 서구의 정교분리 원칙의 고수로 선교사와 조선총독부의 관료들은 우호적인 관계를 유지할 수 있었다. 경술국치의 혼란기 때도 민족종교들이 조선총독부에 의해 해체되거나 감시를 당할 때도 기독교는 상대적으로 자유로웠다. 그러다 보니 민족운동을 하는 다수 사람이 안전을 목적으로 기독교로 개종하였다. 아이러니하게도 당시 교회나 기독교 학교는 이후 정교분리의 원칙들이 지켜지는 곳이 아닌 민족주의 운동을 할 수 있는 공간이 되었다. 그 대표적인 결과가 3.1운동에서 나타난다.

기독교에 대한 통제가 강화된 계기는 3.1운동 이후지만 사실은 1910년 이후부터 시작되었다. 민족운동의 본거지가 된 교회와 기독교 계통의 학교에 대해 일본은 다양한 통제 방법을 모색하였다. 그 가운데 대표적인 특징은 일본기독교를 통해 조선의 기독교를 통제하고자 했다. 다시 말해 일본의 기독교의 목회자들을 통한 조선 교인을 친일화로 유도하고자 했다. 일본조합교회(日本基督教団)와 일본기독교회(日本基督教会)가 그 역할을 감당했다. 일본조합교회는 일본 정부의 종교정책 일환으로 국가 통제 아래 종교를 유지하려는 취지에서 설립되었다. 장로교계통의 일본기독교회 역시 크게 다르지 않다. 조선인을 일본화하여 '내선일체'의 목적에 부합하는 전도를 기획했다. 그 결과 1910년에는 많은 조선인이 일본조합교회에 등록하게 된다. 일본 정치가 개입된 종교 전략들을 엿볼 수 있는 부분이다. 일본조합교회는 정치와 경제인들로부터 재정적인 지원을 많이 받았기에 다양하고 거창한 행사를 진행하는 데 큰 어려움이 없었다. 다양한 정책과 물질 공세로 인해 많은 조선인이 일본조합교회에 입교하게 된다.[9]

일본조합교회의 와타세 츠네요시는 조선 전도본부 주임으로 조선에 파견되어 조선에 상당한 영향을 미쳤다. 그는 일본 정치인과 경제인들의 지원을 받아 전도 활동했기에 본국의 정치적 입장을 대변하는 데 앞장섰다. 그 결과 일본조합교회에서 가르친 내용을 보면 신앙적이기보다 정치적 이데올로기가 지배적이었다. 예컨대 일본의 조선 식민지배는 하나님의 뜻이고 조선의 독립은 신의 뜻에 어긋나는 것이라는 주장을 그들은 스스럼없이 한다. "일본은 기독교를 자신들의 영향 아래 두려 했다. 1919년 3.1운동이 발생하자, 일본기독교 동맹은 감리교 목사 이시자카 카메지를 조선에 파견해 상황을 조사하게 하고, 그는 3.1운동에 대한 시찰 보고서

---

9 일본조합교회는 더 많은 신도를 만들기 위해 경성과 평양을 중심으로 대규모 설교대회와 전도회를 개최하였다. 그 과정에서 제도의 미비함에도 불구하고 일본조합교회 조선 전도본부는 편법으로 목사안수를 주기도 하였으며, 심지어 자격이 되지 않는 사람들에게도 세례를 주기도 하였다. 그들은 복음전파보다는 세속적이고 정치적인 방법을 통해 정권의 안위를 위하는 길을 택하였다.

인 「조선소요지순회지(朝鮮騷擾地經由誌)」를 발표했다."[10] 이 보고서에는 일본 기독교인에 의한 정신 개조가 조선인들에게 필요하다는 견해가 직접적으로 깔려 있다. 3.1운동 당시 일본조합교회에 속한 교인은 만여 명이었지만 아주 소수를 제외하고는 직접 3.1운동에 참여하지 않는 것만 보아도 일본조합교회의 목적이 어느 정도 달성되었다고 볼 수 있다.

그렇다면 일본의 기독교가 조선의 기독교에 억압적 형태로만 존재했는가? 그렇지만은 않았다. 일본 내에서도 제국주의적 정신에 반대하는 신앙을 강조한 기독교인들이 있었다. 대표적으로 김교신과 함석헌의 스승으로 알려진 우치무라 간조(內村鑑三)를 들 수 있다.[11] 우치무라 간조의 평화주의와 무교회주의 사상은 조선의 기독교 선각자에게 지대한 영향을 끼쳤다. 초기에 그는 기독교 신앙은 교회나 예배가 아니 오직 성서만을 제일 가치로 여겼다. 그는 서양에서 수입된 교파 기독교가 아닌, 일본인의 마음속에 뿌리내린 기독교만이 일본을 구원할 수 있다는 주장하게 된다. 이런 관점을 조선의 기독인들에게도 동일하게 적용하길 원했다. 우치무라 간조는 기독교의 정신으로 조선독립을 지키고 동양 세계를 개혁하고자 했다.

하지만 그의 이러한 종교적 관점도 정치적 문제에서 완전히 자유롭지

---

10 위의 책, 294쪽.
11 우치무라 간조는 이후에 김정식, 김교신, 유영모, 함석헌, 송두용 등이 그와의 직간접적인 인연을 이어갔다. 우치무라 간조의 핵심 사상은 3가지로 볼 수 있다. 1) '하나님'을 알기 위해 성경을 깊이 공부해야 한다. 2) '사람'을 알기 위해 역사와 사회과학을 공부해야 한다. 3) '자연'을 알기 위해 과학을 연구해야 한다. 이 세 가지가 모두 중요하기에 하나라도 빠지면 하나님과 세계를 이해할 수 없게 된다고 그는 주장한다.

못했다. 평화주의자이자 무교회주의자인 그가 종교적 신념에 따라 초창기에 천황의 친필 서명에 대한 경배를 거부하였다. 그러자 왕실 중심의 정치체제를 가진 정부는 그를 민족을 배신한 비국민으로 비판하게 된다. 이후 그와 그를 따르던 일본의 기독교는 반민족적 종교를 믿는 사람이라는 오명으로 많은 박해를 받게 된다. 그를 비롯한 다수의 일본 기독교인은 정부의 강압에 굴복하고 신사참배를 하게 된다. 우치무라 간조는 청일전쟁과 러일전쟁을 의전(義戰)으로 해석하기 시작한다. 그는 일본 정부의 "동양의 평화 회복" 명분과 "문명 대 야만의 전쟁"이라는 후쿠자와 유치치의 '동양맹주론'의 인식을 공유했다.

우치무라 간조는 초기에 전쟁 이익을 비판하며 전쟁 폐지론자였다. "세상에는 전쟁 이익을 설득하는 자가 있다. 그렇다, 한때 나도 이러한 우를 범한 사실을 시인한다. 전쟁의 이익으로 그 해독을 갚기에는 부족하다."[12] 일본인들의 전쟁 옹호론에 대해 큰 수치심을 느끼며 전쟁 폐지론자였던 그는 러일전쟁이 조기에 종식되기를 희망하면서 평화를 위해 전쟁의 정당성을 수용하게 된다. 아이러니한 주장이지만 그는 평화를 위해 전쟁이 필요하다고 주장한다. 『의전론』, 『비전론』, 『전쟁폐지론』, 『조기 평화론』에서 그의 이러한 관점이 더욱 선명하게 드러난다. 나아가 그는 일본인들을 위해 조선에 철도를 놓아 일본 농민을 이주시켜 조선에 일본 사회를 건설할 것을 강권한다.[13] 종합해 볼 때 그의 사상은 후기로

---

12 배귀득, 「근대 전환기에 있어서의 일본 기독교 지도자들의 조선관」, 『차세대 인문사회연구』, 2007, 297쪽.
13 위의 책, 294쪽.

갈수록 종교적이기보다 정치적인 목적이 우선시 되고 있다.

3. 민족종교와 기독교의 주권회복 운동

근대화 시기에 조선에 대한 일본의 종교정책은 두 방식으로 전개된다. 첫째로 그들은 신도종교를 기반으로 해 조선에 직접 전파하는 방식이다. 신궁봉경회(神宮奉敬會)가 대표적인 예이다. 일본은 신궁봉경회를 건립하여 일본의 신도(神道) 신앙에 우리 민족의 고유 신앙인 단군 신앙을 부속시키고자 하였다. 둘째로 기존의 전통종교나 신생종교를 회유와 기만을 통해 친일세력을 양성하고자 하였다. 앞서 살펴보았던 일본조합교회와 일본기독교회가 기독교를 친일적 영향력에 복속시켜 지배하고자 했던 대표적인 사례다. 유교 역시 성균관 조직을 경학원(經學院)으로 변경하여 조선총독부의 감독하에 놓이게 하였다.

그렇다면 일본의 종교 정책이 긍정적인 결과를 가져왔는가? 그렇지 않다. 기독교를 비롯한 천도교, 대종교, 그리고 불교의 지도자들은 연대하여 일본 정부에 민족의 신앙적 자율권을 요구했다. 이들 종교는 민족의 자주권 회복이라는 정치적 열망과 밀접하게 연결되어 있었기 때문에 일본의 요구에 순응하지 않았다. 특히, 19세기에 형성된 민족종교인 천도교와 대종교는 일본 정부의 정책에 강한 저항을 보였다. 이들 종교가 '종교적 사회개조'라는 문제의식을 가지고 등장한 만큼, 저항의 강도는 매우 컸다. 이 종교들은 시대의 정신을 반영하며, 개인의 정체성 형성,

공동체 유대감 강화, 도덕적·윤리적 가치의 확립을 도왔다. 사회적·정치적 이슈에 대해 중요한 목소리를 내는 것은 이들 종교의 필수적인 역할이었으며, 정의와 평화를 촉진해야 할 때 충실히 그 역할을 수행했다. 이들 종교보다 앞서 정의와 평화를 외친 종교는 기독교였다. 기독교는 민족종교가 개혁을 주장했던 것과 마찬가지로, 구시대의 정신과는 다른 차원에서 활동을 전개했다.

　민족종교와 기독교는 시대 정신을 둘러싸고 경쟁과 갈등, 그리고 공존을 모색하며 민중들에게 다층적인 영향력을 미쳤다. 그러나 이들 종교 간의 관계에서 공존보다는 갈등이 더 두드러졌다는 점은 주목할 필요가 있다. 종교적 차이로 인해 교리적인 충돌이 발생할 수밖에 없었지만, 민족의 자주권 획득이라는 공통의 목표를 공유하면서 상호 소통과 협력을 이루는 사례도 존재했다. 예를 들어, 3.1운동 기간 동안 천도교, 대종교, 불교, 그리고 기독교는 협력하여 민족의 자주적 주권 회복을 목표로 활동했다. 물론 이 과정에서 갈등과 번민이 없었던 것은 아니다. 특히, 3.1운동 당시 기독교 내부에서는 민족종교와의 협력에 대한 반발이 컸지만, 지도자들은 민족 주권 회복의 중요성을 설득하며 갈등을 극복할 수 있었다.

　전통종교는 주권회복을 위한 노력을 하지 않았는가? 그렇지 않다. 전통종교인 유교도 민족의 주권회복 활동에 참여했다. 그러나 그들의 운동은 전통적 인습에 사로잡혀 시대 정신을 충분히 이해하지 못했다는 한계가 있었다. 예를 들어, 유교 역시 일제의 억압에 맞서 자주적 주권회복을 외쳤으나, 그들이 회복하고자 한 주권은 군주주권의 차원에 머물렀다.

당시 시대 정신은 군주주권보다는 민중이 중심이 된 주권의 회복에 있었기 때문에, 유교의 이러한 접근은 민중의 공감을 얻지 못했다.

반면, 민족종교인 천도교와 대종교는 개인의 자각을 통해 사회 변혁을 이루고자 했으며, 기독교는 신앙 속에서 개인의 자각과 깨달음을 통해 사회 변혁을 추구했다. 천도교는 민족의 계몽과 독립, 그리고 근대화를 신앙을 통해 이루려 했으며, 이 과정에서 전통종교의 장점을 창조적으로 수용하고, 기독교 사상의 일부를 받아들여 민족주의, 민주주의, 사회 평등의 가치를 종교적 신념과 결합시켰다. 대종교는 단군교에 나타난 한국 고유의 정신과 문화를 중시하며, 홍익인간(弘益人間)의 정신을 발현하고자 했다. 기독교는 하나님 나라의 구현이라는 신앙적 목표뿐만 아니라, 서구 교육을 통해 근대 정치사상, 자유주의, 민주주의, 시민 국가론을 가르치며 근대성을 확산시켰다. 일본의 기독교인들은 제국주의적 입장을 대변하는 주류 선교사와 순수하게 기독교적 사랑을 전하는 선교사들로 나뉘었다. 전자가 대부분을 차지했지만, 후자의 경우도 존재했다. 대표적으로 노리마츠 마사야스(乘松雅休)와 오다 나라지(織田楢次)는 조선인을 사랑의 정신으로 대하며 전도 활동을 했다. 특히 오다 나라지는 조선인이 되고자 하여 '전영복(田永福)'이라는 이름으로 개명하고 선교 활동을 펼쳤다.

이들 세 종교의 공통점은 사회변혁을 위해 교육을 특별히 강조했다는 점이다. 천도교, 대종교, 그리고 기독교는 민족의 고통을 초래한 전통종교와 그에 영향을 받은 정치와 대비되는 새로운 사상을 제시했다. 이들 종교는 시대의 변화를 주도했으며 정치에도 깊이 관여했다. 토크빌의 말처럼, 종교와 정치는 일반적으로 긴장 관계를 유지하는 것이 보통이지만, 민족의 위기 상황에서 정교분리의 원칙은 무력해질 수밖에 없었다. 나라를 잃은 민족에게 종교는 민족 해방을 최우선 목표로 삼을 수밖에 없었고, 천도교, 대종교, 그리고 기독교는 이 과제에 적극적으로 응답했다. 이제 이들 세 종교가 민족운동에서 어떻게 종교와 정치의 상관관계를 형성했는지 심도 있게 살펴볼 필요가 있다.

1) 천도교

천도교는 한국적 요소를 바탕으로 한 동학을 모태로 하며, 1860년대 최제우에 의해 창시되었다. 초기에는 동학이라 불렸으며 이후 1905년 천도교로 개명된다. 이 종교는 서양 문화와 기독교의 영향 확산에 따른 반작용으로, 조선의 전통적인 유교와 불교 그리고 도교의 가르침을 창조적 통합하여 사회 개혁을 목표로 만들어진 신종교다. 『동경대전』을 경전으로 삼고 있으며, 인간 자신 내면에 참된 신을 자각하는 것을 핵심으로 한다. 천도교는 초기 동학이 지향했던 반외세적인 자세를 고쳐 기독교의 정신을 일부 수용하였다. 이렇듯 천도교는 근대화의 문명 속에서 우리 것을 모두 버리고 서양 것을 배우자고 했던 많은 사람과 서양 오랑캐들이고 그것을 무조건 배척하고 우리 것만을 고집하는 사람들이 아니었다. 그들은 어떻게 이 둘을 조합시킬 것인지 고민한 통합적인 사람들이었다.

잘 알려져 있듯이 동학은 농민운동을 주도하며 민족주의적 성격을 확고히 했다. 이들은 외세와 결탁한 집권세력에 대항해 민족적 자립과 자강의 정신을 강조하며, 참된 평화를 위해 저항하는 결사체를 형성했다.

이러한 움직임은 사회적, 경제적, 문화적 불평등과 조선의 독립을 위협하는 외세에 대한 반발로 시작되었다. 근대화 초기 동학운동은 이후 정부와 일본군과 결탁한 세력에 의해 진압되었고, 이후 개명한 천도교는 조선 사회에 깊은 영향을 미쳤다. 이들은 동학 때보다 강력하게 조직화하였고, 체계화하여 민족주의 운동을 지속했다.

민족의 아픔을 대신할 대안으로 등장한 천도교는 민족의식과 자주독립 열망을 충족시키기 위해 적극적으로 활동했다. 이 신생종교는 철학과 진리를 포괄한 우주와 개인, 개인과 사회의 양 측면을 포괄하는 회통의 세계를 만들고자 했다. 천도교 핵심인 시천주(侍天主) 사상은 모든 백성의 평등을 기본으로 하며, 신분제의 해체를 통해 민중의 주체성과 평등성을 강조했다. 이 사상은 유교적 전통과 달리 민중을 하늘나라의 주인으로 여겼다. 이들은 사회적 평등을 중요한 가치로 삼았으며 사회적 약자의 권익 향상에 큰 관심을 기울였다.

천도교는 단순히 종교에 갇혀있지 않고 서양철학에도 깊은 관심을 갖는다. 그들이 낸 대표적인 간행물 『개벽』에서 당시 서양의 대표적인 철학자 버트런드 러셀, 카펜터와 같은 서구 철학자들의 사상을 소개하며 조선이 처한 현실 문제의 타개책을 찾고자 했다. 그 과정에서 찾은 주요 주제가 자유와 평등사상이었다. 박석윤은 "사회진보의 궁극적 목적은 자기와 민족과 전 인류를 위하여 진정한 자유를 얻는 것"임을 밝히고 있다.[14] 김준연도 자유의 중요성을 강조하며 참된 자유는 '정신적 자유'

---

14 朴錫胤, 「자기의 개조」, 『학지광』 20, 1920년 6월, 학지광사, 15쪽.

가 주어져야 하며 나아가 정치적 참여의 자유와 경제적으로 자유로워져야 인격적 자유가 주어진다고 말한다.[15] 프랑스혁명의 '인권선언'의 한계들을 지적하는 김기전의 시각은 매우 흥미롭다. 프랑스혁명이 자유·평등·박애 정신을 강조함에도 불구하고 실패했다. 그 이유는 '소유권의 신성화'와 '불로소득'의 문제를 해결하지 못하였기 때문이다. "천부인권은 … 민중 생활의 안락이 아니요. 소유권과 불로소득의 확립이었다."[16] 경제적 해방이야말로 참된 인권이다. 자유와 평등의 개념이 단순히 정치적 개념이 아니라 경제적 개념까지 연결되어야 한다는 그의 주장이다.

한편 천도교의 이론적 토대를 세운 이돈화는 문화적 활동에 참여할 자격이 주어질 때 참된 인권이 보장되는 것이라 여겼다. 이렇듯 이돈화의 관점은 프랑스의 현대철학자 피에르 부르디외가 제시한 '문화 자본' 개념과 밀접한 연관성을 지닌다. 유교적 계급 사회는 하층계급에 속한 이들이 문화적 활동에 참여할 기회를 제한하여, 그들로 하여금 문화적 자본을 축적하지 못하게 했다. 이에 반해, 이돈화는 직업의 종류나 사회적 지위와 관계없이 모든 개인이 인격적으로 평등하며, 따라서 문화를 공유할 수 있어야 한다고 주장한다.[17] 그는 '인격적 평등'이 직업이나 보수의 차이보다 더 중요한 가치라고 강조하며, 사회 개혁의 필수적인 첫걸음은 개인의 인간성과 욕망에 대한 자각에서 시작된다고 본다. 그는 이러한 개인의 각성이 궁극적으로 '민중'의 형성을 이끌어내며, 이는 민족의 특

---

15 金俊淵, 「세계 개조와 오인의 각오」, 『학지광』, 학지광사, 1920, 22쪽.
16 苗香山人 考. 『第一의 解放과 制二의 解放, 人類歷史의 二大解放宣言』, 『개벽』, 개벽사, 1923, 29쪽.
17 李敦化(白頭山人), 「文化主義와 人格上 平等」, 『개벽』, 개벽사, 1920, 12쪽.

성을 확장하는 창조적 운동이 될 것이라고 주장한다.

천도교는 영구평화를 위한 사회개조를 이뤄내는 것이며, 스스로가 하늘됨이며, 나로부터 출발해 종족, 세계, 사회 전체를 잘 모셔야 한다. 전통종교가 자기 외부에 신앙의 대상을 설정하고 현세가 아닌 내세보다 집중하였다며, 천도교는 자기의 신력을 다해 자기의 양능(良能)을 발견해 나가야 한다.[18]

일본의 입장에서 민중들의 전적인 지지를 받는 천도교가 그리 가벼운 상대가 아니었다. 천도교의 정치적이며 민족적인 성향 때문에 조선총독부는 긴장할 수밖에 없었다. 종교적 사회개조를 꿈꾸었던 천도교는 정치와 결합 되어 나타났다. 따라서 그들의 영향력을 축소하거나 제거할 목적으로 일본은 천도교를 유사종교단체로 지정했다. 그들은 종교단체라기보다는 불온한 정치단체라 여겼다. 그러나 천도교에 대한 일본인들의 평가와 조선의 민중의 시각은 확연히 달랐다.[19]

---

18 천도교에 대한 세상의 핍박이 거센 것은 위대한 정신의 승리로 굳어지기 때문이라고 그들은 여겼다. 참조 이영호, 「동학농민전쟁부터 3.1운동까지, 종교계의 활동으로 본 사회·사상 변화의 대서사」: 『동학·천도교와 기독교의 갈등과 연대, 1893-1919』, 푸른역사, 2020, 136-137. 이영호의 추정에 따르면 1905년 천도교인은 40만이고 기독교인은 20만이었다. 기독교에 대해 열린 자세를 취했던 천도교는 3.1운동을 연대해서 전개하게 된다. 그들은 정치적 차원에서 민족 의제를 놓고 기독교와 연대와 경쟁을 하며 교세를 확장하게 된다. 그러나 동학농민운동이 실패한 이후 피난처를 구하는 과정에서 정교분리를 주장하며 상대적으로 안전한 기독교로 입교하게 된다. 이처럼 천도교는 전통종교와 더불어 기독교와의 회통이 많았다. 물론 동학은 초창기 전반적으로 기독교와 갈등 상황이 많았다.
19 물론 천도교도 민족주의적 입장도 1933년 무렵부터 친일적인 색채로 바뀌는 한계를 가지긴 했다. 뿐만 아니라 서로 구파와 신파로 나눠 싸우는 결과를 낳기도 했다.

2) 대종교

근대에 들어 단군신앙이 나타난 것은 김염백(1827-1896)과 백봉이라는 인물을 통해서다. 김염백은 묘향산에서 종교적 경험을 한 후 단군천조를 모시고 제례를 올리게 된다며, 백봉은 백두산에서 33인의 제자들과 함께 수련하였다. 백봉의 수련집단 중 13인이 백두산 대숭전에서 백봉신사를 배알하고 일심계(一心戒)를 함께 받음과 동시에 단군교의 포도(佈道)를 맹세했다.[20] 백봉신사의 제자로부터 백전(伯佺)이라는 비서(祕書)를 전해 받은 나철이 단군교에 입교하게 된다.[21] 이후 나철은 단군교를 중광하게 된다. 여기서 중광은 기존 것을 새롭게 만든다는 의미다. 사실 나철은 종교인 이전에는 저명한 외교행정가였다. 그는 고종의 특사로서 외교적 활동을 하며 주권국가로서의 모습을 가질 수 있기 위해 심혈을 기울였다.

나철은 일본의 조선 식민지화를 비판함과 동시에 을사오적 암살 시도라는 급진적 항일운동을 벌였다.[22] 하지만 이러한 노력이 모두 실패로 돌아갔고 그가 마지막으로 선택한 것이 바로 민족종교인 단군교로의 귀의였다. 나철은 민족종교인 단군숭배를 중흥하여 국권 회복의 새로운 길을 모색하였다. 그는 1909년 단군대황조신위를 모시고 제천의식을 거행한 뒤, 단군교로 시작했다. 이후 1910년 단군교에서 대종교로 명칭을 변경했다. 당시 나철, 정훈모, 오기호 등이 핵심 인물로, 명칭 변경 과정에서

---

20 물론 백봉신사라는 인물이 실재하였는지는 연구자 마다 해석이 다르다.
21 김동환, 「한국종교사 속에서의 단군민족주의 ―대종교를 중심으로―」, 『선도문화』, 2013, 154쪽.
22 김현우, 「대종교의 민족 정체성 인식」, 『인문학연구』, 2017, 81쪽.

분열도 있었다.

나철은 『삼일신고(三一神誥)』를 경전으로 삼아 교단을 설립했다.[23] 나철은 단군을 통해 민족의 문명을 새롭게 인식하길 희망했다. 이들 역시 천도교처럼 절제하고 금욕주의를 수행하여 내 안에 있는 신을 깨닫고자 했다. 내 안에 신성을 깨닫는 것은 우리 민족의 선도 전통 계승으로 볼 수 있다.[24] 이러한 관점은 신채호, 박은식, 유영모, 함석헌 등에 영향을 미쳤다. 그들은 우리 민족의 가장 큰 문제를 외세에 의존함으로 인하여 초래된 주체성 상실에서 찾았다. 주체성을 잃은 존재는 타인의 생각과 힘에 눌려 살아감을 의미한다. 그 결과 정신과 생명을 파괴한다. 즉 '나'를 잃음으로써 모든 고난과 가난이 찾아왔으며, 역사와 각 개인의 삶이 고통스러워졌다. 중화주의에 매몰된 유교의 전통은 타인의 생각과 힘에 눌려 살게 만든다.

대종교는 참된 생명이 곧 나를 깊이 알 때 주어진다고 가르친다. 주체성을 확립하지 않으면 집단에 속해 있더라도 집단의 정체성을 올바르게 형성할 수 없다. 주체성을 상실한 채 집단에 속한다는 동류의식만으로는

---

23 정훈모는 단군교라는 명칭을 고수한 반면에 나철은 대종교로 명칭을 바꾸게 된다. 대종교의 핵심은 삼일(三一)철학으로 하나가 셋이고, 셋이 곧 하나인 일즉삼삼즉일(一卽三三卽一)의 삼원적 원리를 가진다. 천부경에 영향을 받은 대종교의 원리는 "하나에서 시작하나 시작함이 없는 하나이다. 세극(三極)으로 나누어 지나 다함이 없는 근본이다. 하늘은 하나의 하나이고, 땅은 하나의 둘이며, 사람은 하나의 셋이다.(...) 사람 가운데서 하늘과 땅이 하나이다. 하나에서 마치나 마침이 없는 하나이다." (이찬희, 「대종교(大倧教)의 삼일(三一)철학적 우주관으로서 『천부경(天符經)』해석」, 종교문화비평, 2023, 222쪽.)

24 조남호, 「국학의 관점에서 바라 본 근대사 서술 ―동학, 3.1운동, 대종교를 중심으로―」, 국학연구원 제 23회 학술대회, 2014, 123쪽.

충분히 안정감은 누릴 수도 있다. 그러나 그곳에는 참된 생명이 없다. 참된 생명으로 존재하기 위해서는 깊은 사유가 필요하며, 종교적인 성찰을 통해 참된 의미를 발견해야 한다. 영적 깨달음을 통해 새로운 국가를 건설해야 한다. 이때 유교가 아닌 단군을 구심점으로 삼아 국가의 정체성을 확립해야 한다. 이들의 이러한 주장과 반대로 조선왕조와 유림의 생각은 사뭇 달랐다. 조선왕조와 유림세력들은 민중이 단군에 관한 인식 강화될 경우 왕권을 약화할 것으로 여겨 탐탁하게 생각하지 않았다. 조선의 지배세력들은 단군의 의미를 민족의 상징 정도만으로 충분하다고 여겨다.[25]

그러나 일제강점기라는 엄혹한 상황에서도 시대정신은 자유와 평등에 있었고 대종교는 그 역할을 감당하기 위해 가장 열정적인 모습을 보였다. 자주권의 회복을 외친 나철의 대종교는 민중들에게 더욱 설득력이 있었다. 특히 주권 상실에 대한 깊은 자괴감에 빠졌던 애국지사들과 동포들에게 대종교는 정신적 안식처를 제공했다. 이러한 대종교는 천도교보다 더욱 강력하게 항일운동에 앞장섰다. 이들의 정신적 안내 역할을 한 사람으로 나철, 박은식, 신채호, 주시경, 안상호, 정인보 등을 들 수 있다. 대종교의 정체성에 기반한 국권 회복 운동이 체계적으로 이뤄지기 위해선 교육과 문화 활동이 중요하였기에 이들이 그 역할을 감당했다. 대종교는 민족 학교를 설립하고, 한글 보급과 민족 문화의 부흥을 위해

---

25 김동환, 「한국종교사 속에서의 단군민족주의 ―대종교를 중심으로―」, 국학연구원 제 23회 학술대회, 2014, 155쪽.

노력했으며 조선인의 민족의식을 고취시키고, 일제의 문화적 동화 정책에 저항했다. 예컨대 박은식은 대종교의 윤세복이 설립한 동창학교에서 교사로 활동했으며, 윤세복의 요청으로 고대사 연구를 시작했다. 박은식은 단군사상을 통해 중화주의를 탈피하고, 민족을 세계사적 관점에서 재평가하기 시작했다. 박은식의 고대사 연구는 윤세복의 요청으로 본격화되었다. 당시 그는『동명성왕실기』,『천개소문전』,『명림답부전』,『발해태조건국지』,『몽배금태조』,『대동고대사론』등의 책들을 집필했다. 신채호 역시 동창학교에서 교사로 봉직하며 단군을 중심으로『조선사』,『독사신론(讀史新論)』등을 집필했다. 특히 독립군들의 교재로 사용되기도 했던『조선사』는 조선의 역사를 주권 차원에 서술했다. 힘 있는 민족이 되려면 역사를 올바로 배워야 한다는 것이 그의 핵심사상이다. 단군사상을 통해 중화주의를 탈피하고 우리 민족을 세계사적 관점에서 검토가 필요하다. 신채호의『독사신론』의 서론에 "국가는 이미 민족정신으로 구성된 단순한 혈족(血族)으로 전해져온 국가는 말할 것도 없고 혼잡한 여러 민족으로 결집된 국가일지라도 반드시 그중에 항상 주동(主動)이 되는 특별한 종족이 있어야만 비로소 그 나라가 나라로 될 것이다"라고 말한다.[26] 신채호는 민중이 국가 중심이 되는 세계관을 새롭게 만들고자 했다.

일본의 제국주의적 책략에 반대하며 대종교는 항일운동에 앞장섰다. 나아가 대종교는 선민의식을 강조함과 동시에 세계 중심의 국가로서 발

---

26 류시현,「민족사 서술을 위한 새로운 이론: 신채호의「독사신론(讀史新論)」」,『내일을 여는 역사』, 2019, 205쪽.

돋움하고자 했다. 신채호는 일본의 제국주의적 행동을 야만적 행위로 간주한다. 그 과정에서 그는 일본과 타협하려는 모든 사람을 적으로 여겼다. 나아가 그의 관점은 당시 세계를 지배했던 진화론적 세계관과 맥을 같이한다. "부여족은 곧 우리 신성한 종족인 단군의 자손들로서, 지난 4천 년 동안 이 땅의 주인공이 된 종족"이다.[27] 이처럼 신채호는 고대 한국사를 새롭게 씀으로 인해 민족주의를 천명하였으며 우리 민족의 지위를 공고히 하고자 했다.[28]

결국 대종교와 개혁적 지식인은 민족자결의 가치를 새롭게 인식하도록 큰 역할을 했으며, 민족의 정체성을 통해 국권을 다시금 세우고자 했다. 이들은 문화적으로 새로운 형식인 우리 전통을 창조적으로 계승하면서 민족의 운명을 능동적으로 헤쳐나가고자 했다. 그렇지만 민족의 주체성을 강조한 배타적 민족관은 또 다른 측면에서 보면 타민족이나 타종교에 대해 배타성을 지니게 되는 결과를 낳기도 했다. 물론 이러한 경향성은 시대의 산물로 여겨진다. 대종교가 주창한 민족주의적 경향은 우리 민족에만 나타나는 독특함은 아니다. 유대민족이 그러했고 서구의 많은 국가가 20세기 민족주의로부터 시작하여 종족주의까지 연결되기도 했다.

국가를 잃은 서러움 때문에 대종교는 단군숭배를 핵심으로 하여 강력

---

27 위의 책, 205-206쪽.
28 적자생존과 약육강식의 세계관이 당시 지배적인 이데올로기였는데 이들 역시 민족의 생존을 위해 타민족과 경쟁해 살아남는 데 필요한 이념으로 여겼으며, 신채호는 자주적인 강력한 민족의 힘을 일본에 보여주고자 했다.

한 국가주의를 표방하게 된다. 그 결과물이 3.1운동과 일제강점기 독립운동으로 나타났다. 백두산을 본거지로 삼아 30만 명이 되는 대종교가 3.1운동과 청산리 전투와 봉오동전투에 참여하게 된다.[29] 일본은 정치적 영향력이 큰 대종교의 억제하기 위해 새로운 통치수단이 필요했다. 조선총독부는 경찰력을 동원하여 대종교를 감시하고 탄압하는 정책을 시행했으며, 종교적 정당성을 박탈하기 위해 천도교처럼 유사종교로 지정했다. 그들은 공인종교로 신도, 유교, 불교, 기독교만을 인정하고 천도교와 대종교를 유사종교로 분류했다. 공인된 종교만 포교나 전도를 허용하였다. 반면에 조선총독부는 종파 간에 분쟁을 초래하거나 종교의 이름으로 정치를 왈가왈부하는 자들에 대해 강력한 처벌을 단행하였다.[30] 대종교의 정통성 박탈은 민족주의 정신과 독립, 자주성을 강조하는 가치에 큰 타격을 입혔다.

3) 기독교

개화기 조선은 여전히 강력한 유교 체제를 유지하고 있었다. 이 시기에 천주교(서학)가 도입되면서 유교와의 충돌이 더욱 심화하였고, 이에 보수적인 유교 학자들은 위정척사사상(衛正斥邪思想)을 형성하여 전통을 지키려 노력했다. 이들은 성리학적인 세계관과 지배체제를 강화하여 일본과 서구 열강의 침략에 대응하고자 했다. 실제로 조선에서 유교는 단

---

29 김현우, 「대종교의 민족 정체성 인식」, 『인문학연구』, 2017, 81쪽.
30 朝鮮總督府, 『朝鮮總督府官報』, 1910, 31쪽.

순한 종교를 넘어서 정치와 종교가 결합된 국가 이념으로 기능했다. 유교적 가치와 원칙은 교육, 법률, 정치 등 사회 전반에 깊이 뿌리 박혀 있었다. 반면에 기독교는 신분제와 조상 숭배 제사와 같은 유교의 관습을 거부했다. 벽이단론(闢異端論)의 차원에서 종교 문제를 바라본 대표적인 인물로는 안정복의 "천학문답(天學問答)", 신후담의 "서양학변(西洋學辨)", 이헌의 "척학론(斥邪論)" 등이 있다. 이들은 서학(西學)을 정치적 저의를 가지고 있다고 여겨 박해에 앞장섰다.

　반면, 이벽(聖敎要旨)과 정약종(주교요지)과 같이 천주교에 호의적인 이도 있었다.[31] 천주교가 조선에 정착할 시기인 19세기에 개신교도 들어온다. 미국, 캐나다, 영국을 중심으로 한 개신교 선교사들이 조선에 들어와 근대 교육, 의료 서비스를 제공하며 근대화를 촉진하는 역할을 했다. 개신교와 천주교는 서로 경쟁하며 조선에 자리 잡았다. 그 과정에서 천주교와 개신교 사이에 직접적인 충돌은 보이지 않았으나, 각자 서구의 과학, 기술, 문화를 전파하며 조선의 근대화에 크게 기여했다. 이처럼 기독교(천주교와 기독교)는 인간의 존엄성과 개인의 양심 그리고 자유를 강조하며 조선 사회의 봉건적인 질서와 계급적 구조에 대항했다.

　당시 기독교의 적극적인 선교 활동은 유교와 불교 사이에 상당한 긴장

---

31 참조 개신교와 천주교는 서로 경쟁하면서 조선 땅에 자리한다. 천주교와 개신교는 일제하와 광복을 거쳐 현재에 이르기까지 직접적인 충돌 양상을 보이지 않는다. 다시 말해 개신교는 천주교와 협력까지는 이뤄지지는 않더라도 상호존중은 있었다. 천주교는 이미 오랫동안 조선에 선교를 진행하며 토착세력들과 함께하는 방안들을 모색하였다. 특히 조상에 대한 제사를 거부하는 천주교 신자들의 행위는 유교 사회에서 큰 논란이 되었다. 이로 인해 많은 천주교 신자들이 박해와 순교를 당했다.

을 초래했다. 유교와 불교는 기독교의 확산을 자신들의 종교적 자유에 대한 위협으로 인식하고 강력하게 저항했다. 그럼에도 불구하고, 개신교 선교사들은 국가적인 위기와 개인의 절망 속에서 종교적 필요와 욕구를 충족시키는 역할을 수행했다. 이들 선교사들은 조선의 전쟁과 평화, 경제적 문제, 인권 및 사회 정의 문제에 깊은 관심을 가졌으며, 정교분리의 원칙에도 불구하고 일제강점기에 초래된 인권 침해와 민족의 사회 정의 문제에 적극적으로 참여했다. 특히, 보수적인 서구의 선교사들이 주류를 이루었음에도 불구하고, 교회로 유입된 많은 사람들은 일제의 억압과 탄압을 피해 개종한 민족운동가들이었다. 이는 개화파 지식인들과 민중 계층이 민족운동을 전개하는 과정에서 기독교로 개종하는 사례가 많았음을 보여 준다. 이와 같은 흐름 속에서, 구한말 기독교는 민족운동에서 중요한 역할을 담당하게 되었다.

앞서 서술한 바와 같이, 기독교는 민족운동과 함께 교육과 의료 분야에 큰 노력을 기울였다. 서구적 교육 체계는 유교적 권위주의에서 탈피하여 남녀평등을 강조하고, 계급에 관계없이 모든 사람이 신 앞에서 평등한 존재임을 가르쳤다. 또한, 당시 사회에 만연했던 불법적인 재산 갈취와 세금 징수에 대해 강력히 저항하였다. 이러한 불의에 대한 저항 정신을 기독교가 강조함에 따라, 정치적 위기 상황에 대응하는 방안도 검토되었다.

3.1운동의 역사를 살펴보면, 1905년 을사조약 체결 이후 구국운동에 가장 적극적으로 참여한 종교는 대종교와 기독교였다. 이만열의 연구에 따르면, 기독교인의 민족의식이 구한말에 걸쳐 동태적으로 변화하는 과

정을 볼 수 있다.[32] 특히, 고종이 1907년 헤이그에 밀사를 파견한 사건은 큰 정치적 위기를 초래하였고, 결국 고종은 퇴위당하게 되었다. 이로 인해 일본은 조선의 주권을 완전히 장악하게 되었으며, 이에 저항하는 민족운동이 대종교와 기독교인을 중심으로 전개되었다. 특히 상동교회, 연동교회, 정동교회, 강화읍교회에 속한 목회자와 성도들은 민족해방 운동의 중심에 있었다. 이후 이들은 세력의 확장을 위해 신민회(新民會)를 결성하여 항일 비밀결사의 첨병이 된다.[33] 이후 신민회를 중심으로 1911년 '데라우치총독모살미수사건'으로 인해 105인이 유죄판결을 받았다. 그때 옥고를 치른 이승훈을 비롯한 93명은 기독교 신자였다. 이 일로 조선총독부의 교회 핍박이 심화 되었으며 시작되었고, 교세는 많이 위축되었다. 그렇지만 이들은 감시와 억압의 상황에서도 민족의 해방운동을 멈추지 않았다.[34]

한편 개신교의 민족운동은 3.1운동 전후로 변화가 컸다. 조선총독부

---

32 이만열, "구한말 기독교인의 민족의식 動態化과정," 『한국 기독교와 민족의식』, 지식산업사, 1991. 참조.

33 이덕주, 「3·1운동과 기독교 —준비단계에서 이루어진 종교연대를 중심으로—」, 『한국기독교와 역사』, 2017, 112-113쪽. 신민회 조직에는 상동교회 전덕기 목사를 중심으로 한 '상동파'와 이상재 윤치호를 중심으로 한 '황성기독교청년회', 평양의 '숭실중학교'와 '태극서관', 개성의 '한영서원', 평북의 '서천 신성중학교', 정주의 '오산학교', 의주 '양실학교'가 중심이었다. 3.1운동에 동참할 천도교는 손병희, 권동진, 오세창, 최린, 최남선이 중심이 되어 대중화, 일원화 그리고 비폭력 등 3대 원칙을 세웠다. 기독교계는 이승훈을 중심으로 불교의 한용운과 협력하며 3.1운동을 일으키게 된다.

34 '민족자결의 원칙'은 「每日申報」와 「京城日報」, 「朝鮮新報」등을 통해 국내외 민족주의 진영에 알려졌다. 잘 알려진 대로 3.1운동은 1차 세계대전의 종식과 더불어 미국의 대통령인 윌슨의 '민족자결 원칙'(Principle of National self-determination)을 접한 민족주의의 진영에 의해 기획되었다.

는 1920년 1월 '문화정치'를 표방하게 된다. 이들이 표면적으로 제시한 정책은 민주주의와 문화주의였다. 후자는 사회 전반적으로 문명 수준의 향상이라는 정책을 목표하였다.[35] 그렇지만 그들이 궁극적으로 지향한 것은 정치적 억압이 아닌 문화를 통하여 스스로 복종하는 민중을 만들고자 하는 데 있다. 정치로부터 분리된 문화를 추구하거나 정치로부터 자유로운 문화 정책을 만들어 조선의 민중을 통제하고자 했던 것이다. 이들에게 문화 정책은 곧 천황가 조상을 모시는 정책 가운데 하나였다. 국가의 통합을 위한 천황제 숭배는 국민의 의무였고 공적인 도덕가치였다.

조선총독부가 주장한 정교분리의 원칙은 서구의 정교분리의 원칙과 달랐다. 서구의 정교분리는 신앙의 자유를 천부적 권리로써 보장하기 위해 국가의 간섭을 일절 배제하는 것이었다. 그런데 일본이 제시하는 정교분리는 천황제를 상위 개념을 두고 종교를 하위에 두는 정책이다. 일본이 주장한 정교분리의 원칙이란 근대 조선의 강력한 민족운동 단체로서 기독교 세력을 정치와 분리하려는 하나의 방편이었다.

정교분리의 강조는 많은 보수적인 선교사들이 일본의 조선 지배를 묵인하거나 비호하는 결과를 낳게 되었다. 선교사들과 조선총독부는 종교를 빙자하여 정치를 논하는 행위가 풍속을 해치고 안녕을 방해함을 강조하였다. 일본 정부는 종교단체가 정치에 간섭하지 못하도록 법제화하는

---

35 일본의 문화주의는 신칸트학파의 영향에서 비롯된다. 1920년을 기점으로 일본 문화는 인격과 교양의고양된 모습을 보이고자 했다. 기존의 자연주의적 진화론적 관점에서 벗어나 사회적 측면에서 문화주의를 지향했다. 서구의 문화주의가 가진 특징은 개개인의 개성을 강조함과 평등주의를 강조하는 특징을 지닌다. 그렇지만 일본의 문화주의는 결이 달랐다. 그들은 문화주의를 통해 조선을 이전과 다른 방식으로 통제하고자 했다.

가 하면 또 다른 한편으로 일본의 신도종교 아래 조선의 종교를 편입시키려 했다. 그들이 종교를 인정한다손 치더라도 개인의 구원 차원의 신앙을 가지도록 함과 동시에 제국주의 침략을 옹호하는 정책을 폈다.[36] 결과적으로 일본의 일관된 종교정책으로 인해 조선의 종교는 식민지 지배체제하에서 제국주의 정치체제의 정당성을 강화해 주는 도구로서 강요받았다. 제국을 위한 애국사업으로 전락한 종교는 철저히 정교일치나 유착의 성격이 강했다. 반면에 민족종교나 기독교의 일부 세력들은 제국의 논리에 대응하기 위해 더 강력한 정교일치를 강조하게 된다. 그래야만 자유와 평등의 가치를 지켜 낼 수 있기 때문이다.

4. 나가는 말

종교와 정치의 관계는 사회적·정치적 맥락에 따라 다르게 나타난다. 서구의 정교분리 정책은 개인의 종교 선택권을 국가로부터 보호하는 것을 원칙으로 삼았다. 그러나 일본은 자국 내에서는 철저한 정교일치의 관점을 유지하면서도, 식민지와 같은 타국에는 정교분리 원칙을 강요했다. 이 원칙은 자국 정권의 안정을 위해 도입된 것이었다.

---

36 기독교가 민족의 단결시키고 민족을 하나로 묶으려는 영향력이 커지자, 일제는 포교규칙을 발표하여 조선총독부로부터 모든 성직자는 자격을 허락받아야 하는 상황으로 만들었다. 그들은 종교집회소의 시설과 장소의 변경에 대해서 허가를 받도록 했으며 모든 예배, 기도회, 부흥회 등을 감찰했다.

그렇다면 일제의 억압과 감시에도 불구하고 이들이 지키고자 했던 것은 무엇인가? 다양한 해석이 가능하지만, 종교적 요청인 자유와 평등을 구현하려는 열망이 그 중심에 있었다고 볼 수 있다. 민족종교의 독특한 특징은 자각에 기반한 개인들이 종교적·정치적 길을 모색하는 데 있다. 민족주의, 사회 개혁, 민중 해방을 강조한 천도교와 대종교는 식민지 시대 조선인의 정신적·사회적 해방을 위한 중요한 정신적 지주 역할을 했다. 이들 종교는 정교일치의 관점에서 민족운동과 자주권 회복을 위해 노력한 반면, 기독교는 정교분리의 원칙을 고수하면서도 민족의 자주권을 위한 운동을 지속했다.

구한말 조선에서 활동하던 선교사들은 일본의 식민지 지배와 이에 저항하는 조선인 사이에서 중립적인 입장을 표방했다. 이 중립적 입장은 두 가지 측면에서 분석될 수 있다. 하나는 서구 선교본부의 정책에 따른 결과로, 이는 제국주의 지배 논리에 편승하는 결과를 낳았다. 조선총독부는 정교분리의 원칙을 내세워 독립운동을 차단하려는 시도를 멈추지 않았다. 그러나 조선 내부에서는 민족의 자주권 획득에 대한 열망이 총독부의 탄압에도 불구하고 지속되었다. 또 다른 측면은 선교사들이 단순히 조선인을 개종시키는 것에 초점을 맞추었다면, 조선의 지식인들과 민중들은 교회를 본거지로 삼아 정치적 식민지에서 벗어나려는 활동을 펼쳤다는 점이다. 결과적으로, 조선의 기독교는 정교분리의 환경을 활용하여 민족 자주권 회복 운동에 기여했다. 물론, 선교사들은 주로 학교 교육, 복음 전도, 그리고 의료 활동에 전념했다. 그러나 선교사들의 기본 정서에는 민중을 억압하는 세력으로부터 자유와 평등의 보편적 가치를 실현하려는 노력이 담겨 있었음이 간접적으로 드러난다.

일본의 종교정책은 천황을 중심으로 한 중앙집권적 집단의 정체성을 유지하기 위한 도구였다. 그들은 국민을 통합시키는 수단으로서 종교가 필요했으며, 인간 내면의 종교성을 탐구하는 데는 관심이 없었다. 초창기에는 조선의 종교인을 강압적으로 복속시키려 했으나, 이후에는 문화정책의 일환으로 종교정책을 통해 자발적으로 복종하게 만드는 전략을 취했다.

그러나 조선의 민족종교와 기독교는 일제의 다양한 획책에도 불구하고 시대정신인 자유와 평등의 가치를 실현하기 위한 노력을 지속하였다. 따라서 이들 종교가 항일적인 특징을 갖게 되는 것은 자연스러운 현상이었다. 일본의 통치전략에 대항하기 위해선 반드시 종교와 정치는 일치가 필수조건이었다. 그렇지 않으면 그들에 복속되고 순응할 수밖에 없지 않았을까? 민족종교와 기독교를 보았듯이, 우리 민족의 특징은 서로 다른 종교일지라도 자유와 평등이라는 가치를 위해 협력한다는 데 있다. 물론 그 과정에서 내부적으로 다양한 문제들이 발생하게 된다. 하지만 민족의 운명인 자주권을 획득이라는 큰 목표 아래 함께 협력함을 통해 인간다움을 실현하고자 했다. 각각의 종교는 각론에서 일정한 차이를 보이지만 인권과 윤리의 문제는 결을 같이 한다. 종교가 서로 다르더라도, 종교 간의 회통(會通)을 통해 지혜를 배우려는 노력은 지속되었다. 동학의 최제우와 이돈화, 기독교의 이승훈, 유영모, 그리고 함석헌과 같은 인물들은 종교적 회통을 통해 자유와 평등이라는 공통의 가치를 공유했다. 이러한 회통이 가능하다는 사실은 우리 민족이 열린 자세를 지니고 있음을 보여 주는 특징이다.

　조선의 민중들은 자유와 평등의 가치를 단순히 인식하는 데 그치지 않고, 이를 실현하기 위해 용기 있게 나서 싸워서 쟁취했다. 근대화 과정에서 외세의 도움이 컸던 것은 사실이지만, 그보다 더 중요한 것은 우리 스스로가 자유와 평등의 가치를 지키기 위해 노력했다는 점이다. 만약 이러한 노력이 없었다면, 우리는 영구히 자유와 평등의 가치를 누리지 못했을 것이며, 평화도 이루지 못했을 것이다.

참고자료

김동환, 「한국종교사 속에서의 단군민족주의 —대종교를 중심으로—」, 『선도문화』, 2013.

金俊淵, 「세계 개조와 오인의 각오」, 『학지광』 20, 1920년 6월, 학지광사.

김현우, 「대종교의 민족 정체성 인식」, 『인문학연구』, 2017.

다카시로 코이치. 『후쿠자와 유키치의 조선정략론 연구』, 선인, 2013.

苗香山人 考. 『第一의 解放과 制二의 解放, 人類歷史의 二大解放宣言』, 『개벽』 32, 개벽사, 1923년 2월.

朴錫胤, 「자기의 개조」, 『학지광』, 학지광사, 1920.

배귀득, 「근대 전환기에 있어서의 일본 기독교 지도자들의 조선관」, 『차세대 인문사회연구』, 2007.

류시현, 「민족사 서술을 위한 새로운 이론 : 신채호의 「독사신론(讀史新論)」」, 『내일을 여는 역사』, 2019.

서정민, 『한일기독교 관계사 연구』, 대한기독교서회, 2002.

이덕주, 「3·1운동과 기독교 —준비단계에서 이루어진 종교연대를 중심으로—」, 『한국기독교와 역사』, 2017.

李敦化(白頭山人), 「文化主義와 人格上 平等」, 『개벽』, 개벽사, 1920.

이만열, "구한말 기독교인의 민족의식 動態化과정," 『한국 기독교와 민족의식』, 지식산업사, 1991.

이영호, 『동학·천도교와 기독교의 갈등과 연대, 1893-1919』, 푸른역사, 2020.

_____, 『동학·천도교와 기독교의 갈등과 연대, 1893-1919』, 『역사문제연구』, 2021.

이찬희, 「대종교(大倧敎)의 삼일(三一)철학적 우주관으로서 『천부경(天符經)』 해석」, 『종교

　문화비평』, 2023.

조남호, 「국학의 관점에서 바라 본 근대사 서술 ―동학, 3.1운동, 대종교를 중심으로―」,

　한국학연구원 제 23회 학술대회, 2014.

朝鮮總督府, 『朝鮮總督府官報』, 1910.08.29.

후쿠자와 유키치, 『문명론 개략』, 성희엽 옮김. 소명출판, 2020.

https://h21.hani.co.kr/arti/society/society_general/47691.html

근대민족운동의 공간:
천도교 중앙대교당

지혜경
경희대학교 후마니타스칼리지 외래교수

"천도교 중앙대교당이 없었으면 3.1운동이 없고, 3.1운동이 없으면, 상해 임시정부가 없고, 상해 임정이 없으면 대한민국의 독립이 없었을 것이다."

— 김구

건축물은 여러 사료들과 함께 한 시대를 이해하는 데 중요한 역할을 한다. 단순히 건축물이 가지고 있는 시대적 특징 때문이 아니라, 건축물이 만들어 낸 공간이 담고 있는 다양한 사건들의 흔적 때문이다. 역사적 사료들, 철학서, 문학서, 잡지, 신문 등에 기록된 이야기들은 건축공간과 함께 할 때 생생하게 다시 살아난다.

한국 근대에 지어진 건축물에는 시대적 변화를 반영한 서구식 건축물들이 많다. 약현성당, 명동성당, 정동교회, 서구식 학교 건물들, 해외 공사관, 한국은행, 신세계 백화점 (구 미쓰코시 백화점) 등 기존의 건축물들과는 다른 모습의 건축양식과 건축재료를 사용하여 지어졌다. 근대 건물은 개항 초기 해외공관이 모여 있는 정동과 새롭게 형성된 서울의 중심이었던 명동에 많이 남아 있다.

【그림 1】 천도교 중앙대교당, 국가유산포털에서 전재

다양한 근대의 건축물 가운데 어찌보면 가장 독특한 조합의 건물이면서, 역사적으로도 매우 중요한 건물 중 하나가 천도교 중앙대교당이다. 낙원상가 사잇길을 따라 안국역 방향으로 올라가다 보면, 왼편에 오래된 붉은 벽돌의 교회건물인 천도교 중앙대교당과 수운회관이 보인다. 1968년 낙원상가 건립 이후 그 뒤로 숨어버려, 서울 도심에서 바로 볼 수 없지만, 일제 강점기 때만 하더라도, 새로운 공법과 큰 규모로 인해 명동성당, 조선총독부 건물과 함께 서울의 3대 건축물로 꼽히기도 하였다.

천도교는 전통사상에 기반한 자생적 신흥종교인데 서구적 교회 형태의 건물을 지었고, 전통을 고수할 것 같은 신흥종교이지만, 새로운 시대를 향한 문화 운동을 이끌어 가는 데 앞장섰다. 어린이 운동, 노동운동, 여성운동 등 다양한 민족 문화 운동의 공간으로 중요한 역할을 했던 곳이 바로 천도교 중앙대교당이다.

1 천도교와 천도교 중앙대교당

1) 천도교의 역사와 사상

천도교는 민족 종교로 일제강점기 때 민중의 아픔을 함께하며 새로운 세상을 위해 노력을 했던 종교이다. 원래 이름은 동학으로 일제 강점기 당시에 종교교단으로 정립하면서 천도교라고 이름을 바꾸었다.

잘 알려진 바대로 동학은 1860년 수운 최제우에 의해서 시작된 종교 운동이다. 기도를 하던 도중 수운은 갑자기 몸이 떨리고 정신이 아득해지며, 하늘의 소리를 듣는 신비체험을 하였다. 그때 상제와 대화하여, 사람들을 치유할 수 있는 신비한 궁궁부적을 받았으며, 상제가 바로 개개인 속에 머물고 있음을 들었다. 상제는 동아시아에서 조상신의 최고의 신, 또는 하늘의 신으로 알려져 있으며, 천주교가 전래되었을 때, 유학자들은 상제와 천주교의 하느님을 동일한 존재로 이해했다. 수운은 상제를 ᄒᆞ늘님, 천주라고도 하였으며, 이후 3대 교주 손병희가 동학을 천도교라고 이름을 바꾸면서 상제의 명칭 또한 한울님이라고 통일했다. 최제우가 제시한 동학의 핵심 가르침은 경천과 시천주(侍天主)로, 하늘의 신인 천주, 상제를 공경하고, 내 마음에 천주를 모신다는 것이다. 동학에서는 한울님이 외부에 있을 뿐만 아니라, 내 마음에도 있기에 나와 한울님이 다르지 않다고 보았다.

1861년 포교를 시작하여 많은 이들이 따르자, 천주를 모신다는 것 때문에 동학도들도 서학을 신봉하는 이들이라고 오해를 받아 탄압을 받게 되었다. 1862년 최제우가 투옥된 이후 2대 접주 최시형이 동학을 이끌었다. 1892년, 1893년 신도들은 투옥된 최제우를 풀어 주고 동학에 대한 탄압을 멈춰달라는 신원운동을 펼쳤으나, 성공을 거두지는 못하였다. 1894년 잘 알려진 동학농민운동이 시작되었다. 동학농민운동은 교조(敎祖)인 최제우에 대한 신원운동 뿐만 아니라 탐관오리의 폭정에 대한 저항운동의 성격이 강했다. 동학도들이 폭정에 저항할 수 있었던 이유는 시천주 사상의 핵심이 단지 개인의 수행과 구제에 머물지 않고, 타인을 구제하는 것이었기 때문이다. 동학에서는 보국안민(輔國安民)과 광제창생(廣濟蒼生)을 강조하였으며, 천도교는 여기에 포덕천하(布德天下)를 추가하여 천도교의 3대 염원으로 삼았다.

1894년 12월 일본군의 개입으로 동학운동은 진압되었으나, 최시형은 포교활동을 멈추지 않았고, 1897년 손병희를 3대 교주로 임명하였다. 최시형은 최제우의 시천주보다 한 발 더 나아가서 사인여천(사람 섬기기를 한울같이 한다)을 주장하고, 사람만이 아닌 모든 것 속에 한울님이 있음을 강조하는 물물천 사사천(物物天事事天) 사상을 펼쳤다. 이러한 범신론적 사상 때문에 그는 인간이 음식을 먹는 것을 하느님이 먹는 것(以天食天)으로 보았다. 그는 하늘을 공경하고(敬天), 사람을 공경하고(敬人), 사물을 공경하는(敬物)라는 세 가지 공경함의 사상을 펼치며 내 안의 하느님을 잘 길러야 한다고 하였다.

3대 교주였던 손병희 때에는 많은 변화가 있었다. 1898년 최시형이 순교한 후, 일본으로 망명을 갔던 손병희는 일본의 개화된 모습에 자극을 받아, 변화하는 세계 속에서 새로운 종교로서 동학을 만들어 갔다. 1905년 동학의 이름을 천도교라 하며, 하나의 종교임을 천명하고, 1906년 손병희의 귀국과 함께 조직을 개편하며 근대적 종교로 정비하였다. 그가 당시 강조한 핵심 가르침은 인내천으로, 이제는 자기 마음을 깨달으면 그 몸과 마음이 한울님이라는, 최제우, 최시형보다는 좀 더 인본주의적 요소를 강조하고 있다고 할 수 있다. 인본주의적 요소가 강하기 때문에, 개인의 인격의 완성으로 현세에서 평등하고 인간성이 구현된 사회 건설을 목적으로 하였다. 그래서 인쇄소를 만들어 다양한 교리서들을 출판하고, 강습소를 세워 교리와 서양학문을 가르치고, 정기적 잡지인 『천도교월보』를 만들어 사람들의 의식개혁에 앞장섰다. 3.1운동 때 중심역할을 했고, 『개벽』『신여성』『어린이』 등의 잡지를 통해 민족의식을 고취하였고, 이후에도 다양한 민족운동의 선봉에 섰다. 천도교는 다른 종교들과 다르게 다양한 문명개화운동을 선도적으로 이끌어 가며 희망을 주는 대안 종교로 자리잡아 갔다.

2) 천도교 중앙대교당의 건립

1905년 일본에서 망명 중이던 손병희가 12월 1일자 제국신문과 대한매일신보에 다음과 같은 광고를 실었다.

> 우리 교는 천도의 근본이라서 천도라 일컫는다. 생겨난 지 46년이나 되었고, 신자도 널리 많은데 교당이 없다는 것은 심히 유감이다. 인문이 다시 개벽하여, 종교를 자유롭게 신앙하고 교당을 자유롭게 건축하는 것은 만국의 공례이다. 그러니 교당을 크게 짓는 것은 천리에 호응

하고 인도에 따르는 표준임을 우리동포 제군은 분명히 알 것이다. 교
당의 건축은 다음해 2월에 일을 시작할 것이다.

— 천도교 대도주 손병희 알림

　왕실의 탄압으로 숨어 있던 동학이 천도교라는 이름으로 세상에 모
습을 드러내면서 동시에 교당의 크게 지을 것을 밝히고 있다. 광고처럼
이듬해에 바로 건축을 시작하지는 못했지만, 지속적 노력을 통해 결국
1908년에 대안동(지금의 덕성여중 자리)에 중앙총부와 교당 역할을 할 2층
양옥 건물을 지었다. 1918년에 지금의 대교당을 경운동에 짓기로 결정
했고, 12월 1일에 터를 닦았으며, 1919년 7월에 착공하여 1921년에 준공
하였다.

　광고에서 언급한대로 큰 교당을 짓기 위해 400평 규모의 건물을 계획

【그림 2】 대교당 내부, 대한민국역사박물관 현대사아카이브

하였으나, 너무 거대하다는 점과 중앙에 기둥이 없기에 위험하다는 이유로 일본 식민지 정부가 반대하여, 212평으로 줄여서 지었다. 건물을 지을 때, 전통식이 아닌 서구식으로 지었는데, 이는 아마도 근대적 문명개화운동에 앞장서는 대종교의 이미지와 방향성을 고려한 것이 아닐까. 건물의 양식은 당시에 유행하던 바로크나 고딕 스타일이 아닌 새롭게 시작된 오스트리아의 아방가르드 스타일인 세세션(Secession, 분리파) 양식과 고딕의 양식을 섞었다. 두 양식의 조합은 설계와 총괄은 맡은 나카무라 시헤이의 스타일로, 그는 덕수궁 석조전을 지을 때도 신고전주의와 로코코 양식을 섞었다. 민족종교의 교당을 지으면서 일본인에게 설계와 총괄을 맡긴 것이 이상해 보일 수 있으나, 당시 한국인 건축가가 없었다는 점과 건축은 관공서의 허가를 받아야하는 일이 많다는 점을 생각해 보면, 특별히 문제 삼기는 어렵다고 본다. 중앙대교당 건물은 화강암으로 기초를 세우고, 벽돌로 벽을 쌓으며, 화강석과 섞어 아름다운 문양을 넣었다. 벽돌은 전통적으로는 기를 막는다고 꺼려지던 자재였지만, 당시에는 근대적 건축물에 많이 사용되면서 새로운 재료로 각광받았다. 하지만, 전통적 재료가 아니었기에 조선에는 이를 생산하고 시공할만한 인력이 많지 않아 당시 대부분의 벽돌건물을 시공한 중국인 장시영이 맡았다.

대교당이기는 하지만, 대종교의 교당은 가톨릭 성당에서 느끼는 신성함의 느낌이 없다. 그 내부를 보면, 중앙에 기둥이 없는 거대 집회를 위한 강당으로 보인다. 개개인에 한울님이 있기에 사람들이 많이 모일 수 있는 대강당 형태로 지었다고 보인다. 중앙에 기둥이 없는 공법은 당시로는 흔치 않은 방식이기에 이를 위해 미국에서 철근을 수입해서 지었

【그림 3】 대신사출세 백년기념관

다. 그 과정에서 식민지 정부와의 갈등으로 시공자 장시영이 구속되기도 하였으나, 우여곡절 끝에 완성하였다. 이 모든 비용은 신도들의 성금으로 이루어졌으며, 당시 23만원의 성금이 대교당 건축비용으로 사용되었고 나머지는 독립자금으로 사용되었다고 한다.

같은 해 새로운 중앙총부를 대교당 옆에 완성하였고, 1924년에는 그 옆에 대신사출세백년기념관을 지어 천도교의 공간으로 모습을 갖추었다. 대신사출세백년기념관은 한국인 이훈우가 설계를 맡고, 공사는 나카마무라 우메키치가 맡았었다. 지금은 1969년에 수운회관이 건립을 위해 중앙총부 건물은 도봉산 봉황각 옆으로 옮겨졌고, 대신사출세백년기념관을 주차장으로 바뀌었다.

이렇게 완성된 공간은 천도교 종교적 공간으로, 민족 운동의 공간으로, 다양한 문화 운동을 펼치는 공간으로 사용되었으며, 심지어 친일의 공간으로도 사용되는 안타까운 역사가 있었다. 모임의 성격과 크기에 따라 중앙대교당과 대신사출세백년기념관에서 다양한 행사가 진행되었다. 특히 음악회, 영화제 같은 문화행사나 작은 행사는 기념관에서 많이 열렸다.

2. 종교적 공간인 중앙대교당

중앙대교당에서는 정기적인 종교 행사가 열렸다. 매주 일요일 오전 11시에 시일식이 열렸으며, 이외에도 천도교를 개창한 4월 5일 천일기념일, 교조의 득도일과 승통기념일 등 천도교의 중요 기념일에 집회가 행해졌다.

우선 내 몸의 한울님이 계시다고 생각하기 때문에 밖에 따로 신상을 두지 않는다. 그래서 대교당 안에는 특별한 신상이 있지 않고 천도교 상징인 궁을장만 있다. 궁을장은 1905년 천도교로 정비하면서 손병희가 최제우가 받았던 궁을영부를 모형으로 제작했다. 얼핏 보면 태극도의 태극 같기도 한데, 가운데 점은 우주의 근본을 상징하는 지기, 또는 성품을 표현한 것으로, 우주에 가득찬 에너지이며, 생명력이고, 만물의 근원이며, 무한 잠재

【그림 4】 궁을장

력을 가진 텅빈 마음, 우주의 근원적 존재를 말한다. 양쪽의 활같이 생긴 것은 마음을 상징하는 데, 성품에서 생긴 마음은 이타심으로 천심을 말하며, 몸에서 생긴 마음은 이기심인 물정심을 말한다. 수행이란 이 물정심을 버려서 하나의 마음으로 통일된 상태를 말한다고 한다. 이를 둘러싸고 있는 원은 만물의 몸, 존재의 몸 전체를 의미한다. 그리고 궁을장 위아래 구멍은 모든 만물이 몸 안과 몸 밖의 지기가 서로 연결되어 소통하고 살고 있음을 말한다.

내 안의 이기심을 제거하고 한울님의 마음과 하나가 되기 위해 이들은 다섯가지 방법, 주문, 청수, 시일, 성미, 기도의 다섯가지 의식을 행한다. 주문은 천도교의 주문을 낭송하는 것이며, 청수는 봉헌물로 맑고 깨끗한 물을 올려놓는 행위이다. 기도는 매일 저녁 9시에 행하는 매일기도와 특별한 날 행하는 기도, 시일은 일요일 11시에 다함께 모여 행하는 종교집회이며, 성미는 매일 밥 지을 때마다 식구수대로 쌀을 한 숟갈씩 모았다가 한달에 한번 교단에 헌납하는 것이다. 이 외에 심고라고 해서 한울님께 자신의 행동을 알리는 의식이 있다.

주문에는 강령주문(降靈呪文)과 본주문이 있는데, 강령주문은 '지기금지원위대강(至氣今至願爲大降)'의 8자, 본주문은 '시천주조화정영세불망만사지(侍天主造化定永世不忘萬事知)'의 13자로 총 21자이다. 강령주문이란 한울님의 기운과 내 기운이 서로 하나가 되기를 바라는 주문이고, 본주문은 한울님과 하나되어 그 가르침과 덕과 함께하기를 바라는 내용이다. 이렇게 한울님과 하나가 되는 것이 천도교 기도와 수련의 핵심이기에 천도교 교리에서는 이 주문이 가장 중요하다. 이는 마치 그리스도교에서 성체를 모심으로서 예수그리스도와 하나가 되는 예식이랑 비슷하며, 밀교 불교에서 주문을 외우고 무드라(손동작)를 하며 불보살과 하나가 되게 하는 의식과 매우 흡사하다.

주문이 종교적 수련법이라고 한다면, 기도와 심고는 신앙행위라고 할 수 있다. 매일 오후 9시 청수를 떠 놓고 조용히 심고를 하고 기도를 한다. 심고는 매 순간, 일어나거나 잠을 자는 모든 행동을 한울님께 알리는 행위이다. 이를 통해 한울님에 대해 굳은 믿음을 가지고 공경하게 된다. 그래서 천도교인들은 매일 저녁 9시에 청수를 모시고 주문일 읽으며 심고를 드리는 기도를 한다.

일요일마다 행하는 시일식은 좀 더 형식을 갖춘, 공동체와 함께하는 기도라고 할 수 있다. 의식은 청수 봉전, 심고, 주문 3회 낭독, 경전 낭독, 천덕송 합창, 설교, 그리고 다시 천덕송 합창과 심고 끝에 청수 그릇 뚜껑을 덮는 순서로 이루어진다. 현재는 주문도 노래의 형식으로 행하고 있다. 천도교 중앙대교당을 지은 주요 목적이 종교 집회이기 때문에, 6·25 기간에도 시일식은 빠짐없이 거행되었다.

3. 민족운동의 공간

천도교 중앙대교당은 시작부터 민족운동의 공간이었다. 『천도교 약사』에 의하면, 1918년 건물을 지으면서 100만 원이 모금되었는데, 건축비로는 27만여 원이 사용되었을 뿐, 나머지 돈은 3.1 만세운동과 독립운동 자금으로 사용되었다. 건축비의 대부분을 만세운동과 독립운동 자금으로 쓸 정도로 천도교는 조선의 독립에 적극적이었다.

특히 1919년 3.1운동은 손병희를 비롯한 천도교인들을 빼놓고 이야기할 수 없다. 단지 민족 대표 33인중 15인이 천도교인이었기 때문이 아니라, 준비단계부터 천도교인들이 중추적 역할을 행했기 때문이다.

1918년 미국 윌슨 대통령이 파리평화회의에 제출한 각 민족의 독립적 통치권리를 인정하는 '민족자결주의'는 젊은 천도교 지도자들에게 조선의 자치를 꿈꾸게 하였다. 1919년 1월, 일본정부에 조선의 자치권을 요구하기 위해, 권동진, 오세진, 최린은 교주였던 손병희와 의논하고, 민심을 알아 본 뒤에, 독립을 위한 국민대회를 개최하고 조선총독부에 청원서를 제출할 계획을 세웠다. 이 후 논의과정 속에서 '독립청원'대신 '독립선언'을 할 것을 결정하고, 독립운동의 방법에 대해서 대중화, 일원화, 비폭력의 세 가지 원칙을 정했다.

1월 하순부터 천도교 외의 종교 지도자들의 협력을 구했으며, 최남선이 이들을 도와 기독교계 지도자들과 협력하게 되었고, 최린과 인연이 있던 한용운이 불교계를 대표하여 참석하였다. 이와 함께 천도교단 내에서는 1919년 1월 5일부터 2월 22일까지 매일 9시 독립을 위한 특별기도를 진행하며 교인들의 결속을 강화하였다. 독립선언서와 파리 평화회의에 참석했던 나라에 보내는 청원서의 작성 및 인쇄는 최남선이 주관하였다. 최남선의 원고를 손병희와 천도교 인사들, 그리고 기독교 인사들이 검토하고, 최남선이 경영하는 신문관 인쇄소에서 조판한 후, 천도교의 보성사 인쇄소에서 인쇄하였다.

인쇄된 독립선언서는 전국으로 배포되었고, 전국 30여개의 천도교 대교구에 비치된 인쇄기를 사용하여 전달받은 독립선언서를 인쇄하여 인근 지역에 배포하였다. 또한 만세 운동의 상황을 알리고 전국적으로 확산하기 위해 천도교에서는 별도로 『조선독립신문』도 발간하였다. 3월 1일 민족대표 33인이 독립선언을 했다는 기사를 실은 1호를 시작으로, 3월 6일 종로에서 조선 독립대회가 열린다는 기사를 실은 3호, 조선 독립을 청원하는 자료를 파리강화회의에 송부하도록 미영사관에 위탁했다는 기사를 실은 5호, 간도와 몽고의 동포들이 독립선언을 담은 9호까지, 관련자가 체포되는 상황속에서도 3월 동안 총 9회의 신문을 발간하였다. 그리하여, 3월 1일부터 4월 14일까지, 천도교인들은 전국 각지에서 주도적으로 독립만세운동을 펼쳤다. 이처럼 천도교는 독립만세운동을 주도적으로 이끌고 전국적으로 확산시키는 데에 큰 역할을 했고, 천도교 대교당 자금은 이러한 활동에 사용되었다.

3.1만세 운동 이후 천도교는 교주인 손병희를 비롯하여 중앙에서 15인, 전국 각지에서 1300여명의 천도교 지도자들 수감되고 교구의 자금이 동결되는 수난을 겪었다. 그런 위기 상황 속에서도 천도교는 민족운동을 놓지 않고, 새로운 방향을 모색하였다. 그 과정에서 1920년대 천도교는 크게 문화 운동을 펼쳤던 천도교 신파, 비타협적 민족운동을 펼쳤던 천도교 구파, 강경한사회주의적 운동을 전개했던 천도교 연합파, 동학의 전통을 고수하던 육임파로 분화되었다.

문화 운동은 인간의 가치인 문화를 바꾸어 사회를 변혁하고 민족의 독립을 해결하자는 운동으로 3.1만세 운동으로 외교를 통한 독립운동이

좌절되자, 근대교육을 받은 이들이 중심이 되어 후일을 도모하는 대안으로 선택한 운동이다. 문화운동파는 1919년 9월 천도교청년교리강연부를 설립하고, 1920년 4월 이를 천도교청년회로 이름을 바꾸면서 『개벽』, 『신여성』 등의 잡지를 출판하고 다양한 강연회를 후원, 개최하면서 문화 운동을 이끌어 갔다. 이후 천도교청년회는 1923년 천도교청년당으로 이름을 바꾸었고, 주도하는 세력에 따라 문화운동과 사회주의 운동, 민중운동 등 천도교 내의 다양한 사회운동을 주도적으로 이끌어 갔다.

1921년 7월에는 동경 유학생들의 조직인 동경학우회에서 조선노동공제회와 천도교 청년회의 후원으로 강연회를 개최하였다. 강연의 주제는 「문화운동의 의의」, 「개인의 자각」, 「책임관념의 도덕적 지위」 같은 현 사회의 상황에서 깨어 있는 개인으로서 사회변화에 동참할지에 대한 강연이었음에도 기마경찰까지 동원하여 삼엄한 경계를 펼쳤다고 한다.

천도교의 단체가 개최하거나 후원하지 않았더라도, 다양한 민족운동 단체의 모임들이 열렸다. 1923년 2월 중앙대교당에서 일본의 수탈에 대항하여 조선 것을 쓰자는 물산장려운동과 관련한 강연회와 조선물산장려회의 간친회가 열렸다. 간친회는 1920년대 노동, 농민운동의 모임을 일컫는 용어이다. 조선물산장려회는 강연회를 통해 음력정월 1월부터 옷은 조선 천으로 지어 입고, 음식은 소금과 설탕 과일 외에는 조선 것을 먹고, 조선 일용품을 사용하자는 주장을 널리 알리고자 하였다. 간친회 이후 조선물산장려를 위해 선전지를 배포하며 행진을 할 계획이었으나, 일본식민지 정부에 의해 금지되었다. 그럼에도, 3월에는 토산물애용부인회에서 토산물을 소비하자는 주장을 펼치기 위한 강연회를 열었고,

2500명의 청중이 모여 물산장려운동에 동참하고자 하였다.

1924년 10월에는 조선학생총연합회 창립총회가 열렸다. 당시 서울에는 민족운동 학생단체로 조선학생회가 있었고, 사상적 다양성을 주장하며 일부 중학생과 전문대 학생들이 조선학생총연합 발기회를 만들었다. 처음에는 두 단체의 갈등으로 인해 9월에 조선학생총연합회가 별도의 단체를 설립했었으나, 한달 간의 조율 끝에 연합회로 합하여 하여, 합해진 연합회의 창립총회를 중앙대교당에서 하였다. 연합단체 설립을 담은 취지문에서 조선학생총연합회는 조선학생들간의 연대에 의미가 있음을 강조하며, 다음의 강령을 선포하였다.

- 조선민중 해방운동에 대하여 완전한 일꾼이 됨
- 신사회 건설에 대하여 신수양의 촉진을 기도함
- 조선학생 상호간의 연락과 친목을 도모하여 사상의 통일을 기함
- 조선학생계의 당전하는 문제에 대하 자결을 기함

강령으로 내용으로 볼 때, 학생들도 사회주의적 민중해방운동과 문화운동을 동시에 추구하고 있음을 알 수 있다. 이는 당시 민족운동 내의 두 가지 운동의 흐름이 반영된 것이라 할 수 있다.

1926년 6월 6일 천도교 대교당이 압수수색을 당했다. 6.10만세운동 계획이 탄로난 것이다. 천도교 대교당에 준비되어 있던 인쇄기와 인쇄물을 압수당했고, 관련자 90여명이 검거되었다. 6.10만세 운동은 순종황제의 장례식을 기하여 일어난 만세 운동으로, 황제의 상여가 단성사 앞을 지

나갈 때 다음과 같은 내용의 전단지를 뿌리며 독립 만세를 부르기 시작하여, 청량리를 지날 때까지 이어졌고, 전국적으로 확산되었다. 당시 전단지를 통해 주장했던 내용은 조선인의 교육은 조선인에게 맡기고, 일본 제국주의를 타파하라는 민족해방의 내용과 토지는 농민에게 돌리고, 8시간 노동제를 채택하라는 농민 노동운동의 내용이었다. 사전에 발각되어 3.1운동 만큼의 큰 규모의 운동으로 확산되지는 못했지만, 전국적으로 1000여 명의 관련자가 체포되는 등 작지 않은 규모의 만세 운동이었다.

1927년 부터 신간회의 모임과 강연회가 중앙대교당과 대신사출세 백년 기념관에서 열렸다. 신간회는 사회주의계열, 민족주의 계열, 종교계의 인사들이 함께한 민족운동단체들의 연합체로 많은 천도교인들이 참여하였다. 1927년 12월에 열린 대강연회에서는 「조선과 신간운동」, 「신간회와 농민」, 「조선사람과 신간회」, 「대중의 요구와 신간회의 사명」, 「신간회와 여성운동」 등을 발표하며, 신간회의 운동방향을 정립하였다.

1927년에는 영화 〈아리랑〉 상영과 함께 신문과 언론에 대한 주제들로 강연회가 열렸다. 영화 아리랑은 알려진대로 민족적 아픔을 담은 영화이다. 3.1운동 당시 받은 충격으로 미쳐 버린 영진, 자신 때문에 영진이 미쳐 버렸다는 생각아 가슴 아파하는 현규, 일본경찰의 앞잡이 노릇을 하는 오기호, 그리고 영진의 동생 영희가 주인공이다. 현규는 영희를 사랑하는데, 어느 날 기호가 영희를 겁탈하려 하고 이를 목격한 영진이 기호를 죽인다. 순간 정신이 든 영진은 상황을 알고 "나는 이 삼천리에 태어나 미쳤다"라고 외치며 일본경찰에 끌려간다. 이때 나오는 음악이 '아리랑'이었고, 민족의식을 고취하는 영화여서 1927년 아리랑 노래는 금지되었다.

민족운동을 위한 다양한 모임들과 강연회가 열렸던 천도교의 공간들은 1931년 신간회가 해체된 이후에는 대교당에서든 기념관에서는 민족운동 모임이 열린 기록이 거의 없다. 이는 당시 일본의 통제가 심한 상황에서 적극적 민족운동을 행하기 어려웠기 때문으로 보인다.

당시 교주였던 박인호는 적극적 민족운동 대신 기도의 힘으로 위기를 극복하기를 바랬다고 한다. 그가 직접 교인들에게 일본 패망기도를 지시를 했는지는 확인할 수 없으나, 그가 일본의 패망을 소망했던 것을 핑계 삼아 1936년 일제는 천도교를 멸왜기도 운동을 했다는 이유로 탄압했다. 천도교의 경전인 『안심가』 속의 구절인 "개 같은 왜적 놈을 한울님께 조화 받아, 일야(一夜) 간에 소멸하고 전지무궁 하여놓고, 대보단에 맹서하고 한의 원수 갚아보세"라는 구절을 새기며 일본의 패망을 기원하였다고 한다.

이러한 일본의 지속적은 탄압으로 결국 1939년 천도교 지도부가 최린을 중심으로 한 친일파 중심체제로 전환되었고, 중앙대교당을 비롯하여 기념관도 더 이상 민족운동의 공간으로 활용되지 않았다.

4. 다양한 사회운동의 공간

동학의 사회개혁 정신을 계승하고 있는 천도교는 1905년 천도교로 천명한 이후, 이전의 혁명적인 방법 대신에 좀 더 온건한 방식의 사회 개혁을 추구해 왔다. 손병희 교주가 일본에서 돌아온 직후에는 문명개화를 목표로 교육과 출판 운동을 해 왔으며, 3.1운동 이후 수난을 겪으면서도 조선인들의 민족정신을 함양하고, 실력을 기르는 문화운동을 통해 사회의 변화와 나아가서 조선의 독립을 도모하고자 하였다. 천도교 중앙대교당과 기념관이 있는 경운동의 천도교 공간은 바로 천도교의 이러한 목표를 구현하는 공간이었다.

당시 조선지식인들 사이에 널리 퍼졌던 문화 운동은 사회진화론에 기반한 반면, 천도교는 초기에는 이를 수용하였지만, 이후 이를 비판적으로 수용하여 자신들만의 문화 운동론을 정립하였다. 사회진화론은 19세가 허버트 스펜서가 다윈의 자연 진화론을 사회에 적용한 이론으로 근대 인류사회를 이해하는 가장 영향력 있는 이론이다. 핵심 주장은 모든 사회는 더 나은 사회로 나가기 위해 진화하며, 이 과정에서 하급 문명은 도태되고 상급문명만 살아남는다는 것이다. 스펜서의 의도와 상관없이 이 이론은 인종주의와 제국주의의 정당화에 사용되었다. 사회가 우상향으로 진화한다는 사회진화론은 과거시대를 이상향으로 삼던 동아시아 사상들과는 전혀 다른 세계관은 관점을 제시하였고, 일본으로부터의 독립을 꿈꾸던 많은 조선 지식인들에게 실력을 양성해야 한다는 생각을 심어주었다. 다만, 경쟁과 적자생존에 대해서는 비판적인 이들이 많았는데, 한용운의 경우도 경쟁과 적자생존을 사회진화론의 한계라고 보았으며, 천도교의 이론을 정립한 이돈화의 경우는 사회유기체론으로 이를 극복하고자 했다. 개인은 사회라는 큰 유기체를 이루는 세포와 같은 존재로,

개개인간의 경쟁은 살아남기 위한 경쟁이 아니라, 사회, 민족, 인류의 더 나은 미래를 위한 각자의 성장 추구이다. 그래서, 공동의 정신과 정의를 추구하며 유기체의 발전을 이루어야 한다고 보았고, 공동체를 위해 개인의 희생을 이야기하였다.

천도교의 문화운동이론은 기본적으로 천도교의 인내천 사상에 바탕하기에 인간의 정신을 개혁하여 사회를 개혁해야 한다고 보고 있다. 이를 위해 이돈화는 신인간론을 펼쳤다. 신인간은 영웅 같은 존재가 아니라, 자신의 능력을 펼치는 일반인이며, 이전과는 다른 새로운 인간상을 말한다.

> "신인간이란 예전의 생활방식의 경계선상으로부터 새로운 생활방식을 향하여 도약하려는 대중의 본질적 생명력을 이름하는 것이니 이 본질적 생명력은 사회의 상층에 떠있는 부동기를 이름하는 것이 아니요, 오히려 사회의 아래층에 묻혀있는 생명적 잠재력을 가르쳐 하는 물이다. … 요컨대 신인간이란, '힘으로서의 대중'을 이름하며, '힘으로서의 대중'이란 말은 개개인의 마음을 가진 대중이 각자의 힘을 주의(主義)의 초점에 집중시키고 하나의 목표로 삼은 일을 위하여 부단히 노력을 하는 곳에서 신문화의 경계선이 열리고 새생활의 방법이 서는 것이다."

신인간이란, 하나의 과업에 집중하여 각각의 잠재력을 발휘시켜 새로운 삶을 사는 인간상을 말한다. 좀 더 구체적으로, 신인간은 스스로를 존중하고 인습적 노예생활에서 벗어나 독립적이며 해방된 삶을 사는 자이며, 진취적이고 창조적인 자이며, 공동체의 발전을 위하여 공동체의 이상을 실현하는 자이다. 이러한 신인간론을 확장하여 이돈화는 민족개벽론을 제시한다. 즉, 개인이 신인간이 되어 공동체에 기여하는 것처럼, 민족의 문화가 발전되어야 세계 인류와 조화를 이루는 민족이 될 수 있기에, 이를 위해 조선 민족의 민족성의 부정적 특성과 잘못된 관습을 천도교의 가르침을 통해 개선해 나가야 한다고 보았다. 당시 천도교인들은 조선인들이 유교의 영향으로 의타적이고, 계급 불평등의 사고를 가지고 있으며, 불교의 영향으로 출세적이고 개인의 안위에 머무는 성향을 가지고 있다고 보았다. 그럼에도 선한 마음을 가지고 있기에 부정적 특성은 제거하고, 선한 마음을 개발해 새로운 문화를 이루어야 한다고 주장했다. 당시 문제가 되는 사회관습들로는 신분과 나이로 인한 불평등한 차별, 느슨한 시간관념, 축첩, 부모의 뜻에 무조건적 따를 것을 요구하는 기존의 효도제도 등이 있는데, 이를 바꾸어야 함을 제안하였다.

1935년 천도교 청년당의 지도자였던 조기간은 천도교의 문화론을 다음과 같이 정리하였다.

"천도교의 인내천운동은 후천개벽운동인 동시에 인문개벽운동, 즉 인류의 신문화를 창조하는 운동이며, 지상천국건설운동이란 후천신문화건설운동이라 보고, 천도교의 인내천주의로써 먼저 인간의 사상을 개벽하는 정신개벽이 후천신문화 창조의 전제가 된다."

물론 1920년대 중반 사회주의 사상의 영향으로 사회구조의 문제도 인식하며, 사회구조의 변혁의 중요성을 강조하는 경우도 있었지만, 천도교의 문화운동, 사회개혁운동은 기본적으로 개인의 정신개혁운동이다. 이를 위해 천도교에서 농민, 노동, 학생, 상민, 청년, 소년, 여성의 7대부문으로 나누어 사회운동을 진행했다. 이 가운데에서 청년회가 사회운동을 주도적으로 이끌었는데, 그 가운데에 농민, 노동운동, 소년운동(어린이 운동), 여성운동이 활발하였으며, 중앙대교당과 기념관에서 이와 관련된 행사가 자주 열렸다.

1) 어린이 운동

한국 어린이 운동은 방정환을 빼놓고 이야기할 수 없지만, 방정환이 천도교인임은 잘 알려지지 않았다. 방정환은 손병희의 사위로 1919년 3.1운동을 겪으면서 어린이들에게도 민족의식을 키워야겠다는 생각을 하게 되었다. 방정환의 이러한 생각은 어린이를 독립된 인격체로 생각하는 천도교의 가르침이 있었기에 가능했다. 모든 존재 속에 한울님이 있음을 강조했던 2대 교주 최시형은 "어린이를 때리지 말라. 그것은 한울님을 때리는 것이다"라고 하며 어린이를 소중히 대하라 이야기하였고, 이러한 최시형의 사상을 계승한 방정환은 "어린이는 결코 부모의 물건이 되려고 생겨나오는 것도 아니고 어느 기성사회의 주문품이 되려고 나온 것도 아닙니다. 그네는 훌륭한 한 사람으로 태어오는 것이고 저는 저대로 독특한 사람이 되어갈 것이다"라고 말하며 어린이가 충분히 존중받을 만한 개별적 존재임을 강조했다.

천도교 사상을 정립한 이돈화도 어린이의 지위향상과 복지에 관심을 가졌다. 그는 어린이를 인격적으로 존중하는 구체적 방법으로 세가지로 제안했다. 첫째는 '어린이에게 쓰는 말을 함부로 하지 않는다'로, 말을 안 듣는 아이를 겁주거나, 엄격하게 훈육하지 말아야 한다고 말한다. 둘째는 '어린이가 어린이답게 자랄 수 있도록 대접해야 한다'로, 어른처럼 행동할 것을 강요하지 말고 잘 놀 수 있도록 장난감을 주어야 한다. 세 번째는 '어린이의 성장에 적절한 옷과 음식을 제공해야 한다'이다. 이때는 너무 고가의 옷을 입히거나 어린이에게 맞지 않는 기름진 음식을 제공해서는 안 된다. 또한 가정에서의 보살핌 뿐만 아니라 사회적 보살핌의 중요성도 주장하였다. 구체적으로 고아를 보호하기 위한 아동보호기관 설립과 가난한 아이들이 평등한 교육을 받을 수 있는 학교 지원이라는 방법을 제시했다.

【그림 5】 천도교 중앙대교당 세계 어린이운동 발상지 기념비, 대한민국역사박물관 현대사아카이브

방정환과 어린이 운동에 앞장 섰던 김기전은 장유유서와 효의 윤리적 압박, 집안의 경제적 압박에서 아이들이 해방시킬 때 비로소 어린이의 인권이 보장 될 것임을 강조하였다. 특히 그는 효의 폐단을 문제 삼았는데, 효의 윤리가 오히려 부모의 악행을 합리화한다고 보았다. 효의 폐단을 막기 위해 그는 부모들이 자식에게 효를 강요하지 말고, 자식의 효를 감정에서 나오는 자발적 행위로만 보고, 자식을 부모의 소유물이 아닌 한 사람의 인격체로 대하고, 자식을 양육할 의무를 잘 이행할 것을 요구했다.

천도교 어린이 운동가들은 아이들이 평등하게 인격적으로 대우받고, 새로운 시대의 주역으로 성장하도록 돕기를 원했고, 기성학교에서는 이러한 것들이 행해지지 않다고 보고, 이를 행하기 위해 1921년 5월 1일 천도교 소년회를 조직하였다. 천도교 소년회는 천도교의 가르침 하에 지혜와 덕성, 체력을 키우는 것을 강조했지만, 천도교인이 아니더라도 17세 이하는 모두 회원으로 받았다. 당시 회원이 60명으로, 운동회, 탁족회, 강연회, 동화가극대회 등의 활동을 했다. 그해 10월 29일에 중앙대교당에서 열린 소년회원들을 위한 강연회에서는 소년회가를 만들어 불렀는데, 그 내용에는 아이들이 아이들답게 자라기를 바라는 천도교의 바람이 담겨 있다.

"1) 우리 소년동무들 모아 놀지나, 쾌활하고 건전한 사람 배우며 가튼 뜻 한 정신으로 기리 엉켜 즐거울 우리 소년회. 2) 우리 소년동무들 뛰고 놀지나, 아름답고 새로운 씨를 뿌리며, 조흔 생각 조흔 말을 모범으로 기리엉켜 즐거울 우리 소년회."

부모의 소유물이 아닌 하나의 인격체로 아이들이 건강하게 커 나가길 바라는 열망과 노력들이 모아져 1922년 어린이날을 제정했고, 제1회 어린이날 행사를 중앙대교당에서 열며, 앞으로 소년보호운동을 지속할 것을 공시하였다, 1927년 조선소년 연합회가 결성될 때 임시대회를 열었는데, 이때 어린이날을 메이데이와의 충돌을 피하기 위해 어린이 날을 5월 1일에서 5월 첫 번째 일요일로 정했다. 이후 대교당과 기념관에서는 어린이날 행사를 비롯하여 어린이들을 위한 다양한 행사들과 활동들이 이어졌다. 천도교 소년회의 조직적 활동으로 1935년에는 5000여 명이나 되었으나, 1937년 전시체제가 되어 어린이날 행사도 불가해지면서 어린이 운동의 맥이 끊어졌다.

2) 노동운동의 공간

1920년대 지식인층 사이에서 사회주의는 일본제국주의의 대항하는 하나의 사상, 정치체제로 수용되고 있었다. 대부분의 조선인이 일본의 착취를 받는 노동자 계급이었다는 점과 사회주의 이념이 제국주의의 식민지배에 대해서 비판적이었다는 점에서 사회주의는 조선의 지식인들에게 매력적으로 다가왔다. 그래서 당시의 민족운동은 농민, 노동운동과 사회주의 운동과 결합되었다.

천도교청년당에서도 1925년에는 농민운동을 지원할 농민단체를 조직하기로 하고 조선농민사를 창립하였고, 이후 『조선농민』, 『농민』, 『농민

166

세상』같은 잡지를 통해 농민들을 계몽시키고자 했으며, 농민들의 경제적 이익을 위한 활동들을 지원하고자 했다. 농민들의 모임이 서울 중앙대교당이나 기념관에서 자주 열리지는 않았으나, 1930년 조선농민사에서 분화된 조선농민사 전선대표회에에서는 천도교 청년당의 지원이 아닌 지도를 받을 것을 의결하기도 하였다.

1927년는 노동운동을 지원할 노동부 지도위원을 임명하였고, 청년당이 청우당으로 개편하면서 조선노동사를 설립, 지도하였다. 조선 노동사가 설립되기 전부터, 대교당과 기념관에서는 청년회 행사 중에 조선노동자들의 권익을 위한 모임들이 많이 열렸다.

청년들이 무산계급 운동에 관심이 많았기에, 이와 관련된 강연회가 개최되기도 하였다. 1923년 청년회 강연회에서는 장채극이「무산계급의 절규」라는 제목의 연설을 하였으나 경찰이 그 내용이 불온하다 하여 중지되었다. 서울청년회 주최로 코뮌에 대한 강의가 열리기도 했는데. 파리 코뮌의 의의, 무산계급 정권의 탈취와 혁명같은 주제발표가 이어졌다.

1922년 9월에는 일본 신사현 전기공장에서 일어난 조선인 노동자 학살사건에 대하여 실태조사 보고 강연회가 열렸고, 조선인 지게꾼, 인력거꾼에 대한 일본정부의 단속에과 통제에 대해 규탄하는 대회가 열렸다. 같은 해 12월에는 양회직공들의 강연회가 개최되어 상점주들의 임금인하 결절에 대한 동맹파업에 대해서 논의 하기도 하였다. 1925년 서울 인쇄공청년동맹이 천여명의 동맹원과 함께 발회식을 가졌다. 1928년에는 조선형평사 전선대회(전 조선대회)가 개최되어 백정들의 신분해방과 권익을 위한 논의를 했으며, 인쇄직공조합 총회도 열리고, 농민들의 모임인 조선농민사의 강연회도 열렸다. 이처럼 천도교의 공간은 농민, 노동운동을 위한 집회의 장소로 사용되었다.

3) 여성운동

여성단체들이 설립되기 이전, 신여성들은 개별적 목소리로 여성운동을 진행해 왔다. 신여성은 근대의 시대 변화 속에서 근대학교 교육을 받고 근대 지식과 교양을 몸에 익히고, 여성의 사회적 지위를 향상시키는 운동에 관심을 가진, 새로운 유형의 여성을 말한다. 신여성의 대부분은 일본이나 미국 같은 외국에서의 유학을 경험을 가지고 있으며, 신식교육을 받아 사회에 진출하여 직업을 가졌다. 신여성은 구여성과 이미지부터 대비되었다. 구여성은 전통적인 헤어스타일인 긴 머리를 따거나 쪽을 지는 올림머리를 하고, 전통한복과 고무신을 신었다. 반면 신여성은 짧게 자른 단발머리에 양장을 하고 하이힐을 신었다.

신여성은 그들의 특성상 자유민족주의 계열, 급진주의 계열, 사회주의 계열의 셋으로 나눌 수 있다. 외세의 침략 속에서 자유민족주의 계열의 여성들은 남성 민족주의자들처럼 조선인들의 계몽과 자기의식의 각성을 강조하며, 식민지배에 저항하면서 기존의 질서 속에서 여성의 사회적 지위 향상을 도모하였다. 이들 중에는 후일 일본의 식민지배에 협력으로 전향하는 이들이 많아진다. 급진주의는 자유주의 계열이지만, 자유연애나 남녀평등, 여성의 자기 정체성 같은 주제에 초점을 맞추었으며, 이들은 민족보다는 개개인의 삶에 초점을 맞추었다. 사회주의 계열의 경우는 대부분 소비에트 연방의 모스크바국립대학교에 유학을 가거나 국내 교육을 받은 이들로 민족문제, 계급문제, 여성문제를 함께 해결하고자 하였다. 넓은 의미에서 이들을 모두 신여성으로 부르기는 하지만, 주로 자유 민족주의 계열과 급진주의 계열을 신여성, 신여자, 모던 걸이라고 한다. 사회주의 계열은 스스로를 노동부인, 또는 무산부인으로 불렀다. 무산 부인이란 프롤레타리아 계급의 여성, 노동계급의 여성을 말한다. 이들은 여성과 남성의 동등한 교육기회 요청, 경제적 독립, 여성의 사회활동의 필요성을 주장했다.

1920년에는 여성운동에 대한 높은 관심으로, 여성잡지 『신여자』가 출간되고, 여성문제에 대한 글들이 『개벽』과 『천도교회월보』에 실렸다. 1922년에는 불교여자청년회, 천도교여자청년회, 대한여자기독교청년회연합회(YWCA)가 설립되었고, 『부인』, 『신여성』잡지가 천도교 계열 출판사인 개벽사에서 출판되었다.

천도교 내에서 초기 여성문제에 대한 관심은 여성 권익이라기 보다는 새문화 건설을 위한 여성의 개화에 초점을 맞추었다. 천도교의 인내천 사상에 입각하여 남성과 여성이 모두 한울님과 다르지 않기 때문에 평등하다고 생각하에, 가정, 국가, 사회의 흥망성쇠와 관련하여 여성의 역할이 크다는 인식하에 여성의 의식개혁이 중요하다고 보았다. 1924년에는 20세 이상의 여성들이 중심이 된 내수단을 창단하며 천도교 종지에 맞는 새세상을 이끄는 주역으로서의 역할과 여성의 사회적 지위를 향상시키는 것을 목적으로 삼았다. 천도교 내에서도 점차적으로 여성들의 권익 향상을 위해 여성이 스스로를 존중하고, 스스로의 운명을 개척할 지식과 직업을 권장하는 가르침을 펼쳤다.

천도교 중앙대교당은 자유연애와 여성해방의 쟁점들을 공론화할 수 있는 장이 되었다. 1923년 대교당에서 열린 서울청년회 강연 때는 권애라가 「연애는 자유」라는 제목으로 연설을 시작하였으나, 청중들이 부정녀라 비판하며 연설을 훼방하여 결국 연설을 하지 못한 경우가 있었다. 그러나 1925년 2월 5일, 조선여자학원에서 주최한 신춘 남녀토론회에서는 "우리 사회에 최선의 개최할 방면이 여자냐 남자냐"라는 주제를 가지고 남녀간의 열띤 토론을 했다. 여성이 외부에서 발언하기 어려웠던 조선시대에 비하면 세상이 크게 변했음을 이를 통해서도 확인해 볼 수 있다.

1925년 3월 19일과 20일에는 기념관에서 동아일보 주최로 제 1회 전조선여자웅변대회가 열렸다. 19일에는 「조선에 나타난 부인직업에 대하여(김순복)」, 「금전의 용도(최호경)」, 「현대 경제조직의 결함(문영숙)」, 「역경에 선 여자들이여!(노순열)」, 「병인과 간호(한신광)」의 강연이 있었고, 8시 시작이었음에도 7시부터 1000여 명의 청중이 몰렸고, 이후에도 3000명 정도의 사람이 몰렸다. 20일 주제는 좀 더 흥미로웠는데, 「남녀평등을 부르짖는다(김화진)」, 「울타리 매화(임순의)」, 「우리의 최대 결점은 무엇이냐?(진선경)」, 「우리의 희망(임명숙)」, 「현모양처라는 것은 무엇(한신극)」, 「우리 사회개조의 근본을 논함(최경애)」 등의 강연이 진행되었다. 심지어 입장료 10전을 받는 강연이었는데, 수 천명이 넘는 인파가 몰렸다.

이후 점차적인 여성에 대한 인식변화와 함께 여성문제에 대해서도 관심도 커져서 1925년 열린 전조선 민중운동자 대회에서 부인문제에 대한 강연을 수시로 개최할 것을 결의하였고, 조선여성동우회 모임도 시작하였다. 1927년 부터는 근우회의 모임이 천도교의 기념관과 대교당에서 열렸다. 항일 여성운동단체이며 여성운동단체였던 근우회는 신간회의 자매단체의 성격을 띄고 있었다.

1927년 10월 기념관에서 근우회가 열은 대토론회에서는 "조선여성 해방의 첩경이 경제독립이냐? 지식의 향상이냐?"라는 주제로 6명의 토론자가 토론에 임했다. 지식이 향상되어야 여성이 해방된다는 입장과 경제적 독립이 여성해방의 지름길이라는 의견이 팽팽하게 맞섰다. 경제독립 우선이라는 측은 의식주 해결이 우선이며, 서양여자들이 해방적인 건 경제적 독립 때문이라 말했다. 그리고, 사회적 독립과 민족적 행복도 경제상 독립이 우선이라 하며, 남에게 기생과도 같은 생활을 하면서 무슨 해방을 말하는가 하고 일침했다. 지식이 우선이라는 측은 지식이 없고 돈만 있으면 무당판수에게 내가 돈을 가져다 주겠다며 비꼬며, 지식향상이 더 중요함을 강조 하였다. 또한 경제독립한 여성들이 4-50세가 되면 지식을 채우고자 하는 열망을 지적하며 지식의 중요성을 강조하였다. 근우회는 1929년 회원이 2900여명으로 꽤 큰 조직이었으나 사회주의 계열과 민족주의 계열의 사상적 차이로 1931년 이후 해체되었다.

1930년 반도여자청년회에서는 "결혼의 요소는 금전이냐? 사랑이냐?"라는 주제로 남성과 여성간의 열띤 토론의 장을 열기도 했다. 이 당시 여성운동가들이 토론했던 주제를 보면, 당시 여성들의 문제의식이 지금 못지 않게 치열했음을 알 수 있고, 천도교이 공간들이 그런 여성들이 말할 수 있는 장을을 제공해 주었다고 할 수 있다.

5. 시대적 상황에 따라 변화하는 공간

조선인들을 위한 공간이면서, 경성에서 많은 이를 수용할 수 있는 드문 공간이었던 천도교 중앙대교당과 기념관은 다양한 사회운동의 모임이 열리고, 조선의 미래를 만드는 역사를 쓴 장소였다. 하지만, 조선인들을 위한 공간이었던 천도교 공간은 일본 탄압이 거세지고 친일파가 천도교 내부에 드세하면서 친일의 공간으로도 사용되게 된다.

1922년 손병희 사후, 천도교 교단은 새로운 교주인 박인호의 교주인정, 교회의 운영, 민족운동의 방향 등에 따라 여러 파로 나뉘었다. 대표적인 분파가 구파와 신파로, 구파는 기존의 질서를 지키고 민족운동에 힘을 쓸 것을 강조한 반면, 최린을 중심으로 한 신파는 민족운동의 방향을 자치권의 획득으로 전환하였다. 물론 신파 내에서도 독립 대신에 자치만을 추구하는 이들과 일본압제의 현실을 인정하고 문화운동을 전개하며 후일을 도모하는 이들이 있었다. 구파는 이후 사회주의 세력, 민족주의 세력과 연대해서 1927년 신간회를 결성하지만, 최린을 비롯한 신파의 일부는 이후 친일파로 돌아서게 된다. 1939년 친일파들이 지도부의 권한을 갖게 된 이후, 이 공간은 친일행사의 공간으로 쓰였다.

1939년 6월 국민정신총동원 천도교 연맹 창립대회가 열렸다. 국민정신총동원연맹운동은 1938년 중일전쟁 1주년이 되는 날, 총독부가 조선의 각종 종교, 사회단체들을 모아서 국가정책에 협조하도록 만든 연맹이다. 이들의 실천강령은 ① 황국정신 현양 ② 내선 일체 완성 ③ 비상시

국민생활 혁신 ④ 전시 경제정책 협력 ⑤ 근로 보국 ⑥ 생업 보국 ⑦ 총후 후원, 즉 군인원호 강화 ⑧ 방공(防空) 방첩 ⑨ 실천망의 조직과 지도의 철저로, 결국 창씨개명을 권유하고, 군수물품 조달을 지원하는 등의 활동을 했다. 물론 1938년 이미 최린이 국민정신총동원 연맹에 가입하였고, 이를 위해 이듬해 천도교 청년회를 해체한 뒤, 1939년 6월에 창립대회를 열었다. 이런 대회가 천도교 대교당에서 열렸다는 것이 이미 공간의 쓰임새가 변화되었음을 말한다.

이후 시일식에서 지원병을 지원하고 격려하는 행사를 행하거나, 1941년 11월 3일에는 명치절, 즉 메이지 천황의 생일을 기리는 날의 기념행사를 하기도 하였다. 1943년에는 친일의 장소로 완전히 변질되었다. 1월 1일 공동세배식에서는 대동아전쟁 2주년을 맞아 결의를 다지고 국가에 충성하자는 신년사가 행해지기도 했으며, 일본 기원절(건국기념일) 봉축식을 거행하고, 시일식 헌금 1만원을 해군에 바치기도 하였다. 뿐만 아니라 쇼와 천황 탄생일인 4월 29일 천장절에 봉축시을 거행하기도 했다. 해방 전까지는 이처럼 친일의 공간이었다.

해방이 된 후, 중앙대교당과 천도교의 공간들의 쓰임새는 다시 바뀌었다. 친일파를 엄중히 처단하는 장소가 되어, 1945년 10월 25일 3인간 열린 천도교 임시대회에서는 최린의 출교결정이 이루어졌다. 당시에 찬반의 격론이 심했는데, 이석보는 "최린의 출교에 대해서 어째서 8월 15일 전에는 말하지 아니하고 지금에서야 말하는가"라고 비판하였고, 이에 반대파는 "그 말은 왜 8월 15일 전에는 독립만세를 부르지 못하고 지금에 와서 부른다는 말과 마찬가지로 우리는 무시하며 민족을 독하는 언사"

라고 비판하였다. 결국 최린은 출교되었고, 반민족행위특별조사위원회에 의해 수감되어 출감했지만, 6.25 때 북한으로 끌려가 1958년 사망하였다.

이후 혼란한 정국에서 1945년 12월 24일, 임시정부 요인들도 참석한 인일기념식(손병희가 도통을 받은 날)에 임정요인들에게 그들의 노고를 치하하자, 김구가 다음과 같이 말했다.

> "나는 어렸을 적에 수운선생의 용담유사에 는 불구대천의 원수라는 구절을 읽고 크게 감동되어 그것을 마음의 신조로 지켜 오늘에 이르렀다. 하늘도 무심치 않아 왜는 망했으니 제국주의가 우리 땅에 다시 야만적 행위를 하지 못하게 해월, 의암선생의 유지를 본받아 도덕의 기초위에 문화가 높은 새국가를 건설하자."

중앙대교당은 일제를 청산하고 도덕적 기초위에 뛰어난 문화를 가진 국가를 세우자는 결의를 세우는 의미있는 공간이 되었다. 이렇게 시대의 흐름 속에서 친일의 공간이었던 천도교의 공간은 다시 조선인의 공간으로 돌아왔다.

천도교 중앙대교당은 조선인이 세운 신흥종교의 공간이면서 조선 민족 전체를 위한 공간이었다. 일제 치하 조선인들이 압제 속에서도 자신들만의 목소리를 낼 수 있게 도와준 소중한 장소였다. 때로는 강연회를 잡고도 일제의 탄압 때문에 못할 때도 있었지만, 이 공간이 있었기에 조선인들은 민족의식을 고취시키고, 사람들의 의견을 모으고, 독립을 준비할 수 있었다. 단지 국가의 독립의 준비뿐만 아니라, 개개인의 사회의식도 넓히고 진취적인 삶을 살 수 있는 이들을 만나 미래를 꿈꿀 수 있었다. 비록 시대적 흐름 속에서 친일의 장소로 변질되고, 다시 민족의 장소로 바뀌며, 그 과정 속에서 지금은 유물처럼 남은 공간이 되었지만, 그 장소를 통해 우리는 역사의 흐름과 삶의 위대함을 느껴볼 수 있다.

참고자료

이동초, 박길수 편저, 『천도교 중앙대교당 100년 이야기』, 도서출판 모시는 사람들,
    2021.
조규태, 『천도교의 문화운동론과 문화운동』, 국학자료원, 2006.
천도교중앙총부 교서편찬위원회, 『천도교 약사』, 천도교 중앙총부 출판부, 2006.

근현대 한국 공론장
형성 과정에서의 문제

서동은
경희대학교 후마니타스칼리지 부교수

1. 들어가는 말

　표면적으로 한국 사회는 그 어느 나라보다도 표현의 자유가 잘 보장된 선진국 수준에 있지만, 과연 언론의 자유에 따른 민주주의적 가치를 얼마만큼 실현하고 있는지는 의문이다. 1948년 정부 수립 이후 한국 사회에서는 서구 민주주의 형식을 띠고 삼권분립에 의한 입법부, 사법부 행정부 조직이 있고, 정기적인 선거가 있으며, 그에 따른 정당 정치가 잘 작동하고 있는 것처럼 보인다. 그러나 이러한 민주주의 시스템이 작동하는 데 필요한 민주주의적 시민과 그 시민이 활동한 장(場)이 부족하다. 여기서 민주주의적 시민은 근본적으로 자신의 이성으로 대중들 앞에서 자유롭게 말할 수 있고, 이를 바탕으로 공론장을 만들 수 있다는 의미에서의 시민을 말한다. 이러한 시민이 존재하려면 성인이 되기까지 자유롭게 자신의 의견을 개진할 수 있고 토론할 수 있는 능력의 주체를 키워 내는 교육이 선행되어야 하고, 이를 바탕으로 학교, 회사, 정부 단체와 기타 공공장소에서 자유로운 토론이 가능한 공론장이 형성되어야 한다. 하지만, 현재까지 한국은 대학 입시 위주의 교육 등으로 이러한 민주 시민을 키워 내지 못하고 있다. 그렇다고 신문이나 방송이 다양한 의견을 개진하고 이를 수렴할 수 있는 토론의 장을 제공하지도 않는다.

더 큰 문제는 현대 한국 공론장에서는 자주 두 극단으로 나뉘어, 한쪽이 자신과 다른 의견을 달리 하는 상대를 '악마화' 하는 경향이 있다. 자신과 의견이 다르면 배척하고 소통하지 않으려고 한다. 이러한 상황에서는 특정 주제에 대해서 다양한 접근과 새로운 관점을 기대하기 힘들다. 이 두 극단적인 입장의 대표적인 범주가 친일/반일의 이분법적 프레임이고 좌익/우익의 구분에 의한 프레임이다. 이러한 요소들이 현재 한국 사회에서의 공론장을 방해한다. 이러한 프레임 자체에 따른 판단이 너무 일반화되어서 이러한 대립 상황을 사람들은 대부분 의식하지 못한다. 이 외에도 서양의 유입에 따른 한국 전통적 유교적 가치와의 대립이 기성세대와 신세대 사이의 갈등으로 노출되기도 한다. 최근에는 젠더(Gender) 갈등으로 변질되어, 자유로운 토론이 힘든 상황도 나오고 있다. 이러한 현재의 갈등 상황은 최근에 갑자기 도출된 것이 아니다. 인터넷의 발전은 상업주의와 클릭 수를 늘리기 위한 선정적인 제목을 통해 독자를 유혹하고, 긴 호흡의 글 보다는 짧고 간단하게 기사가 작성되어서 주어진 사안에 대해 자신만의 의견을 가지지 못하게 부추기기도 한다. 외국 신문의 내용을 무비판적으로 번역해서 기사화하는 경우도 많다. 이는 특정 외국 기자가 가진 기사의 관점을 일방적으로 전달하는 경우이다. 이 글은 이러한 한국의 현대 공론장의 상황을 이것을 가능하게 했던 근대의 공론장의 연속선 상에서 파악하고자 한다.

역사적으로 한국은 일본의 식민지 경험을 했고, 6.25. 전쟁을 겪었으며, 현재에 이르기까지 공산주의와 자본주의라고 하는 이념적인 대립 속에서 살고 있다. 이러한 상황을 반영하듯 오늘의 언론 상황은 친일/반일의 대립 구도, 친북/반북의 대립 구도, 친미/반미의 대립, 친중/반중의 대립 구도 속에서 논의되는 경향이 있다. 특히 어떤 주장이 이 대립 구도의 한 측면에 연결이 되면, 자유롭고 건설적인 논쟁이 되기보다는 소모적인 평행선의 대립만을 지속할 경우가 많다. 이러한 소모적인 논쟁이 지속되면, 새로운 공론장이 형성되기 힘들고, 상호 비판을 통한 변증법적 발전을 기대하기 힘들다.

2. 한국 현대 공론장의 대립 구조

좌파/우파 프레임에 따른 구분에 의한 대립적 관점은 수없이 많다. 최근의 대표적인 사례들로는 선거 이후 자신이 지지하는 정당이 많은 득표를 얻지 못한 후 한국을 떠나야겠다는 사람의 기사를 보아도 알 수가 있다. 기사의 주인공은 현재 한국에 이렇게 공산주의를 좋아하는 사람이 많은지 몰랐다고 말한다.[1] 이러한 관점은 논리적으로 따져 보면 성급한 일반화의 오류라고 할 수 있다. 즉 과연 자신이 지지하는 정당을 지지하

---

1 정시내, "만화가 윤서인 "이재명 이제 수퍼대통령…한국 떠나야겠다"", 중앙일보, 2024.4.10.
(https://v.daum.net/v/20240410211915585)

지 않으면, 모두 다 공산주의자인지 의심스럽다. 이러한 관점은 자신의 관점에 들어오지 않는 사실을 은폐하거나 왜곡하기 쉽다. 또 어떤 네티즌은 이번에 찍지 말아야 할 후보들의 명단을 공개하기도 했다.[2] 이 네티즌이 이들이 낙선되도록 해야 하는 이유는 자명하다. 그들이 친일파라는 이유 때문이다. 이 명단에 들어가 있는 사람이 과연 친일파인지에 대한 역사적 검증이 필요하다. 과연 그런 검증의 기준이 무엇인지, 검증 과정에서 편향된 점은 없는지 의심스럽다.

어떤 논설위원은 이른바 좌파가 벌인 일들을 나열하며 자신이 알고 있던 기존의 기정사실을 왜곡했다고 주장한다.[3] 이 글이 주장하는 내용도 더 많은 검증의 과정이 필요해 보이는데, 이러한 절차에 대한 논의 없이 '사실'로 규정해 버리기에 주장하고 있는 사실들에 대해서 잘 모르는 사람들은 당황할 수밖에 없다. 독자가 그 분야의 역사에 정통한 것도 아니어서, 그 어떤 판단도 쉽게 내릴 수 없기 때문이다. 이때 독자는 알게 모르게 어느 한쪽의 입장을 받아들이거나, 받아들이지 않거나 둘 중 하나를 강요받는다. 이 강요를 견디다가 새로운 정보가 들어와 한쪽이 더 설득력이 있다고 생각하게 되면 계속해서 그 프레임 속에서 다른 사실들을 판단한다. 이렇게 특정한 프레임의 속에서 자신만의 세상을 보기로 결정한 사람들은 알게 모르게 주위 사람들에게 자신의 신념을 강요하기도

2 리치캣, 2024.4.8. (https://richcat.tistory.com/20278#google_vignette)
3 조갑제, 2015.5.19. (http://chogabje.com/board/view.asp?C_IDX=51361&C_CC=BB)

한다.

경희대에서 『자본론』을 강의한 강사가 국정원에 고발된 사건도 있었다. 강사는 『자본론』을 강의하면서 국가의 잘못 등을 비판한 바 있는데, 자신의 비판적 안목 때문인지 무엇 때문인지는 몰라도 자신을 북한을 이롭게 하는 사람으로 보고 신고했다는 것이다. 강사는 의심되는 일이 있으면 토론을 하면 되는데, 이렇게 곧바로 신고하는 현실이 황당하다고 하였다.[4] 이와 같이 강의 내용 그 자체의 옳고 그름이나 사실 여부 관계를 떠나서 어떤 식으로든 '자신이 보기에' 조금 이상하다 싶으면, 질문을 하여 의심을 풀거나 토론으로 이어지지 않고, 곧바로 언론에 알리거나 고발하는 등의 사고방식은 우리 사회 교육에 소통하며 토론하는 수업이 활성화 되어 있지 않아서 발생했다고 할 수 있다.

이러한 논란들을 보면서 이런 질문을 던져 본다. 어떤 사람이 남한 사회에서 자신을 공산주의자라고 주장하고, 당을 결성하며 공산주의 이념에 따라 자본주의의 문제점을 해결할 수 있는 대안이라고 주장하는 것이 가능할까? 또 남한 사회에서 어떤 사람이 나는 친일파 사상가라고 당당하게 말하고, 이 방향이 한국 발전에 더 좋다고 자유롭게 주장하는 것이 허용될 수 있을까? 전자의 경우, 아마 사람들은 부정적인 입장에 서 있는

---

4 이시내, "'자본론' 강의하던 강사, 국정원에 신고 당해", 머니투데이, 2013.9.10. (https://v.daum. net/v/20130910105607256)

사람도 많겠지만, 어느 정도 가능할 수도 있다고 생각하는 사람들이 있을 수도 있다. 이것이 어느 정도 가능하다고 볼 수 있다면, 그것은 공산주의 이론이 최근의 자본주의 이론과의 경쟁에서 졌다고 생각하고, 그렇게 주장하는 사람이 있더라도 많은 사람이 동조하지 않을 것이라는 낙관적인 관점이 반영되어 있기 때문일 수도 있다. 공산주의 이론가 카를 마르크스가 태어난 독일의 경우 실제로 공산당이 존재하지만 그 영향력은 미미하다. 과거 서독에 의해서 동독이 흡수 통일되었기 때문일 수도 있고, 소련의 붕괴 이후 자본주의의 체제에 대한 자신감 때문일 수도 있다.

마찬가지로 어떤 사람이 친일파의 관점에서 한국사회의 발전을 주장할 때, 이에 대해서 부정적인 입장이 많다면, 그것은 앞의 공산주의와의 경쟁처럼 일본과의 경쟁에서 이겨서 오는 자신감이 있다기보다는 그 반대의 경우일 수도 있다. 과거 한국에서 일본의 문화를 개방한다고 했을 때 부정적이었던 상황과 그 이후 시간이 많이 지는 지금 일본에서의 한류가 인기를 끌고 있는 상황에서 일본의 문화 개방을 말하면 상황이 어떻게 달라질까? 잘 살펴보면, 우리가 특정 사안에 대해서 보다 합리적이고 객관적으로 바라볼 수 없는 이유가 이전에 있었던 원한 감정 때문일 수도 있다. 우리에게는 근현대 한국 역사에서 우리가 받아 온 역사적 상처(trauma)들이 있다. 우리가 이를 직시하지 않으면, 우리끼리 서로 계속 상처를 들추어내며 살게 될 것이기 때문이다. 전쟁도 끝났고 식민지 지배도 끝났지만, 현재 한국 공론장에는 방사능의 반감기처럼 그 상흔이 아직도 지속되고 있다. 상황이 이런데, 지식인들은 서양 근대의 동일률의 논리 프레임에 따라 참/거짓이 분명하게 나뉠 수 있어야 한다고 생각하고, 한쪽에 서서 자신의 주장을 펼치고 있다. 이런 관점들은 양비론이나 중도는 설 자리를 마련해 주지 않는다.

이러한 현대 한국 공론장의 문제를 극복하려면, 근대적 의미의 공론장에서 출발해서 근대 공론장이 지닌 그 본래적 의미를 밝혀낼 필요가 있다. 주지하듯이 하버마스는 『공론장의 구조변동』에서 이러한 이념형을 발견하고 하였다. 그가 근대적 공론장의 이상적인 모델로 제시한 프랑스 혁명 당시 커피 하우스(coffee house)와 살롱에서 있었던 자유로운 공론장의 형성을 이념형으로 놓고 생각해 볼 필요가 있다. 또한 아렌트가 말하는 정치적 삶을 모델로 놓고, 한국 사회의 소통 문제를 비판적으로 고찰해 볼 필요가 있다. 아렌트 역시 고대 그리스의 폴리스(polis)와 미국 건국의 아버지들이 미국을 건국하면서 함께 모여 토론하면서 미국 민주주의의 토대를 만들어 간 역사적 사실을 이념형으로 제시하고 있다.

3. 서양 근대 부르주아 공론장

공론장이라는 개념은 하버마스의 『공론장의 구조 변동』이라는 저서를 통해 여론 형성의 장이란 의미로 사용되었다. 한국어로는 여론 혹은 여론 형성의 토대라는 말에 가깝다고 할 수 있을 것이다. 하버마스에 따르면 서양에서 공론장은 크게 세 단계를 거쳐 변화해 왔다. 과거 왕의 행차 등을 통해 드러나는 과시적 공공성, 근대 프랑스 등의 커피 하우스와 살롱 등에서 자유로운 토론의 장으로 일어났던 공공성, 그리고 이후 이러한 공론장이 퇴색되어 상업주의에 편승하면서 짧은 글과 선정적인 제목의 기사를 통해 대중들의 생각을 호도하는 황색 저널을 통해 등장하는 공론장이다. 하버마스는 초기와 후기의 공론장을 비판하고, 근대 프랑스 혁명 당시에 자유로운 주체들이 커피 하우스와 살롱에 모여서 토론하면서 형성된 공론장을 가장 이상적인 공론장으로 바라본다. 이후 그는 이러한 공론장의 이상적인 상황을 상정하여 『의사소통 행위이론』이라는 책을 출간하였다.

하버마스의 이러한 관점은 근대 부르주와의 등장과 그들의 이해관계와 밀접하게 연관이 있고, 프랑스 혁명을 통해서 구체화 된 사회 정치적 변화와 깊은 연관이 있다. 근대적 의미의 공론장 모델을 제시한 하버마스는 이른바 근대 극복을 말하는 포스트모던(post-modern) 사회 논의를 비판하면서 서양 근대적 가치는 완성되지 않는 미완의 기획이라 말하고 있다. 그가 보기에 근대 이후 자본주의와 편승한 황색 저널의 등장은 근대적 이상인 민주주의 이념과 거리가 멀다. 왕을 몰아내고, 국가의 주인이 국민이라고 하는 사회 정치적 변화는 오늘날 대부분의 국가가 채택하는 민주주의 체제 가운데 하나이다. 이러한 하버마스의 생각은 오늘날 한국의 근대 시기 및 현대 공론장을 분석하는 데 도움을 준다. 하버마스의 입장에서 볼 때 민주주의의 토대에는 근대 민주주의의 기본원칙인 삼권분립과 선거 등 제도의 정착도 중요하지만, 이 제도가 제대로 기능하게 하려면, 이 제도 안에서 살아가는 사람들의 민주적인 의사소통 구조의 합리성이 무엇보다도 중요하다. 즉 절차적 민주주의가 중요하다.

하버마스는 의견(opinion)이라고 말하고, 이 의견이 공동체의 승인을 얻어서 여론(public opinion)이 되는 과정을 매우 중요하게 생각했는데, 이때 의견을 뜻하는 영어의 opinion은 라틴어의 opinio에서 나왔다. 이 단어는 플라톤의 말하는 억견(doxa)과 헤겔이 말하는 사견(私見, meinen)과 같은 의미라고 한다.[5] 의견이 플라톤이 말하는 억견과 동일한 근원을 가진 단어라면 생각해 볼 여지가 많다. 주지하듯이 플라톤은 억견(doxa)을 다른 차원의 지식인 신념, 사유, 인식의 차원과 구별되는 낮은 단계의 지식을 지칭하는 단어로 사용했다. 그야말로 검증되지 않는 독단에 해당하는 것이다. 플라톤은 이러한 지식을 벗어나 진지한 성찰과 변증법적인 토론 및 수학적 검증 절차를 거쳐야만 참된 인식(episteme)에 이를 수 있다고 보았다. 플라톤의 이러한 생각은 서양의 인식론에 큰 영향을 끼쳤다고 할 수 있는데, 그 가운데서도 수학을 매개로 한 증명의 과정을 참된 인식이라고 보는 관점에 막대한 영향을 끼쳤다. 수학적 존재론이라고 할 수 있을 정도로 서양 지성사는 이러한 존재론에 정위되어 있었다고 해도 과언이 아니다. 근대 데카르트는 수학을 기초로 하여 새로운 형이상학을 구축하려고 하였다. 그에게는 감각에 주어진 여러 가지 독단을 떠나 수학에 기초한 명증한 지식만이 참된 지식이 될 수 있었다. 이러한 논의는 개

---

5 하상복, 『하버마스의 공론장의 구조변동 읽기』, 세창미디어, 2016, 7쪽.

인적인 의견에 기초한 공론장이 얼마만큼 객관적인 타당성을 가질 수 있는가의 문제와 연결된다.

하버마스에 따르면 부르주아들에 의해서 과거 왕권에 대항한 대항담론으로 아래로부터의 공론장이 형성되었다. 그에 따르면 18세기에 영국, 프랑스 독일을 중심으로 자유로운 개인을 전제하고, 이 개인의 자유로운 의견 개진을 통해 개인의 이익을 가능하게 하는 공적 담론이 부르주아들에 의해서 형성된다. 이때 공론장 형성의 전제는 독립된 주체로서의 사적이며 이성적 개인이다. 그리고 이 사적 개인의 이익 대변으로서의 개인의 의견이 곧 부르주아 공통의 이익이 되는 공론으로 형성되었다. 이때 살롱 문화가 이 공론장 형성에 결정적인 기여를 하는데, 주지하듯이 18세기 계몽 사상가들은 살롱과 커피 하우스에 모여 토론을 하며 새로운 시대를 만들어 갔다. 영국과 프랑스의 부르주아 민주주의 혁명은 바로 이러한 공론장 형성을 통해 가능했다. 푸코가 서양의 근대를 이성의 규율에 따른 억압의 기제로 보고 비판적으로 성찰하는 반면, 하버마스는 서양 부르주아의 공론장은 여전히 현대에도 수용할 가치가 있는 중요한 자산으로 본다. 이 전통이 중요한 이유는 그가 근대적 의미의 이성적 주체의 등장하고, 이러한 이성적 개인의 의견은 플라톤적 의미에서의 지식(episteme)는 아닐지라도 적어도 사회적 정치적 영역에서 합의(consensus)에 이를 수 있다고 믿었기 때문이다.

19세기 말이 되면서 이러한 공론장은 변화를 겪게 된다. 소비 자본주

의가 등장하면서 기존의 정치 참여의 장으로서 공론장이 단지 정치 지배
집단의 이데올로기를 선전하고 자본자의 상품 선정 공간으로 전락하면
서 18세기 부르주아들에 의해 형성된 토론과 공론의 형성 기능으로서의
공론장은 상실된다. 이제 토론은 거의 없고, 선정적인 기사와 광고, 정치
가들의 선전을 무비판적으로 보도하는 소비의 잡지만이 난무하는 시대
가 되었다. 하버마스는 소비 자본주의와 더불어 인간 고유의 생활세계,
자유로운 주체에 의한 담론 공간이 상실되었다고 보고, 생활세계의 왜곡
즉 생활세계의 식민화에서 일어나는 민주적인 의사소통을 회복하여, 근
대 부르주아 민주주의의 전통을 새롭게 복원할 필요가 있다고 역설했다.
하버마스에 따르면 이해 가능성, 명제의 진리성, 언어 표현의 진실성, 언
어 수행의 적합성 등의 기준에 따라 의사소통 행위를 하는 공동체의 회
복이 매우 시급하다고 말한다. 하버마스는 사회를 분석하여 공론장의 구
조 변동을 밝혀내고 공론장이 구조적으로 변화된 위기 상황에서 의사소
통 행위를 대안으로 제시한다. 하버마스의 의사소통 행위 이론은 근대의
홉스나 루소 로크 등에 제시된 정치철학을 보완할 수 있는 절차적 민주
주의의 핵심이라 할 수 있다.

4. 아렌트의 정치적 삶

아렌트는 『인간의 조건』에서 자주 말하기와 행동(speech and action)을 강
조한다. 아렌트가 말하는 정치적인 삶의 핵심은 자유로운 개인이 서로

봄/보임의 쌍방향적 관계 속에서 자유롭게 말하는 것에 있다. 아렌트는 공적인 영역(공론장)의 조건을 유한한 인간 존재의 ① 불멸성과 연관 짓는다. 이때의 불멸성이란 플라톤 이후에 지배적인 관점인 영원성과 구별된다. 인식의 차원에서 자연의 진리와 관계되는 영원성으로서의 불멸성이 아니라, 타자와의 소통 속에서 존재하는 탄생성(natality)으로서의 불멸성이다. 인간은 타자와 더불어 소통하고 타자에게 기억되고 인정되는 한에서는 죽지 않는다. 정치적 동물로서의 인간에게 있어 죽음은 생명체의 소멸로서의 죽음이 아니라, 타자의 소멸이다. 타자와의 관계의 단절이 곧 복수성을 토대로 하는 정치적 동물로서의 인간의 죽음인 것이다. 이러한 입장은 아렌트가 인간의 조건을 한 개인으로서의 생명체로 보지 않고, 가장 원초적으로 복수성을 기본으로 하는 정치적 존재로 보기 때문에 나왔다고 할 수 있다. 이렇게 반문할 수 있다. 누구나 다 어떤 식으로든 타자와의 관계 맺고 살고 있지 않은가 하고 말이다. 태어나면서 부모님과 관계하고 성장하면서 또래 집단과 관계하고 이후 죽을 때까지 타자와 관계 맺고 살고 있는데, 구태여 이러한 평범한 사실에서 인간의 불멸성을 찾는 것이 새롭지 않다는 뜻이다. 그러나 아렌트가 보기에 특정 프레임 속에서 다른 가능성을 보지 못하고 소통하지 못하게 하는 구조가 바로 전체주의라 할 수 있고, 주입식 교육에 의한 길들여진 사고가 지배하는 곳에서는 이러한 정치적 삶은 존재할 수가 없다.

② 아렌트가 말하는 복수(plural)로 존재하는 관계성에는 가장 원초적인 특징으로서의 자유가 있다. 만약 누군가 공동체 안에서 특정한 시대

의 이데올로기에 따라 기계적으로 처세하고 행동한다면, 이는 자유로운 행위가 아니다. 그것은 기계적인 반복의 삶에 불과하기 때문에 정치적 삶이라고 말할 수 없다. 그녀가 말하는 정치적 삶에는 또 하나의 기준이 있는데 그것은 자유와 연결된다. 즉 먹고 사는 일에서 해방되어야 한다는 점이다. 만약 누군가 자신의 이익만을 관철하기 위해서 살아간다고 한다면, 그는 진정한 의미에서 자유로운 사람이 아니다. 생산하고 소비하는 일에만 종속되어 있기 때문이다. 따라서 ③ 이러한 삶은 관조적삶과 연결된다. 그리스어의 Theoria는 영어로 이론을 뜻하는 Theory의 어원인데, 이 말의 본래적 의미는 관조이다. 즉 한발 물러서서 여유롭게 사물을 바라볼 수 있는 상태를 뜻한다. 만약 어떤 사람이 이해관계에 휘둘려 자신의 생계 문제만을 바라보게 된다면, 그는 사물을 '객관적으로' 혹은 '불편부당하게' 바라볼 수 없게 된다. 정치적 삶으로서의 활동적인 삶은 이렇듯이 생계형 삶에서 벗어난 자유로운 삶이다. 아렌트가 말하는 활동적인 삶이란 아리스토텔레스가 말하는 관조적 삶과 크게 다르지 않다.

관조적 삶이란 관찰자로서의 삶이다. 『칸트 정치철학 강의』에서 아렌트는 피타고라스의 시장에 가는 사람들의 이야기와 헤겔의 법철학에 나오는 미네르바의 이야기를 언급하며, 관찰자로서의 불편부당성이 정치철학 성립의 요건임을 말하고 있다. ④ 그녀가 『인간의 조건』에서 또 하나 중요하게 언급된 요건이 있는데, 그것은 상호성이다. 즉 봄/보임, 들음/들림이라고 하는 능동/수동성의 동시적 관계이다. 이것은 아렌트가 말하는 정치적 동물로서의 인간이 지니는 존재론적 신체적 조건이다. 아렌트가 자주 정치적 삶을 표현할 때, 말과 행위(speech and action)라는 단어를 동시에 쓰는 이유는 발화가 단지 머리에서 일어나는 관념이 아니라는 점을 강조하기 위함이라고 할 수 있다. 서양 전통에서는 자주 발화와 실천을 구별하여 논의되었다. 하지만 그녀에 따르면 말하기와 행위, 즉 말하기와 정치적 행위는 떼어서 생각할 수 없는 밀접한 연관이 있다.

아렌트는 고대 그리스의 폴리스에서 정치적 삶의 전형을 발견한다. 고대 그리스의 귀족만이 자유로 왔다. 이들은 노예들의 봉사로 자유롭게 정치 활동을 할 수 있었다. 근대 이후 노동이 인간 삶의 모든 영역에 침투하면서 인간은 이러한 자유를 망각했다. 근대 이후, 작업 또한 자본주의에 예속되어 이익을 위한 삶으로 전락했다. 아렌트가 말하는 전체주의는 이렇게 시민들이 자유롭게 말하고 활동할 수 있는 공적 영역의 상실과 밀접한 연관을 지닌다. 아렌트가 『전체주의의 기원』에서 염두에 두고 있는 것은 물론 나치즘이지만, 다른 한편으로 그녀가 말하는 전체주의는 특정 시대의 이데올로기와 밀접한 연관을 지닌다. 예컨대 자본주의 시대에 노동과 작업처럼 소통 가능하지 않고, 기술적인 과정으로 전락한다면, 그리고 이 체제 안에서 사람들 사이의 상호 소통이 불가능하다면, 이것이 바로 전체주의의 모습이라고 할 수 있다. 하버마스가 말하는 근대 부르주아 공론장과 아렌트가 말하는 정치적 삶의 핵심어는 소통이다. 이것이 진정한 의미에서 민주주의를 지탱하는 기본적인 토대이다. 이러한 민주 시민 형성을 위해 선행되어야 할 것이, 토론 문화의 정착이다. 그리고 이를 가능하게 하는 공론장의 형성이다.

아렌트와 하버마스의 공통점은 생활세계의 식민화 곧 삶의 모든 형식이 자본주의 형식의 틀에 짜 맞추어지는 것에서 탈피를 말하고 있다는 점이다. 고대 귀족들이 노동을 떠난 삶에서 정치적 삶이 가능했듯이, 스펙과 취업을 강조하는 한국 사회의 문법에서부터 해방되어야 한다. 아렌트의 이러한 입장은 기존 한국이 주입식 교육에 균열을 낼 수 있는 토대가 될 것이다. 또한 아렌트의 정치적 삶은 교육에서 선생과 학생의 일방적인 정보전달-수용의 모델을 넘어서 학생 사이의 정보전달과 소통의 과정을 보완함으로써 민주시민의 자질을 키우는 데 중요한 토대가 될 수 있다고 생각한다. 즉, 인간이 혼자가 아닌 복수로서 소통하며 존재한다는 사실을 성인이 되기 전까지 체득할 필요가 있다. 아렌트의 정치적 삶에 대한 비판적 관점도 있다. 아렌트가 말하는 정치적 삶이 지녀야 할 공공성의 객관적 기준의 문제는 없는가 하는 점이다. 즉 복수로서의 상호소통(speech and action)이 사적인 관심에 근거한 삶에서 벗어나 최소한의 공공성을 확보하려면 어떻게 해야 하는가의 문제는 남아있다. 하버마스는 생활세계의 식민화에서 벗어나 공적인 이성의 교환을 통한 합의(consensus)를 말한다. 그러나 아렌트에게는 이러한 기준점에 대한 논의가 부족하다. 물론 아렌트는 『칸트의 정치철학 강의』에서 이러한 문제를 논의하고 있기는 하다. 위와 같은 민주주의의 이념형을 염두에 두고서 근현대 한국 공론장의 형성 과정을 살펴보자.

5. 근대 한국 공론장의 형성

우리나라 최초의 근대 신문은『한성순보』(1883)이다. 이 신문은 김옥균을 비롯한 많은 개화파에 의해 만들어진 신문이면서 동시에 정부 주도에 의해서 만들어진 신문이다. 이 신문은 갑신정변(1884)과 더불어 중단되었다. 이 신문의 특징은 허물어져 가는 봉건주의에 반대하고 정치, 경제, 문화 모든 방면에서의 자본주의 발전 도모만이 당시의 조선 사회를 발전시키는 유일한 길이라고 생각하는 사람들에 의해 주도되었다. 이 당시 일본인 후쿠자와 유키치(福澤諭吉, 1843-1901)가 신문제작 기술과 관련된 인력을 지원해 주기도 하였다.『독립신문』은 서양의 근대적 신문에 부합하는 최초의 한국 신문의 성격을 띠고 있다고 할 수 있다.『황성신문』과『데국신문』과 더불어 이 당시 나온『독립신문』의 공통점은 사기업에 의해 운영되었고, 일반 백성들을 상대로 한글 또는 국한문 혼용을 했으며, 광고를 게재하고, 대체로 개화사상과 독립 자강을 강조했다는 데 공통점이 있다.[6]

『한성순보』는 독자들의 견문을 넓히게 하고, 세계의 정치, 법률, 과학, 경제 등을 소개하여 세상 물정을 알게 하고, 공정한 입장에서 독자들이 선택할 수 있도록 지식을 제공하는데 그 창간 목적을 두었다. 한 마디로

---

6 김민남 외,『새로 쓰는 한국 언론사』, 아침, 2001. 78쪽 참조.

이 신문은 개화파 지식인들에 의해 계몽과 교양을 위한 신문이었다고 할수 있다. 이 신문은 여러 국제 기사를 많이 실었는데, 이 신문이 취급한기사 가운데 일본 관련 기사가 많은 비중을 차지하고 있다. 이에 대해서는 의견이 둘로 나뉘는데, 하나는 이 신문이 처음부터 일본의 호의로 만들어졌고, 당시 다수 개화파 지식인들이 일본에 다녀와 일본으로부터 신문물을 배웠기 때문에 이들에게 호의적일 수밖에 없다는 입장과 이미 일본의 흑심은 간파하고 자주적인 입장에서 일본을 이용하려고 했다는 입장도 있다.[7]『한성순보』는 순 한문으로 발행되어 사회 각 계층을 아우르는 독자층을 확보할 수 없었다는 한계와 정부 주도로 위로부터의 일방적인 개혁을 시도하려고 하여, 농민이나 다른 계층들의 연대를 이끌어내기 어려웠다는 한계점도 가지고 있었다. 갑신정변 이후에『한성주보』가 발행되었는데,『한성순보』와 다른 점은 국한문 혼용체를 발행되었다는 점, 사설이 보강되었다는 점 그리고 신문 광고를 했다는 점 등이다.

순 한글로 된 신문이며 동시에 서양 근대적 의미의 신문에 가까운 한국 최초의 신문은『독립신문』이라고 할 수 있다.『독립신문』은 처음으로 띄어쓰기를 했고, 띄어쓰기 전통은 이때 이후 오늘에 이르고 있다. 이것은 서재필이 영어를 본보기로 하여 시도했다고 보인다.『독립신문』이 지향했던 바는 대체로 나라와 민족을 사랑하고, 자주 독립국가가 되도록하며, 서양의 학문 모델에 따라 생활의 합리화를 꾀하도록 하기 위한 교

---

7 김민남 외,『새로 쓰는 한국 언론사』, 아침, 2001, 69-70쪽.

육, 민주주의와 평등사상 및 인권 사상 등을 알리는 데 있었다. 이 신문의 논설들은 당시에 첩을 두는 제도나 굿 등에도 비판적 입장을 취하며 전해져 내려오는 한국의 좋지 못한 풍습의 개선을 강조하였다. 또한 경제 발전과 부국을 강조하였고, 당시 관료들의 횡포와 부정부패를 규탄하고, 준법정신이 실현될 수 있는 풍토를 조성하고자 하였고, 외세를 경계하는 글들이 많이 실리기도 하였다. 민족이 스스로 경제 정치적으로 독립해야 한다고 주장했지만, 다른 한편으로 『독립신문』은 의병에 대한 비판적인 태도를 보였다. 이는 서재필이 일본의 입장을 많이 투영하여 한국을 근대화하고자 했고, 그에 따라 신문을 편집하고자 해서 나온 입장이라는 견해도 있다. 이렇듯 당시에도 이미 민족주의적 성향의 관점과 일본의 영향에 따라 개화하려고 하는 경향 사이의 대립이 있었음을 알 수 있다.

이와 관련해서는 앞에서도 언급했듯이 당시 신문을 발행하는 주체들이 일본의 개화사상의 영향을 받아서 추진되었기에 어쩔 수 없었다는 의견과 일본의 영향을 많이 받았기에 당시 신문의 논조는 신문 편집자의 의도와 상관없이 일본의 관점이 반영될 수밖에 없었다는 의견이 대립되어 나타난다. 이러한 대립은 한국이 일본의 식민지로 전락하면서 더욱 두드러진다. 일제 식민지 시기에는 조선총독부의 허가를 받고 광고 수익을 얻으며 등장한 근대적 의미의 상업적 신문은 『조선일보』와 『동아일보』와 『매일신보』로 대표될 수 있다. 특히 앞의 두 신문은 일제의 문화 정책에 편승·동조하는 민족 개량주의적 문화 운동을 펼쳤다.[8] 김성수는

『매일신보』에 청년들의 전쟁 참여가 조선반도와 황국으로서의 자격을
완수하는 일이라며 청년들을 설득하기도 했다.[9]

6. 근대 한국 공론장의 전개

해방 후에는 미군정이 들어오면서 정치적으로 좌우익으로 갈라져 이
데올로기 대립이 극심한 가운데 언론도 좌우익으로 대립하는 양상을 띠
게 되었다. 이때부터 미군정을 중심으로 한 우익과 좌익의 대립이 심화
되기 시작했고, 좌우익 이데올로기 논쟁은 오늘날 선거 때마다 나오는
북풍 공작 등과 연관해서 계속해서 이분법적인 비생산적인 논쟁으로 현
대까지 지속되고 있다. 1945년 8월 15일 일본의 항복 이후, 한반도 이남
에는 미군정이 통치하게 된다. 당시 『조선일보』와 『중앙일보』는 폐간되
었다가 다시 복간되었고, 새롭게 『경성신문』과 『매일신보』가 등장하여
이 시기 여론을 형성하였다. 이외에도 미군정 초기에는 『조선인민보』,
『자유 신문』, 『중앙신문』 등이 있었다. 공산당 계열의 기관지로 『해방일
보』가 있었고, 일제의 기관지였던 『매일신보』도 『서울신문』으로 변신하

---

8 "『조선일보』는 1929년 말부터 '아는 것이 힘, 배워야 산다'라는 표어로 문맹 퇴치, 농촌계몽
   운동을 폈다. 이것은 『동아일보』의 '브나로드 운동'과 함께 일제의 문화정책에 편승 동조하
   는 민족 개량주의적 문화 운동 방식이자 자기네 신문 독자 확장운동이기도 했다." 김민남 외,
   『새로 쓰는 한국 언론사』, 아침, 2001. 207쪽.
9 김민남 외, 『새로 쓰는 한국 언론사』, 아침, 2001, 211-214쪽.

였다.[10] 이 시기의 신문들은 모스크바 3상회의의 신탁통치 결정과 더불어 국내 제 세력의 찬탁/반탁을 둘러싼 대치과정에 휘말려 들었는데, 이때 이승만과 김구가 주도하는 우익세력은 비상 국민회의를 결정, 미군정의 자문기관이 되었고, 여운형이 주도한 민주주의 민족전선은 전국노동자평의회와 함께 좌익세력으로 결집되었다. 이때부터 신문들은 좌와 우의 색채를 분명하게 드러내기 시작하였다.[11]

이때부터 이미 친일이냐 반공이냐의 이데올로기 프레임 전쟁이 시작되었다고 할 수 있다. 이후 1948년 남한 만의 단독 정부를 수립, 이승만 증권이 출범하였다. 이승만 정권은 반공 이데올로기를 지배 이데올로기로 선택했으며, 남북한의 분단을 고착시키는 데 기여하였고, 이를 발판으로 독재를 고착시켰다. 미군정기 이후 이승만 정권이 들어서면서 정권을 유지하려는 친미세력과 자주적인 민족 통일정권을 수립하려는 세력이 서로 대립하게 되었다. 이승만과 기득권 세력은 반공 이데올로기를 신봉하였고, 공산주의 혹은 민족통일을 표방하는 세력은 이러한 기득권 세력을 친일·친미 세력으로 간주하고 투쟁을 전개하였다. 이후 동족상잔의 비극이 일어남으로써 이데올로기 대립이 고착화 되었으며, 일본 식민지배 체제의 유물과 미국식 자유민주주의의 수용 속에서 여전히 이 대립은 오늘날까지 지속되고 있다.

---

10 김민남 외, 『새로 쓰는 한국 언론사』, 아침, 2001, 268쪽 참조.
11 김민남 외, 『새로 쓰는 한국 언론사』, 아침, 2001, 281쪽 참조.

1948년 8월 이후 이승만 정권은 좌익을 인정하지 않는 언론 정책을 폈다. 이승만은 독재 정권 체제를 구축하기 위해 언론을 통제하였다. 기존의 저항적 특성을 가졌던 신문은 자유당 정권을 비판하였고, 권력은 이러한 언론을 탄압하였다. 1955년의 『대구매일신문』의 테러 사건과 1959년의 『경향신문』 폐간 사건은 이 당시 최대의 언론 탄압 사건이었다.[12] 이후 4.19를 거치면서 여러 신문이 다시 등장하면서 100여 종이 넘는 일간지가 나오기도 하였으나, 5.16 군사정권은 많은 언론 기관을 폐쇄하였다. 이때 서울에 남게 된 종합 일간지는 『경향신문』, 『동아일보』, 『대한일보』, 『민국일보』, 『서울신문』, 『조선일보』, 『서울일일신문』, 『자유신문』, 『한국일보』 등 9개였다고 한다.[13] 이때부터 언론 기업의 카르텔화로 언론의 다양성이 사라지고, 획일화된 구조 속에서 언론 기업이 성장했으며 경영 우선의 상업주의로 흐르게 되어 언론의 사명이 퇴색되었다는 비판의 소리가 높아지게 되었다. 이때에는 신문의 논조에 따라 군사정권을 옹호하거나 반대하거나 하는 이분법적 사유가 지배하게 되었다고 할 수 있다. 이때 또한 상업화에 편승하여 언론이 비판적 기능을 제대로 수행할 수 없게 되었다.

지금까지의 한국 신문의 변화 과정을 보면, 한국에서의 신문은 서양 근대와 달리 위로부터 아래의 백성을 계몽하려는 시도에서 출발했다. 이

---

12 위암장지연기념사업회, 『한국 근대 언론의 재조명』, 커뮤니케이션북스, 2001, 34쪽.
13 위암장지연기념사업회, 『한국 근대 언론의 재조명』, 커뮤니케이션북스, 2001. 35쪽.

과정에서 한국 근대 언론은 일본의 식민지 지배에서의 굴곡, 6.25 전쟁 이후의 남북 대립, 독재 정권으로 인한 독재와 민주의 대립 등으로 점철 되면서, 시대마다 서로 다른 이분법적 대립 속에서 공론장이 형성되었다 고 할 수 있다. 『독립신문』이 창간호에서 표방했듯이, 신문이 정치가들 의 정책을 소개하고, 정부 정책을 비판하는 기능을 수행하는 역할을 한 다고 했는데, 오늘날에도 여전히 정부정책과 일반 시민들의 괴리가 존재 해서 불신이 지배하고 있고, 일본 식민지 시대에는 친일이냐 항일이냐의 대립 구도가 지배했기에 오늘날에도 여전히 이 논쟁은 다른 주제로 재현 되어서 창조적인 공론장을 방해하고 있는 형국이다. 6.25 전쟁을 겪으며 또다시 공론장이 친북/반공 등의 대립 구도가 지배하게 되어 여전히 새 로운 미래의 공론장 형성에 걸림돌이 되고 있다.

7. 이분법적 대립 공론장 문제의 해결

현대 한국 언론 상황의 가장 큰 문제점은 하버마스가 지적한 것처럼 '황색 언론'처럼 짧은 논평 정도로 끝나고, 사회 전반적으로 깊이 논의 해 보아야 할 심층적인 주제를 다루지 않는 점에 있다. 사회적 쟁점이 되 는 문제를 둘러싼 심층적인 보도도 많지 않고, 이에 대한 찬성 반대가 일 어나는 공론장이 부재한 것이다. 이 때문에 근대 민주주의 형식을 취하 여 삼권이 나뉘어 있고, 정기적인 선거가 있기에 형식적으로는 민주주의 가 잘 실현되고 있는 것처럼 보이지만, 근대 프랑스 혁명의 토대를 이룬

커피 하우스와 살롱 등에서의 자유로운 토론이 없는 실정이다. 비록 이러한 토론 주제가 나온다고 하더라도, 근대 한국 공론장의 형성 과정에서 살펴보았듯이, 자생적 담론 형성이라기보다는 지식인들에 의한 일방적인 계몽과 정보에 대한 소개에 머물러 있고, 한국 근대사의 중요한 시기에 따라 왜곡된 공론장이 지배했기에, 자주 이러한 이분법적인 논의에 빠지는 형국이다.

손석춘은 『한국 공론장의 구조변동』에서 하버마스의 관점을 수용하면서 이 틀 위에서 한국 공론장의 변화를 체계적으로 분석한다. 그에 따르면 구한말 한국에서도 자생적 공론장 형성이 싹이 있었으나, 식민지를 경험하면서 일본에 의해 공론장이 왜곡되고, 해방 이후에는 미군정이 그리고 박정희, 전두환으로 이어지는 과정에서 자유롭게 토론하고 비판할 수 있는 공론장이 심각하게 왜곡되었다. 이러한 공론장 왜곡의 핵심은 대중들에게 있는 그대로의 사실에 입각하여 사태를 파악하지 못하게 하여 특정 지배 계층들의 이익에 맞게 사회가 돌아가도록 한다는 데 있고, 이를 통해 국민 전체가 누려야 할 공공성이 심각하게 훼손된다는 데 있다. 손석춘은 하버마스가 이념형으로 내세운 근대 부르주아 공론장에서는 민중의 공론장 즉 아래로부터의 공론장 차원이 빠져 있음을 비판한다. 손석춘은 이러한 문제점을 넘어서기 위해 '해방 공론장'을 이념형으로 제시한다. 손석춘은 따르면 20세기 인류의 경험에서 자본주의 언론과 공산주의 언론의 한계가 분명해졌기에 이 양쪽의 한계를 넘어서기 위한 민주 언론의 패러다임으로 '해방 공론장'이 세계사적 과제라고 말

한다.[14]

손석춘의 대안은 오늘 한국 공론장에서 아주 중요하다. 이러한 입장
은 토착 왜구 vs. 종북 좌파로 지칭되는 이분법적 대립이 그대로 응축 되
어있는 한국 공론장이 넘어서야 할 새로운 패러다임이 될 수 있다. 손
석춘은 하버마스의 부르주아 공론장에 대한 넥트(O.Negt)와 클루게(A.
Kluge)의 비판과 근대 부르주아 공론장이 남성 중심적이라고 보는 페미
니스트들의 비판도 소개하고 있다. 손석춘의 비판은 기본적으로 이들의
비판과 연결되어 있다고 할 수 있다.[15, 16]

2023년에 『중앙일보』와 『한겨레신문』이 공동 주관하여 진보-보수 언
론 간 소통 프로젝트 사례연구를 한 바 있다. 이 기획은 『사설 속으로』라
고 하는 프로젝트인데, 서로 다른 입장 곧 진보와 보수를 대표하는 집필

---

14 손석춘, 『한국 공론장의 구조변동』, 커뮤니케이션북스, 2005, 148-151쪽 참조.
15 손석춘, 『한국 공론장의 구조변동』, 커뮤니케이션북스, 2005, 119-120쪽.
16 손석춘은 하버마스의 부르주아 공론장에 입각한 서술에는 아래로부터의 민중의 공론장이 빠
   져 있다고 비판하고 있는데, 이는 손석춘이 근대 부르주아 공론장이 보지 못하는 프로레타리
   아의 입장을 대변하는 공론장이 없다고 보는 관점이라 볼 수 있다. 이는 그가 말하고 있듯이
   공산주의와 자본주의를 경험한 이후의 틀에서 하는 하버마스에 대한 비판이다. 이러한 비판
   은 정당하다. 그러나 다른 한편으로는 하버마스에 대한 이러한 비판은 그가 이미 당시 이전
   의 왕과 귀족의 과시적 공공성에 대항하는 '민중'의 공론장을 대변하고 있음을 간과한다. 손
   석춘은 다른 논문에서 유럽의 길과 한국의 길을 비교하면서 하버마스의 입장이 아래로부터
   형성된 공론장이라고 말하기도 한다. 여기서는 한국 언론은 발생적으로 두 계층 간의 관점의
   차이와 갈등 때문에 한국 언론이 형성 초기부터 갈등에 노출될 수밖에 없었다고 보고 있다.
   (손석춘, 「한국 공론장의 갈등 구조-근대 신문의 생성 과정을 중심으로」, 『한국 언론 정보학회』, 2004, 177
   쪽 참조)

자들이 3년 2개월 동안 각각의 신문 사설에 글을 기고하고, 서로의 진영 간의 차이를 학생들에게 알게 하여 논술 작성하는 데 도움이 되도록 하는 프로젝트였다. 논술 교육의 일환으로 기획된 것이라는 한계가 있기는 하지만, 서로 다른 평행선의 관점을 체계적으로 비교 이해하려고 한 시도라는 점에서 의의가 크다고 할 수 있다.[17] 이러한 기획이 더 확대되어 보수와 진보의 입장뿐 아니라, 더 다양한 관점이 공론화될 수 있는 공적인 소통의 장이 많아져야 할 것이다.

한국의 언론구조가 민주적 공론장으로의 제 기능을 수행하지 못하고 당파성을 띠게 됨에 따라 대안적 공론장의 논의도 많이 있었다. 70년대의 저항언론에서 시작해서 80년대의 민중언론, 90년대의 대안언론, 2000년대의 대안언론 등이 존재했었다. 이 운동은 시민사회의 확장에 기여하였다고 할 수 있다.[18] 앞으로 이러한 시도는 지속되어야 마땅하다. 이러한 두 프레임에 따른 반복되는 공론장의 현실이 주는 가장 큰 문제는 서로 네 탓 공방을 이어가며 증오와 혐오의 정치가 지속되어 민주적 정책에 근거한 토론과 정책 수렴을 증발시켜, 중요한 정책적 차이에 따른 민생, 국가 및 국제적인 문제의 해결을 망각시키기 때문이다. 이렇게 형성된 한국 공론장은 근현대의 한국의 정치 상황이 외세에 의해 휘둘리

---

17 김기태, 「진보-보수 언론 진영 간 소통 프로젝트 사례연구: 중앙일보·한겨레신문 공동 기획 〈사설 속으로〉 사례를 중심으로」, 『한국 소통학회』, 2017. 87-117쪽 참조.
18 김은규, 「한국 대안적 공론장의 변화 과정과 추동 요인에 대한 고찰」, 『한국 언론정보 학보』, 2006, 87-113쪽 참조.

고, 미군과 소련이 남북한에 주둔하고, 이후 전쟁을 겪었기 때문에 어쩔 수 없는 상황이라고 할 수 밖에 없다. 하지만 이러한 대립 구도가 지속되는 한, 정권이 바뀔 때마다 기존의 업적이 다시 되돌려지고, 원점으로 돌아가는 반복을 되풀이할 수밖에 없다. 보다 멀리 내다보고 한국의 장래를 생각하며 거시적이고 객관적 관점에서 볼 수 있는 시선을 불가능하게 한다.

8. 나가는 말

지금까지 하버마스가 제시한 부르주아 공론장은 인류 역사에서 선명하게 새로운 공론장의 형성이 이루어진 것으로 전제하고 이것을 이념형으로 삼아 논의를 전개했다. 그의 분석에 따르면 새로운 사회는 새로운 공론장을 통해서 가능하다. 따라서 만약 현재의 사회에서 또 다른 새로운 사회로 나가려 한다면, 공론장의 변화는 필수적이라 할 수 있다. 최근에는 종이신문을 대신해 전자 매체가 등장하고, SNS가 등장하여 쌍방향적 실시간 의사소통과 정보공유가 가능해졌다. 기존 언론사들의 기사보다 훨씬 빠르게 현장에 있는 사람들의 동영상과 사진이 실시간으로 올라오는 상황이어서 기존의 언론이나 지식인의 정보 독점과 우위에 의한 '계몽'과 '선전'은 불가능하게 되었다. 어찌 보면 서재필이 추구했던 이상이 실현된 사회라고 해도 무방하다. 국제 사정에 대해서 네티즌들이 누구보다도 더 잘 알고 있으며, 이러한 사정을 실시간으로 알 수도 있는 상황이고, 인터넷 시민들 사이에서 실시간으로 정보를 교환하며 소통하고 있으며, 정부 정책에 대한 비판이나 의견도 인터넷으로 빠르게 올라와 정부와 시민들 사이의 소통도 원활하게 이루어지고 있다고 할 수 있다.

지금의 인터넷 기반 공론장의 모습을 보면 외형적으로 하버마스가 상정한 자유로운 의견 수렴의 공론장의 모형은 갖추어진 것 같고, 한국의 초중고 학교 교육이 제대로 수행하지 못한 삶의 형식 곧 아렌트가 말하는 정치적 삶도 수행되고 있는 듯이 보인다. 그럼에도 기존 공론장의 이분법적 사유가 여전히 지배하고 있어서, 이러한 공론장도 이러한 이념적 틀에서 쉽게 벗어나지 못하고 있다. 전쟁이 끝났고, 식민 지배는 더 이상 존재하지 않지만, 우리들의 의식 속에서는 여전히 전쟁 중이고 식민지 상황 속에서 살고 있다. 이러한 이분법적 대립을 벗어나기 위해서는 시민들이 과거의 트라우마에서 벗어나야 한다. 니체가 『도덕의 계보』에서 말하고 있는 원한 감정(Resentment)에 의한 이분법적 도덕과 가치관에서 벗어날 필요가 있다. 의사소통적 합리성만 있으면, 어떤 의견이든 모두 받아들이고 수용하면서 비판의 도마 위에 올려놓고 자유로운 토론의 장이 형성되도록 해야 한다. 그리고 이를 가능하게 하는 교육이 선행되지 않으면, 우리와 우리의 다음 세대는 또다시 싸움을 반복하게 될 것이다. 그것도 소모적인 싸움을 계속해서.

자유로운 공론장이 필요한 이유는 프랑스 혁명의 사례에서 볼 수 있듯이, 전통적인 권위주의를 벗어나 새로운 사회로 나가는 토대를 제공했기 때문이다. 이는 현재의 한류 현상의 세계적인 현상을 보더라도 잘 알 수 있다. SNS와 유튜브가 세계적인 소통의 창구가 되면서 기존의 종이 신문과 인터넷 신문을 통해 형성되고, 특정 지식인의 지식이 한쪽에서 다른 한쪽으로 일방적으로 전달되는 공론장의 구조에서 벗어나 자유로운 정보에 대한 접근이 가능해지자, 서로에게 영향을 주며 이전과는 비교할 수 없을 정도로 세계적인 문화교류가 가능해졌다. 이른바 소프트 파워가 기존의 군사력이나 기타 힘에 정치와 일방향성을 대신하게 되었다. 그런데도 여전히 공론장을 가능하게 하는 다양한 매체 가운데 하나인 현재의 신문(인터넷 신문을 포함)들의 기사들과 댓글들은 여전히 좌/우, 친일/반일 프레임의 틀에서 벗어나지 못하는 경우가 비일비재하다. 이러한 이분법적 프레임을 극복하지 못하면 우리의 미래는 밝을 수가 없다.

참고자료

김기태, 「진보-보수 언론 진영 간 소통 프로젝트 사례연구: 중앙일보·한겨레신문 공동 기획 〈사설 속으로〉 사례를 중심으로」, 『한국 소통학회』, 2017.

김은규, 「한국 대안적 공론장의 변화 과정과 추동 요인에 대한 고찰」, 『한국 언론정보 학보』, 2006.

손석춘, 『한국 공론장의 구조변동』, 커뮤니케이션북스, 2005.

＿＿＿, 「한국 공론장의 갈등 구조-근대 신문의 생성 과정을 중심으로」, 『한국 언론정보 학회』, 2004.

위르겐 하버마스, 한승완 옮김, 『공론장의 구조변동: 부르주아 사회의 한 범주에 관한 연구』, 나남, 2007.

위암장지연선생기념사업회, 『한국 근대 언론의 재조명』, 커뮤니케이션북스, 2001.

김민남 외, 『새로 쓰는 한국 언론사』, 아침, 2001.

하상복, 『하버마스의 공론장의 구조변동 읽기』, 세창미디어, 2016.

서양의학의 수용과정을 통해서 본
한국의 근대

박남희
희망철학연구소 소장

1. 달리 생각하며 묻다.
– 서구의학과 한국의 근대화에 대하여

시민사회가 형성되기 시작하던 때부터 세계대전이 발발하기 전까지를 우리는 일반적으로 근대라 한다. 그렇다면 이때 사람들은 어떤 삶을 영위하며 이전과 다른 새로운 사회를 희구해 갔을까. 더욱이 한국은 어떤 계기에서 어떤 지향점을 가지고 그 시대를 맞이하며 또 이전과 달리 나아갔는가. 그런데 모든 것이 급변하는 이 시대에 왜 우리는 지금이 아닌 지나간 시간에 관심을 가지는 것일까. 그것은 우리가 현재를 근대와는 전혀 다른 세계라 하기도 하고, 또 근대의 극복이라는 점에서 포스트근대라 이야기하기도 하지만, 다른 한편으로는 여전히 근대의 연속으로 여기기도 하듯이 근대는 단순히 지나간 시간이기만 하지 않고 지금도 여전히 우리와 함께 하는 현재진행형이기도 하기 때문이다. 따라서 우리는 동일성을 추구하는 근대적 관점에서가 아니라 다양성을 선호하는 현대적 관점에서 근대를 다시 고찰해 볼 필요가 있다. 그럴 수 있을 때야 비로소 우리는 지나친 서구 중심의 진화론적 관점 내지는 왜곡된 일제 식민사관에 매몰되거나 전도되지 않고 다양한 역사와 지역의 특성을 있는 그대로 마주하는 풍성한 근대를 이야기할 수가 있을 것이다.

그런 차원에서 우리는 사태 자체를 직시하는 현상학적 방법으로 한국의 근대를 서구의학과의 관계 속에서 다시 살펴보고자 한다. 물론 대부분의 학문이 근대에 배태된 것이 사실이지만 특히 서구의학은 그 무엇보다도 관찰과 실험에 의거한 귀납적 방법으로 객관적이고 합리적인 결론을 도출해 가는 근대 학문의 특성을 가장 잘 내포하고 있다. 그러한 면에서 서구의학은 근대의 산물임과 동시에 근대를 촉진, 강화, 확대하는 촉매의 역할을 하기도 한다. 따라서 우리는 개별 의학의 차원을 넘어 서구의학이 한국의 근대화에 어떻게 영향을 미치며 이전과 다른 사회를 새롭게 생성해 가는지 서양의학과 더불어 한국의 근대를 병치해 이야기해 보고자 한다.

이를 위해 이 글은 서구의학이 한국사회에 어떻게 전래 되며 사회를 달리 변화시켜가는지를 먼저, 한의학에서 서구의학으로의 이행과정으로 살펴보고, 그 속에서 한국 최초의 서구식 병원인 광혜원의 설립에서부터 현재 서울대병원과 국립의료원에 이르기까지의 과정과 의학교와 병원, 의료인 등의 변화를 고찰하면서 서구의학과 한국 근대화와 관계 및 특징에 대해 논구해 보도록 한다.

2. 말하고 구하다.
- 한의학에서 서구의학으로의 여정을 통하여

한국에 서구의학은 어떻게 전래 되고, 또 한국은 서구의학을 어떻게 수용-발전해 왔는가. 당시 한국사회는 유교적 전통하에 그것도 관념적인 성리학 중심의 사회체계 속에서 수신과 수행을 중시하며 이에 근거한 침과 섭생 위주의 한의학이 주를 이루고 있었다. 이에 반하여 서구의학은 실험과 관찰을 통해 귀납적 타당성을 중시하는 학문적 태도에 따른 진단기기로 혁신적인 외과시술을 시행하는바, 이를 접한 사람들은 매우 혼란스러워했다.

그런데 이 혼란은 단지 의학에 한정되지 않고 사회 전반에 걸쳐 일어나는바, 이는 열강의 등장과 더불어 새롭게 창궐하는 각종 사건 사고와 질병 등이 깊이 연관되어 있다. 즉 서구 열강을 비롯하여 중국과 러시아 그리고 일본 등의 침입과 찬탈에 따른 각종 사건과 사고가 빈번해지면서 외과적 치료에 따른 효율성은 증대 되고, 콜레라, 천연두. 폐결핵 등과 같은 각종 질병과 전염병의 유입과 잦은 창궐은 서구의 새로운 치료방법을 요청하지 않을 수 없었다. 그리고 이를 위한 교육 및 제도의 정비는 이와 관련한 일과 사람들의 등장으로 이어지면서 이에 따른 새로운 직업과 계층 및 가치들을 창출하며 사회 전반에 변화의 물결을 가져온다.

1) 한의학과 서구의학의 만남

그렇다면 서구의학은 어떻게 한국사회에 전해졌을까. 관찰과 실험에 근거한 진일보된 방법론으로 무장한 근대의 서구의학이 한국에 전해지게 된 데에는 제일 먼저 중국을 왕래하던 학자와 역관 들의 역할이 크다. 당시 중국에는 서구의 의학서들이 많이 들어와 있었는데 그 시절 지성인들이라 할 수 있는 이들은 이들 의학서에 지대한 관심을 가졌다. 이들은 자신들만이 아니라 이들 저서를 지인들에게 소개하기도 하고, 귀국시 선물하기도 하면서 서구의학은 한국사회에 처음으로 알려지기 시작한다. 그리고 이를 접한 사람들은 낯선 학문에 당혹스러워하면서도 기존 전통의학의 토대 위에서 나름 서구 의학을 접목, 활용할 수 있는 방안을 다각적으로 연구, 모색해 간다.

실제로 16세기에는 서구의학을 공부하는 이들의 모임이 생기기도 하고 이들에 의해 서구 의학서가 번역되기도 하며 또 17세기에는 한의학을 기반으로 서구 의학을 수용하려는 입장에서 다수의 의학서가 출간되기도 한다. 그리고1790년 이익이 쓴『성호서설(星湖序說)』을 보면 그는 이 책에서 당시 청나라에서 많이 읽히던『주제군징(周制羣徵, 1629)』이라는 서구 의학서를 자세히 기술하고 있다. 또 다산 정약용이 1798년에 쓴 의학서인『의령(醫寧)』은 질병을 서구의 물리학적 이론에 근거하여 소개하고 있을 뿐만 아니라 역시 같은 해에 편찬한『마과회통(麻科會通)』에서는 우두법을 전하기도 한다. 그뿐 만이 아니라 1866년에 출간된 최한기의 저서『신기천험(身機踐驗)』은 중국에서 활동하던 홉슨이 쓴 해부학 저서인『전체신론(1851)』[1]과 외과 저서인『서의약론(1857)』, 내과 저서인『내과신설

(1858)』그리고 산부인과와 소아과 저서인 『부영신설(1858)』을 비롯하여 물리 화학과 생리학을 다룬 『박물신편(1855)』 등을 참조한 인체 해부도를 자세히 다루고 있기도 하다. 물론 이 외에도 많은 이들이 서구의학에 지대한 관심을 기울이며 기존의 학문에 새로운 혁신을 모색하기 위해 다각적인 노력을 하였음은 물론이다.

두 번째 전래는 선교사로 한국에 들어온 외국인 의사들로부터이다. 전국 각지에 외국인 선교 의사가 개원한 다양한 형태의 개인 민간의원들은 그동안 치료에 어려움을 겪던 소외계층과 난치병과 같은 특이병 등에 치료 기회를 넓히고 높이면서 의료 전반에 일대 전환을 가져온다. 이로 인해 당시 의료활동에 종사하던 한의사들은 주변의 선교 의사들로부터 서구의학의 효율성을 직접 목격하며 기존 한의학에 서구의학을 접목해 보고자 많은 시도를 감행한다. 그리하여 서구식 병원과 교육기관에서 때론 학생으로, 선생으로, 의사로, 그리고 연구자로 직접 참여하기도 하는 이들은 실제로 종두 사업과 방역사업 및 이를 위한 검역위원 등을 맡기도 하면서 서구의학이 한국사회에 정착하는 데 일정 부분 역할을 한다.

세 번째는 외국에 파견된 사찰단이나 유학생들을 통해서 이루어진다. 당시 한국사회는 서구 열강의 등장과 더불어 동양과 서양만이 아니라 전통과 새로움, 그리고 개화와 수구 등의 대립과 갈등이 확대, 심화 되고 있었다. 때문에 동도서기를 통해 부국강병을 꾀하고자 대한제국은 선진 서방을 비롯한 외국에 젊은 신진학자들을 파견하여 그들의 발전된 새로

---

1 여기에 써진 숫자는 책이 출간된 년도를 가리킨다.

운 문화를 습득하고자 한다. 이에 따라 1881년에는 일본으로, 1883년에는 미국으로 파견 갔었던 이들은 물론, 국비 또는 사비로 외국에서 유학하던 이들은 서구의 문물과 제도 등을 직접 보고 경험하면서 서구의학의 필요성을 절감하며 귀국 후 서구의학에 따른 의료체계를 도입 실현코자 기존의 법과 제도를 개편하는 데 앞장선다.[2]

당시 한국의 의료체제는 왕과 왕실을 담당하던 '내의원(內醫院)'과 의학교육과 연구를 담당하는 '전의감(典醫監)', 그리고 가난한 환자를 치료하기 위한 '혜민서(惠民署)'와 역병 환자를 다루는 '활인서(活人署)' 외에 지방에는 일반 백성을 치료하는 '의원(醫院)'을 두고 있었다. 그런데 이들은 기존 한의학에 기초한 혜민서와 활인서를 폐지하고 전의감을 축소하며 의료정책에 대전환을 꾀한다. 다시 말해 이들은 선진 서구의학에 따른 새로운 의료시스템을 구현코자 의학교육을 포함한 의학 체계 전반을 시정 보완하는 대대적인 변혁을 감행한다. 이들의 노력과 바람은 마침내 한국 최초의 서구식 국립병원 광혜원의 설립으로 이어진다.

2) 광혜원에서 서울대병원과 국립의료원까지

1885년 드디어 한국 최초의 서구식 국립병원 광혜원이 개원한다. 하지만 광혜원 설립의 직접적 계기는 김옥균을 중심으로 한 개화파들이 일으킨 갑신정변(甲申政變)과 밀접한 연관이 있다. 1884 갑신년에 새로운 사

---

2 1882년에 미국과 외교통상조약을 체결한 대한제국은 이듬해인 1883년 홍영식, 민영익, 유길준 등을 보빙사의 일원으로 파견된다. 그리고 이듬해인 1884년 미국 북감리회 선교사 매클레이가 내한 김옥균을 통해 서양식 국립병원을 설립할 것을 제안하는데 고종은 이를 윤허한다.

【그림 1】 1885년 광혜원

회를 염원하던 젊은 학자들이 중심이 되어 일으킨 정변에서 고종의 부
인인 명성황후의 조카 민영익이 다치는데 그때 민영익의 치료를 맡았
던 미국인 선교의사인 알렌(Horace N. Allen)은 서양의학의 우수성을 입증
해 보이며 서양병원의 설립을 권면한다. 그러자 한국정부는 재동의 홍영
식[3] 집터에 근대식 서구 병원을 설립하는데 그것이 광혜원이다. '널리 은
혜를 베푸는 곳'이라는 의미의 광혜원은 비록 치료는 알렌이 주도하지만
설립과 운영은 한국정부가 맡은 한국 최초의 서구식 국립병원이다.

그러나 광혜원은 얼마 되지 않아 '중생을 구제하는 곳'이라는 의미의
'제중원'으로 이름이 바뀐다. 제중원이란 이름에서도 드러나듯이 아직
전 근대적 색채가 남아 있기는 하지만 제중원은 광혜원보다는 의료적 차
원을 더 부각하며 질병을 치료하는 기관으로서만이 아니라 새로운 서양

---

3 갑신정변의 주역인 홍영식은 영의정을 지낸 홍순목의 둘째 아들로 정변이 실패하게 되자 역
   적으로 몰려 온 집안이 청나라 군대에 의해 몰살되었다. 그런데 사람은 가고 없어도 뜻은 남
   는지 미국에 보빙사로 다녀와 서구식 병원을 설립하고자 하였던 그의 뜻은 뜻밖에도 그의
   집에 한국 최초의 서구식 병원이 세워지는 것으로 이루어진다.

의학을 연구하고 가리키는 기관[4]으로 서구의학을 주체적이고 능동적으로 수용해 가고자 애쓴다.

제중원을 통해 중국과 일본과 러시아 사이의 힘의 균형을 꾀하며 기타 외세로부터 일정한 거리를 유지하고자 한 대한제국은 여러 가지 어려운 상황 속에서도 보다 좋은 시설과 환자를 수용할 수 있는 공간을 확보한다는 명목하에 제중원을 1886년 지금의 을지로 외환은행 본점 자리인 구리개로 이전[5] 실질적인 국립병원으로서의 변혁을 재차 도모한다.

그러나 이와 같은 노력에도 불구하고 외과적 수술과 같은 서구의학이 가지는 특성은 유교 전통 속에 살아온 사람들에게 결코 쉽게 받아 드려지는 문제는 아니었다. 그 까닭에 제중원의 학생모집은 어려움이 많았다. 뿐만 아니라 학생들을 가르칠 교수진의 부족과 이에 따른 교육과정의 미비와 혼란, 그리고 부족한 자제와 시설 미비 및 관계인들의 이해 부족 등으로 제중원은 큰 어려움에 직면하였다. 더욱이 당시 정부의 수장인 고종은 일본군에 의해 거의 감금상태에 있었고, 교수진인 선교 의사들[6]은 의학과 선교 사이에서 갈등이 심했으며, 한국관리들은 제중원을

---

4 제중원이란 본래 논어에 나오는 박시제중의 준말로 국가가 백성에게 인정을 베푼다는 의미이다. 이는 당시 한국의료의 철학적 기반을 표방한다고 할 수 있다. 제중원은 1885년 4월 10일 갑신정변의 주역이었던 홍영식의 집에, 지금은 종로구 재동에 있는 헌법재판소 자리에 세워진 근대식 서양병원을 말한다. 그런데 이후 제중원은 청나라 병영이 있었던 지금의 을지로 입구 외환은행본점 자리로 옮겨지는데 이를 가리켜 구리개 제중원이라 하고, 이전의 홍영식의 집에 있던 제중원을 재동 제중원이라 구별해 부르기도 한다.

5 구리개로 옮기게 된 또 다른 이유는 당시 러일전쟁으로 환자가 많이 발생한 러시아의 요청에 의해서라고 하기도 하지만 구리개 제중원이 이전보다 훨씬 진일보된 공간과 시설을 확충하는 것은 사실이다.

6 알렌이 귀국후 헐버트를 비롯한 다수가 제중원의 교육에 합류하지만 늘어나는 진료 (띄어쓰

이끌 의식과 역량이 부족했다. 그 결과 학생들은 신분과 종교 문화만이 아니라 언어에 이르기까지 수많은 어려움에 봉착하면서 결국 학업을 제대로 마치지 못하는 사태에 이르고 말았다.[7]

이런 어려움 속에서도 제중원은 나름대로 의학교육을 위해 교재를 편찬 사용하며 의료교육을 위해 애쓴다. 제중원의 공식적 최초 교과서는 1905년에 간행된 〈약물학〉인데, 이보다 앞서 제중원에서 의학교육을 재기하던 에비슨은 김필순을 비롯한 홍석후, 홍종은 등과 함께 전 교과서를 편찬 사용한다. 이 외에도 제중원은 에바 휠드가 저술한 〈산술신편〉을 비롯한 선교사들이 간행한 책과 조선 예수교서회에서 간행한 다수의 책을 교재로 사용한다.

에비슨은 의학의 기본인 해부학을 통해 의학 공부를 시키기 위해 '그레이 해부학'을 번역, 편찬하여 의학 교과서로 사용하는데 이때 그를 도와 번역에 참여한 이가 김필순이다. 그는 보다 번역에 충실하기 위해 실제로 의사 공부를 병행하며, 이후 재차 번역을 시도하는데 그것이 1906년 '대한국인 김필순 번역, 대영국의 어비신 교열. 해부학 일천 구백 년

기) 등으로 거의 교육이 부실해지자 헤론과 언더우드는 정식으로 의학교 건립을 요청하나 1890년 헤론이 사망하면서 이조차도 어렵게 되었다. 3년 후인 1893년 애비슨이 부임하면서야 의학교육이 비로서 제기된다.

7 첫 입학생이 12명 혹은 13명이라고도 하지만 이들은 신문화 습득함으로 입신양명을 하고자 한 개화기 청년들로 졸업후 주사를 보장하는 조건 하에 입학을 한 일정 수준의 학식과 배경을 갖춘 이들이다. 하지만 이들은 물론 그것이 모든 이유는 아니겠지만 외국어로 전혀 낯선 체계를 가진 공부를 하는 어려움과 영어습득만으로도 통역 등으로 일을 할 수 있다는 생각에, 결국 학업을 다 마치지 못하고 6명은 관료로 또 일부는 통역관으로 또 어떤 이는 조선총독부 학무국장으로 전업한다.

대한황성 제중원 출판'이라 인쇄된 3권의 해부학 교재이다. 이 책은 1907년 유병필이 탁지부 인쇄국에서 삽도나 도판도 없이 한자에 한글 토씨만 사용하여 한권의 양장본으로 번역 출간한 것보다 언어문제는 물론 의학의 토착화까지 추구한 훨씬 우수한 책이다. 김필순은 독일 의학에 영향을 받은 이마다의 책을 기본으로 영국과 미국의 그레이 해부학을 번역한 이전의 경험까지 살려 독일과 영국의 해부학을 아우르는 완성도 높은 책을 출간함으로 해부학만이 아니라 서구의학 교육에 지대한 기여를 한다.

그러나 점점 더 가중되는 많은 어려움으로 제중원은 결국 1893년 운영권을 미국 북 장로회에 넘기고 만다. 그리고 1904년 제중원은 미국인 자산가인 세브란스의 통 큰 기부에 따라 그의 이름을 딴 사립병원 '세브란스'로 탈바꿈하기에 이른다. 이후 세브란스는 전국 각지에 들어서는 선교병원들의 구심점 역할을 하며 1913년에는 의학전문학교까지 설립 미국식 서구의학이 한국에 뿌리내리는 데 지대한 역할을 한다.

이에 반하여 제중원의 부지와 건물을 환수받은 대한제국은 1899년 경복궁 건춘문 인근에 한의학과 종두법을 숙지한 의사들을 중심으로 '광제원(廣濟院)'이라는 이름의 국립병원을 다시 개원한다. 이는 점점 더 압박해 들어오는 외부에서의 압력으로부터 대한제국이 건재함을 드러냄과 동시에 세브란스로 바뀐 기존 제중원과의 차별성을 꾀하기 위해 '빛을 비추다'라는 의미의 광제원이란 이름으로 국립병원을 다시 개원하는 것이다.

그리고 1900년 10월에는 이전의 재동 제중원 자리로 이전하여 주변을 정리 및 확장하는 광제원은 본격적으로 종두 사업과 방역사업을 이끌어

간다. 이후 광제원은 내과, 외과, 이비인후과, 안과 등을 비롯하여 간호교육까지 병행하면서 간호부를 갖춘 국립 전문 종합병원으로 모습을 갖추어 간다.

이와 더불어 이를 뒷받침할 수 있는 의학교 설립의 필요성을 인지한 지석영의 청원에 따라 대한제국은 1899년 의학교 관제를 정식으로 공포하며 본격적인 의료교육을 시행한다. 교장은 지석영이, 학생 교육과 운영은 남순희, 김익남, 장도, 유세환, 유병필, 최규익 등이 맡고, 일본인 고다케와 고조 교수도 임상을 비롯한 일부 교육에 참여하였다. 입학자격은 중학교 졸업 내지는 이에 준하는 시험을 치른 사람으로 제한하고, 비용은 나라가 부담하며, 교육 기간은 3년으로 하되 중도에 학업을 그만둘 수는 없도록 하였다.

그 결과 학생모집에 어려움이 많았던 초기와는 달리 의학교는 법관양성소와 함께 한국사회에서 최고의 학교로 자리하며, 마침내 1902년 19명의 의사를 배출하기에 이른다.[8] 국가에서 세운 의학교에서 처음으로 서구의학을 습득한 한국의사들이 등장하는 것이다. 그러나 이들은 졸업과 동시에 의사로서의 자격과 권리를 인정받으며 병원을 개원할 수 있었음

---

8 이들 중에는 통감부의 강압적 위생정책을 비판하며 바람직한 위생정책의 방향을 제시할 뿐만 아니라 우리말 의학교과서를 만들어 의학교육의 기반을 마련한 우병필(1873-1928)을 비롯하여 대종교 2대 교주인 김교헌의 동생 김교준(1884-1965)도 있다. 최연소 학생이기도 한 그는 의학교 교관을 거쳐 육군 군위와 무관학교 의관 등 주로 군위로 활동하였을 뿐만 아니라 형 김교헌을 따라 만주로 이주 의료활동을 하며 북간도 대종교 항일투쟁에도 참여한다. 그리고 그는 해방 후에는 대종교 본사를 국내로 옮기는 일을 맡아 1962에는 제5대 교주로 선출되기도 한다.

에도 불구하고, 의학실습을 할 부속병원의 부재로 임상 실습을 제때 하지 못한 탓에 1902년 병원이 완성될 때까지 졸업이 유보되었다. 그리고 이후 4개월 간의 임상 실습을 마친 후인 1903년 1월에야 이들은 졸업을 하게 된다. 이후 2년간 지속된 의학교는 모두 36명의 졸업생을 배출하는데 이들 대부분은 군의관으로 장병들의 치료에 헌신하며 서구의학이 한국사회에 정착하는 데 기여한다. 또한 정부에 의한 의학교에 대한 최초의 공식적인 법령 선포는 서구의학이 보편의학으로 일반 민간 대중의 삶에 깊숙이 자리하는 계기가 된다.

그런데 당시 한국에는 이들 병원 외에도 일본인들이 세운 일본인들을 위한 일본병원이 있었다. 1876년 강화도 조약이 체결된 이후 부산을 비롯한 여러 항구도시에 일본인들이 많이 거주하기 시작했는데 일본은 이들을 치료하기 위해 '동인의원'이란 이름의 일본병원을 연다. 그리고 이곳에서 선진 의료를 선보이며 과시와 유화정책을 펴 나가던 일본은 전쟁으로 병원이 더 필요해지자 이들 동인의원을 일본 국왕의 자비와 은혜라는 의미의 '자혜의원'으로 개명했다가 다시 '도립병원'으로 재편한다. 그리고 도립병원과는 별도로 지방에는 공립으로 부립 의원과 면립 의원을 배치하고, 부산을 비롯한 항구도시에는 전염병 환자를 수용하는 경성 순화원과 일본 거류민을 위한 부립 병원을 설치하며, 이천과 통영 등에는 면립의원을 두기도 하였다. 그리고 이들 병원에서 일할 의료인을 지속적으로 확보하기 위해 일본은 부속 의학교로 의학전문학교를 세웠다.

또 의료선교를 온 서구의 선교 의사들이 개원한 다양한 형태의 민간개인 병원도 있었는데 이들 병원은 주로 소외계층을 대상으로 진료하며 기초의학을 위한 교육과 의료사업을 병행하였다. 덕분에 서구의학은 대중의 삶에 쉽게 다가갈 수 있었고, 일반 대중은 또 서구의학의 진료를 보다 용이하게 받을 수 있었다.[9] 그리고 이들 선교병원 들의 구심점 역할을 한 세브란스를 비롯한 성모병원, 건대병원, 우석 병원, 연합병원 등이 이어서 생기면서 교육과 진료에 큰 진전이 있게 된다.

그런데 1907년 3월 일제 통감부는 광혜원을 비롯한 다양한 국적을 가진 이들 병원과 의학교를 통합, 근대의학의 분과 및 교육체계의 표준을 제시하는 대한의원 관제를 공포한다. 일제 통감부에 의해 일방적으로 주도된 학제의 개편과 통합은 이후 많은 갈등과 마찰을 가져오지만 그럼에도 대한의원은 4년의 교육을 통해 이론과 임상을 겸비한 전문분과를 갖춘 종합병원으로 모든 이들에게 최고의 시설과 의술을 제공하는 의료 기관으로 자리한다. 이제 대한의원은 의학교육과 보건위생 사무 전반을 담당하는 보건의료 및 공중위생의 총책임기관으로서 한국 의료 전반을 통합, 지휘 진두 해가는 중심적 역할을 하기에 이른다.

그러나 1910년 일본의 본격적인 강점에 따라 의학의 조직, 인력, 운영 등 모두가 일본인으로 이루어지는 긴 수난의 시간이 시작된다. 그에 따라 대한의원은 '중앙의원'으로 다시 '조선총독부의원'으로 이름이 바뀌고, 대한의원 부속 의학교는 중앙의원 부속 의학교로 그리고 중앙의원 부속 의학교는 또 다시 조선총독부의원부속 의학강습소로 전락하고 만

---

9 그것이 한국사회의 변화에 미친 영향은 결코 적지 않다. 이에 대해서는 다음의 장 '서구의학과 한국의 근대화'에서 보다 상세히 살펴보도록 한다.

다. 비록 수업은 4년이지만 전쟁수행을 위해 필요한 일본식 교육을 받은 임상 의사를 배출하고자 일본 현역 군의관에 의해 일본어로 수업을 진행하는 의학강습소는 1916년 경성 의학전문학교가 생기기 전까지 지속 되었다.

그러나 경성 의학전문학교 관제에 따라 새로 생긴 경성 의학전문학교 역시 고등보통학교를 졸업한 한국인으로 구성된 본과와 중학교를 졸업한 일본인으로 구성된 특별의학과를 구별, 분리 운영하면서 입학에서부터 졸업 후 개원에 이르기까지 온갖 차별[10]이 자행되었다. 이로 인해 민족의식을 고취하게 된 한국 학생들은 학교 안팎에서 벌어지는 온갖 차별에 눈을 돌리며 의학의 문제를 넘어 사회정치적 문제에까지 관여하기 시작한다. 실제로 3.1운동 당시 한국 재학생의 20%가 넘는 학생이 구금되고 79명의 한국 학생이 퇴학을 당한 것을 보면 알 수 있듯이 경성 의학전문학교의 한국인 학생들은 단일학교 대비 가장 많은 학생이 3.1 운동에 참여하였을 뿐 아니라 운동의 선두에서 민족의 독립을 이끌어 가며 의료인으로, 후학을 가르치는 교수로, 나아가 독립군의 일원으로 사회 곳곳에서 저마다의 역할을 담당 하였다.[11]

---

10 차별의 한 예를 들면 1921년 당시 해부학 교수였던 구보 교수는 해부학상 한국인은 야만인에 가깝다는 망언을 한다. 이에 한국인 학생들은 구보교수의 수업을 거부하고, 학교는 학생들을 퇴학, 무기 징혁을 시킨다. 이에 다시 한국인 학생은 전원 자퇴를 신청하며 맞서게 되는데 이것이 사회문제가 되면서 한달 후 학교는 학생들의 징계 조치를 철회하고 구보교수는 학교를 떠나는 것으로 마무리 된다.

11 실제로 3.1운동의 준비작업에 참여한 김형기, 한위건를 비롯하여, 독립의 정당성에 대해 연설을 한 이익종과 평안도 지역의 독립만세 시위를 주도한 강기팔, 그리고 3.1 첫 만세시위에 적극 참여한 김형기 한위건, 김탁원 백인제 길영희 나창헌, 이의경 등 이들 모두가 다 경성의

이후 차별정책은 다소 완화되는 듯하지만, 일본은 1922년 조선교육령을 개정하여 한국대학교육을 규정하고, 이에 준하여 일본제국의 위용을 자랑하는 경성제국대학을 설립한다. 일본의 국책인 일선공학(日鮮共學) 실행이 목적인 전형적인 식민지 대학이었던 경성제대는 의학부에 총독부의원 원장인 시가를 부장으로 임명하고 경성 의학전문학교의 교수진을 비롯한 병원, 기구, 약품, 표본, 참고서 등 많은 것들을 이관해 간다.[12] 그리고 기초과정을 마친 학생들이 임상 교육을 받아야 할 시점인 1928년에는 조선총독부의원까지 경성제국대학 의학부 부속병원으로 바꾸며 임상연구동을 비롯한 각과의 병동을 구비 한다. 그 외에도 경성제국대학 의학부 부속병원은 일본인과 일부 한국인들만 이용하는 외래진료소와 일반 한국인 환자들이 이용하는 시료 외래진료소를 분리 설치하고, 1942년에는 폐결핵 환자를 위한 고지 요양연구소를 강원도 평강읍에 두기도 한다.

그런데 한국인 학생의 입학에 제한을 두며 차별을 이어가는 경성제국 의학부에 어렵게 입학·졸업한 한국인 학생은 1930년부터 해방 전까지 모두 314명이다. 이들은 때론 친일파라는 편견에 시달리기도 하지만 이들의 항일의식은 다른 학교 학생들과 다르지 않았다. 이들은 학교 안팎의 많은 어려움에도 불구하고 학교와 관 공립병원 및 개인병원 등에서 의학연구와 교육과 진료에 정진하며 한국의학의 자립과 발전을 주도해

학전문학교 출신이다.
12 이때 개설된 각 강좌의 대부분은 경의전 교수들에 의해 이루어졌다.

가는 데 앞장선다.

이에 반하여 경성제대의 설립과 찬탈로 어려움을 겪은 경성 의학전문학교는 소격동 종친부 터에 임상진료실과 병상을 갖춘 병원을 따로 마련하여 1917년부터 1945년 해방 직전까지 모두 823명의 한국인 의사를 배출한다. 이들은 1908년부터 해방 직전까지 909명의 의사를 배출한 세브란스와 더불어 전국 각지에서 서구 근대의학을 보급·확산하는 데 크게 기여한다. 이들 중에는 일본과 독일 등의 상급학교에 진학, 박사학위를 취득하고 돌아와 모교에서 후학을 가르치기도 하고, 경성제국대학에 진학해 의학박사가 된 이들도 있다.[13]

그리고 로제타 홀은 1928년 사재를 털어 간호선교사인 루이스의 사택에서 15명의 학생으로 한국 최초의 여성을 위한 의학교인 경성여자의학강습소를 개원한다. 1933년 홀이 정년으로 미국으로 귀국하자 의사 부부인 김탁원과 길정희가 관철동으로 교사를 이전하며 처음으로 자립적인 여성 의학교를 이끈다. 하지만 재정적 어려움으로 1938년 다시 전라도 부호 김종익이 이를 인수 우석학원으로 설립을 시도하나 경의전의 사토가 교장을 겸직하고 교수진도 경성제대와 경의전 출신의 한국인 의학자들이 담당하면서 경성여자의학강습소는 경성여자의학전문학교로 병합된다. 1938년 68명의 첫 입학생 중에 예과 1년과 본과 4년의 수업을 마

---

13 경성의학전문학교 출신으로는 이미륵이란 이름으로도 널리 알려진 이의경도 있다. 1899년 해주에서 출생한 그는 재학 중 3.1운동에 가담하며 '국치기념경고문'을 인쇄 배포한 혐의로 일제에 쫓겨 상하이로 망명했다가 이후 독일로 가 뮌헨대학에서 유학한다. 이 외에도 심호섭 유일준, 박창훈, 백인제 등은 일본과 독일에서, 1924년 졸업생 이종륜은 1932년 경성제국대학에서 최초로 의학박사를 받기도 한다.

친 47명이 1942년 제1회 졸업생으로 배출된다. 이들은 의료의 질 향상과 더불어 본격적으로 여성 의료인들의 시대를 열며 전쟁으로 생겨난 의료 공백을 지켜 간다.

그런데 1913년 통감부는 의사규칙 및 의생규칙을 제정하여 의사는 양의만을 가리키고 한의사는 준 의사라는 의미에서 의생으로 구별한다. 이에 한의학계는 한방 의생회와 의학 강구회 등의 한의사 단체를 만들어 나름의 자구책을 강구하기도 한다. 그러나 도시보다는 촌에, 일본인보다는 한국인, 지배층보다 서민층에서는 여전히 양의보다는 한의사에 의존하는 경향이 컸다. 그리고 전쟁이 확대될수록 의사보다는 한의사의 의존도가 오히려 높았다. 이는 이전부터 친숙한 한의학이 보다 접하기 용이한 까닭도 있지만 전쟁으로 인하여 의사의 수요가 급증한 탓에 상대적으로 의사의 진료를 받기가 어려워 한의사를 찾는 이유도 없지 않다. 왜냐하면 실제로 의료인들조차 각종 전쟁물자를 생산하는 근로에 동원되거나 전쟁에 희생되었기 때문이다. 더욱이 전쟁이 장기화되자 1941년에는 수업연한 임시 단축령이 공포되면서 의학교육은 더 파행적으로 운영되었다. 급기야 의학생들도 근로봉사대에 소속되어 비행장 건설이나 도로 보수작업 등에 차출되고, 전쟁 수행에 필요한 수혈에 동원되기도 하며. 또 군 위생 간부 등으로 많은 학생이 징집되기도 하였다. 이에 부족한 노동력과 의료진의 부족을 보충하고자 1937년 총독부는 일반인에게는 건강검진을 비롯하여 건강상담소와 황국신민 체조를 보급하며, 학교에서는 체조교육을 위한 무도과목을 개설, 자력으로 체력향상을 할 것을 강권하기에 이른다.

그리고 1941년에는 후생국을 신설, 국민 우생법을 제정하여 정신병과 기형, 그리고 이에 준하는 유전적 질환을 가진 이들에게 단종수술을 실시하기도 하고. 또 종군에 따른 간호부의 공백을 메꾸기 위해 간호교육의 확대와 보충을 도모하며 4개 도립의원에서 행하던 간호교육을 그 외의 곳에서도 가능하도록 할 뿐 아니라 이전보다 훨씬 어린 나이에도 간호사가 될 수 있도록 조치한다. 이를 위해 총독부는 1940년 일본적십자사 조선본부를 중심으로 10개의 간호학교를 지정 종군간호부로 교육 후 자격증을 수여하기도 한다.

그리고 마침내 1945년 한국인에 의한 한국인 진료가 가능한 시대를 맞는다. 해방과 더불어 일본으로부터 경성대학을 인수한 미군정청은 초대의학부장에 윤일선을, 병원장에는 명주완을 임명하면서 자립적 연구와 교육 및 진료를 해나갈 수 있도록 한다. 이에 경성대학 의학부와 경성 의학전문학교를 통합 지금의 서울대학교 의과대학과 서울대학교 병원으로 새롭게 출발하는[14] 한국의료는 국대안 파동[15]과 5교수 사건[16]등과

___

14 초대 서울대 의과대학 교장에는 심호섭, 병원장에는 백인제가 취임한다.
15 미 군정은 고등교육의 기회를 확대하고자 기존의 관-공립 학교들을 통-폐합하여 종합대학을 설립하기 위한 새로운 고등교육정책을 채택한다. 그리하여 1946년 시범적으로 경성대학 의학부와 경성의학전문학교의 통합을 시도하는데 양측 모두의 반대에 부딪힌다. 이에 미 군정은 구립 서울대학교 설립안을 발표하며 경성대학과 경의전을 비롯한 9개 관립전문학교와 사립인 경성 치과의학전문학교를 일괄 통합 종합대학을 설립하고자 시도한다. 그러나 이 또한 반대에 부딪히자 다시 미군정청은 국립서울대학교 설립에 관한 법령을 공포 경성대학과 경의전, 경성 법학전문학교, 수원 농림전문학교, 경성사범학교 등 9개의 전문학교를 국립서울대학교로 흡수하고 이 안에 문리과대학, 법과대학, 의과대학 등 9개의 단과대학과 대학원을 설치 한국 최초의 종합대학을 만든다. 하지만 이는 1947년 동맹휴학을 초래하고 동맹휴학은 다시 당시 정치 상황과 맞물리며 좌와 우익이라는 사상의 갈등으로 비화 된다. 이는 결국 2대 총장 이춘호가 부임하기까지 이어졌다.

같은 문제들로 한때 어려움을 겪기도 하지만, 1947년 108명의 첫 졸업생을 시작으로 오늘날까지 눈부신 발전을 거듭하고 있다.

그리고 1958년에는 한국전쟁으로 인하여 어려워진 의료현실을 극복하고자 서울대병원과 별도로 한국전쟁에 참여했던 북유럽의 3국, 즉 노르웨이, 덴마크, 스웨덴의 지원으로 환자 진료와 의료인력 양성을 위한 국립의료원도 개원된다.[17] 이들 나라의 교육과 훈련의 지원 속에서 1960년부터 매해 25명의 인턴교육을 시작한 국립의료원은 이후 교육병원으로서만이 아니라 극빈자를 위한 무료진료와 점점 늘어나는 결핵 환자들의 치료를 위해 중요한 역할을 한다. 일반 대중들이 대중교통으로 쉽게 접근할 수 있는 을지로 6가의 옛 서울 시립시민병원을 확장하여 사용한 국립의료원은 이와 별도로 간호학교를 병설하여 무료로 수준 높은 교육을 실시하며 1962년에 제1회 졸업생 28명을 배출하는 국립의료원는 한국의료 발전에 또 다른 면에서 크게 기여한다.

3) 의료를 통한 자아실현과 새로운 사회로의 여정

잦은 전쟁과 각종 전염병의 창궐로 서구의학의 외과적 치료와 처치가 중요해진 시대적 상황 속에서 서구의학은 종교적이고 인종적이며 문화적인 우월감에 따른 문제들이 여전히 상존하기도 하지만 앞서 살펴본 것

---

16 '5 교수 사건'은 국대안을 반대했던 교수가 급기야 좌익으로 몰려 학교에서 물러난 사건을 가리킨다. 후에 일부 교수는 대학에 복귀하지만, 나머지 교수는 끝내 대학으로 돌아오지 못하였다.

17 초대 국립의료원장으로는 이종진이 1958년 7월부터 1960년 5월까지 맡아 일했다.

바와 같이 시혜적 차원에서 기존의 신분과 지위, 성별, 연령 등의 구별과 분리를 넘어서 평등이라는 새로운 사회 가치를 새롭게 창출, 공유하며 확대해 가는 것도 사실이다. 모든 사람을 치료하는 차원에서, 의사라는 새로운 일과 직업의 출현을 통해서, 그리고 이들의 사회활동과 참여를 통해서, 사람들은 마주하는 현실을 새롭게 인식하며 이전과 다른 새로운 사회를 열어간다는 면에서 서구의학의 역할은 분명 적지 않다. 우리는 이를 실제 의료에 종사하는 이들을 통해 자세히 알아보도록 하자.

의학을 공부하고 의사가 된 이들 중에는 사대부 집안의 자녀로 미국에 건너가 1892년 컬럼비아 의과대학(지금의 조지 위싱턴 대학) 야간부를 졸업하고 한국인 최초로 의사 자격증을 딴 서재필이 있다. 그리고 한의사로 활동하다가 일본으로 건너가 1899년 도쿄 지케이의원 의학교를 졸업하고 의사가 되어 한국 최초 근대적 의사단체인 의사연구회를 결성, 의사양성에 기여하며 군인과 일반인들을 위한 질병 퇴치와 전염병 예방을 위해 일한 김익남도 있다. 또한 한학을 공부하다 서양의사가 되어 한국인 최초로 세브란스 의학교의 교수가 되고, 후에 세브란스 의학전문학교의 제2대 학장을 지내며 의학교육과 진료에 헌신한 오긍선도 있으며, 또 백정의 아들로 태어나 제중원에 입학, 제1회 졸업생이 된 박서양은 한국인 최초로 세브란스 의학전문대 외과 교수가 된 후에는 만주 연길로 망명 대한국민회와 군사령부 군의관으로 활동하기도 한다.

이처럼 서구의학에 참여하던 사람들의 일면을 보면 사대부나 그의 자녀들만이 아니라 이발사, 역관, 한의사, 노비와 백정들도 있듯이 이들은 신분의 차별 없이 서구의학을 통해 이전과는 다른 일, 삶, 세계를 살아간다. 이들의 동기와 목적, 과정은 다 다르지만 다양한 신분의 사람들의 서구의학과 더불어 이전과는 전혀 다른 일, 삶, 세상 살아갈 수 있었던 것은 분명하다. 그리고 이들 중에는 여성도 있다. 상대적으로 쉽지 않은 삶을 살던 여성의 삶과 의식의 변화는 또 다른 측면에서 근대화의 중요한 한 요소가 아닐 수 없다. 우리는 이를 여성병원과 여성 의사의 출현과 더불어 살펴보도록 하자.

선교 의사들이 이화학당 구내에 세운 한국 최초의 서구식 여성 전문병원은 여성의 건강은 물론 여성의 사회적 신분과 활동 및 인식변화에 상당한 영향을 미친다. 남존여비, 남녀칠세부동석 등으로 무장된 한국사회에서 그동안 상대적으로 진료에 어려움을 겪었던 여성을 주목하고 배려한다는 것은 그 자체도 놀라운 일이지만 여성 전문병원 건립은 단지 여성의 건강을 돌보는 데 그치지 않고, 여성을 위한 여성 의사의 출현을 부르며, 여성 의사의 출현은 또 여성의 일에 대한 확장과 이를 위한 사회활동과 교육의 기회를 가져오기 때문이다. 그렇기에 여성병원의 설립은 여성의 인식변화는 물론 여성에 대한 사회인식에 이르기까지 큰 변화를 가져온다.

실제로 미국 선교부가 제중원의 책임을 맡으면서 여성 의료인의 참여도 늘어나는데 1895년에는 여의사 파이팅만, 휠드와 휘시 그리고 한국에 온 최초의 서양 간호사인 제이콥슨과 쉴즈가 제중원에 합류하면서 본격적인 여성 진료가 이루어진다. 이때 이들을 지켜보던 한 여성이 그들처럼 의사가 되기를 소망하는데 이가 바로 한국인 최초의 의사라 할 수 있는 김정동이다.[18] 김정동은 아펜젤러의 추천으로 1886년 이화학당에 입학하고, 여의사 로제타 셔우두의 통역을 도우면서[19] 그도 그녀처럼 의사의 꿈을 꾸기 시작한다. 그리고 마침내 이들의 도움으로 1895년 미국으로 건너가 1896년 볼티모어 여자의과대학(지금은 존스홉킨스대학교)에 입학한 김정동은 1900년 우수한 성적으로 의사자격증을 따 귀국한다. 그리고 미국에 가기 전에 보조원으로 일하던 보구녀관에서 책임 의사로 의료활동을 시작한다. 그리고 김정동은 평양의 기홀병원(起忽病院)과 여성치료소인 광혜여원(廣惠女院)을 비롯하여 황해도와 평안도 등에서 무료 순회 진료도 하며, 또 로제타 셔우드 홀이 그의 남편을 기념하며 세운 맹아학교와 간호학교에서 교육자로 진료와 위생관념을 보급하는 일을 하기도 한다. 이와 같은 김정동의 성실과 진심을 다하는 헌신적인 의료활동은 단순히 여성의사의 출현에 머물지 않고 실질적인 의료적 성과[20]도 일구어 낸 실력 있는 명의로 명성을 떨친다.

이뿐만이 아니라 우리가 여기에서 유심히 살펴보아야 할 또 다른 한 가지는 김정동과 그의 남편 박유산이 보여 준 새로운 남녀 관계, 즉 남녀의 역할 변화이다. 미국까지 동행하여 그녀가 공부할 수 있도록 힘든 일을 마다하지 않고 아내를 위해 헌신한 남편 박 유산의 외조는 이전에는

---

18 김정동은 로제타셔우드가 구순구개열 환자를 수술하고 회복하는 과정을 지켜보면서 자신도 의사의 삶을 살고자 하였다고 한다 .

19 김정동이 통역에 도움을 줄 수 있었던 까닭은 그의 아버지가 미 북 감리회의 선교사 아펜젤러의 집에서 잠무를 보았기 때문에 김정동은 영어에 낯설지 않았을 뿐만 아니라 그 덕분에 이화학당에도 입학할 수 있었을 것이다.

20 김정동은 인공관을 이용해 방광질 누관 폐쇄수술을 집도하는 등의 뛰어난 의료성과를 나타낸 명의로서도 유명하다.

결코 찾아볼 수 없었던 모습이다. 물론 그녀가 의사가 될 수 있었던 데에는 로제타 셔우드를 포함한 많은 이들의 배려와 도움이 있었지만 실질적으로 남편의 이해와 배려, 도움이 없었다면 그녀의 의학 공부는 분명 한계가 있었을 것이다. 오늘날에도 결코 쉽지 않은 일을 그 시절 그때, 한국 남성이 여성의 공부, 그것도 해외 유학을, 더욱이 의사라는 분야로의 진출을 용인하고 지지하고 헌신한다는 것은 실로 놀라운 일이 아닐 수 없다. 더더욱 그녀의 학비와 생활비를 벌기 위해 힘든 노동을 마다하지 않았던 박유산은 아내의 졸업 두 달을 앞두고 안타깝게도 죽음을 맞이한다.[21] 그의 죽음은 개인적으로도 적지않은 충격이었겠지만 사회적으로 여러 가지로 큰 어려움에 처할 수도 있었다. 그러나 김정동은 이 모두를 헌신적인 의료활동으로 극복해 간다.[22]

의사가 되기 위해서는 최소한 의사라는 일에 대한 정보와 의사가 되고자 하는 본인의 의지는 물론 이를 가능하게 하는 경제를 포함한 여러 외적 요소가 충족되어야 할 것이다. 그런 면에서 김정동은 로제타 셔우드를 통해 의사에 대해 알 수 있었고, 그가 구순구개열 환자를 수술하는 과정과 수술 후 회복하는 일을 지켜보면서 의사의 역할과 의미를 깨닫고 자신도 의사가 되고자 하는 의지와 열망을 키울 수 있었지만, 외적인 부분은 결코 자신의 뜻이나 의지만으로는 될 수 없는 일이기에 김정동이

---

21 김정동의 남편 박시양의 사인은 폐결핵이었고, 이후 김정동 역시 폐결핵으로 1910년 35세에 죽음을 맞는다. 로제타 셔우드 홀의 아들인 셔우드 홀이 그녀의 죽음을 안타깝게 여겨 1928년 우리나라 최초의 결핵 요양원인 해주 구세요양원을 세우고 원장으로 부임한다. 그리고 1932년부터 결핵퇴치 운동의 일환으로 크리스마스 실을 발행한다.
22 김정동의 그런 의료적 활동에 고종황제는 은메달을 하사 그 공로를 치하하기도 한다.

【그림 2】김정동과 그의 남편
박유산

다른 여성과 달리 의사가 될 수 있었던 가장 큰 이유는 어쩌면 남편의 이
해와 배려와 헌신이라고도 할 수 있을 것이다. 그래서일까. 물론 미국 생
활에서의 필요에 따른 것일 수도 있지만 김정동은 '박에스더'라는 이름으
로 더 잘 알려져 있듯이 자신의 삶에 고마운 두 사람, 남편과 로제타서우
드를 평생 잊지 않기 위해 남편의 성 '박'에 로제타 셔우드의 종교적 영향
에 따른 세례명 에스더를 붙여 박에스더로 살아가고자 했던 것일지도 모
른다. 그녀의 이와 같은 도전하는 삶과 당당함 그리고 의료적 헌신을 비
롯한 새로운 관계와 역할은 단지 그녀 한 사람만이 아니라 그녀를 지켜
보는 많은 이들에게 이전과는 다른 삶, 관계, 세계를 열어갈 용기와 꿈과
희망을 주었을 것이 분명하다.[23]

---

23 실제로 한국최초의 여성 개업의가 된 허영숙을 비롯하여 후에 경성여자의학전문학교가 된
경성여자 의학강습소의 초대 부소장인 길정희 등 많은 여성이 의사라는 새로운 일에 도전하
고 이와 관계된 일들을 성취해 갈 수 있었던 데는 그의 선구자적 삶이 적지 않게 영향을 미치
었다고 하겠다.

우리는 여기에서 우매한 한 가지 질문을 제기해 보자. 왜 필자는 그녀를 한국 최초의 여의사라 하지 않고 의사라 했는가 하는 것이다. 이는 단순한 호기심이거나 경쟁 구도를 심화시키거나 비교를 위한 최초에 방점이 두거나 또는 페미니즘에 의거한 문제 제기가 아니라, 의사란 과연 어떤 존재이어야 하는가를 묻는 정의와 규명의 문제이기도 하다. 왜냐하면 우리가 의사를 어떻게 정의하고 규정하느냐에 따라 김정동이 한국 최초의 의사라는 말은 맞기도 하고 틀리기도 하기 때문이다. 다시 말해 의사란 의학교를 졸업한 사람인지. 의사 자격증을 획득한 사람인지. 실제로 진료를 하는 사람인지, 아니면 이 모두를 충족해야 하는 것인지가 먼저 이야기 되어야만 누가 한국인 최초의 의사인지가 제대로 말해질 수 있다. 뿐만 아니라 이를 위해서는 또 도대체 어디까지를 의료행위로 볼 것인가 하는 문제가 선결되어야 하고, 또 의료행위가 건강을 위한 일이라 한다면 건강은 또 어떤 상태를 일컫는지가 더 먼저 이야기되어야 한다. 그런데 이는 시대적 상황과 전혀 무관할 수 없기에 누가 한국 최초의 의사인가 하는 문제는 단순하지가 않다.

의사라 하는 사람 중에는 의학교는 졸업했지만 의사 자격증은 따지 않은 이들도 있고, 의사 자격증은 있지만 실제로 의료행위를 하지 않는 사람도 있으며, 또 의사 자격증은 없지만 의료 행위를 하는 사람이 있기도 하다. 또 이와 달리 의학교는 졸업하지 않았지만 의료인으로 사는 사람도 있다. 그렇다면 의학교를 나와 의사 자격증을 가지고 의료행위를 하는 최초의 한국인 의사는 누구인가.

한국 최초로 의사 자격증을 딴 사람은 우리가 잘 알고 있듯이 미국에서 의학교를 나오고 의사 자격을 취득한 서재필이다. 하지만 서재필은 의사면허 당시 미국 국적이었고 더욱이 의료활동을 하지 않았다. 일본에서 의학교를 졸업한 김익남은 일본에서 개원의 허가에 필수인 졸업시험에 응하지 않아 엄밀한 의미에서 문제가 있다. 한국 최초로 병원을 개업한 박일근은 일본인 의사에게 의학을 배우다가 1892년 구마모토현의 교토구 병원의 의학교에서 6년 동안 수학하고 1893년 서울 교동에 제생의원을 개원한다. 한국인으로 일본에서 처음으로 개업한 안상호는 나중에 의친왕을 진료하기도 하지만 의사 자격증은 없다. 의학교를 졸업하고 의사 자격증을 획득해 실제 진료에 참여한 사람은 김정동이 처음이다. 김정동은 의학교를 졸업하고 의사 자격증을 획득하여 실제 진료를 한 세 가지 조건을 모두를 갖춘 최초의 한국의사이다.

그런데 그가 최초의 의사라는 것도 더욱이 여의사라는 것도 중요하지만 그보다는 이를 가능하게 한 점이 무엇인가를 우리는 물을 수 있어야 한다. 이를 통해 우리는 비로소 여성의 역할과 능력을 남존여비가 아닌 남녀평등의 차원에서 마주할 수 있는 참다운 용기가 주어질 수 있다. 새로운 삶을 사회를 열어갈 이와 같은 용기는 그녀의 개인적 삶의 변화만이 아니라 많은 사람이 이전과 달리 삶과 세상을 꿈꾸며 보다 평등한 세상을 살아갈 수 있도록 한다. 우리는 그런 용기와 의지와 희망을 그가 의사가 되기 위해 일구어 간 길을 통해 알 수 있기에 그렇다.

3. 답하다. 그리고 다시 묻는다
    - 남겨진 숙제들에 대하여

이처럼 서구의학은 신분의 타파와 여성의 자의식 고취에 따른 역할 변화 내지는 사회참여와 세계 변혁 등 보다 평등한 세계를 향한 사람들의 열망을 촉진 시킨다. 개인의 삶만이 아니라 사람들의 의식변화를 통해 사회변화를 이끌어 가는 서구의학은 생명의 소중함과 함께 자신은 물론 타인의 삶도 돌보며 이전과 다른 사회를 일구어 가는 것이다. 다시 말해 이제 사람들은 서구의학과 더불어 개인의 차원을 넘어 공동체원들 간에 평등과 자유를 위한 공감과 연대의 정신을 키워간다.

그러나 이러한 변화는 우연에 의해 그저 주어지거나 서구 또는 강대국에 의해 일방적으로 이끌리는 것은 아니다. 물론 일정한 부분 그들이 끼친 영향이 전혀 없는 것은 아니지만 이를 어떻게 수용하고 발전, 전개, 활용해 가는가 하는 문제는 전적으로 이 땅에서 살아간 사람들이 애써온 결과이다. 앞서 살펴본 바와 같이 결국 모든 것은 모든 것과 서로 영향을 주고받으며 이전과 달리 생성해 가기에 한국의 근대는 중국도 일본도 러시아도 미국도 아닌 이 땅에서 살아간 모든 이들이 그들과 마주한 현실 위에서 그 모두와 더불어 만들어 간 시간이고 삶이며 일이다.

의료도 마찬가지이다. 한국의료는 한방병원에서 서양병원으로, 내부병원에서 외부로, 소수에서 대중으로 바뀌며 혼란에서 새로운 생성을 해가며 왔다. 특히 한국의학은 서구의학과 한의학의 분리와 접목과 융합을 통해 늘 달리 변화하며 있다는 데 그 특징이 있다. 한의학의 토대 위에서 양의학을 접목하는 초기는 물론이고 일제의 식민 시기에서도 경성제대 의학부는 약리학을 비롯해 한의학에 관련한 연구를 활발히 하듯이 전생->전쟁이 한창이던 시기에서도 사람들은 여전히 한의를 찾듯이, 진료는 서양식으로 치료는 한의학으로 하는 경향이 없지 않듯이, 한국의학은 한의학을 배제하고 한국 의료는 이야기하기가 쉽지 않다. 그것이 다른 곳과 다른 한국이 서양의학을 수용해 가는 또 다른 모습이자 한국 근대의 특징이기도 하다.

물론 조선시대는 한의학을 기반으로 하고, 일제 강점기는 다소 서양의학으로 기우는 면이 없지는 않지만, 해방 후 1948년 대한민국 의료는 의료법을 새로 재정, 전통과 서양의학을 포괄하는 체계를 다시 구축해 간다. 해방이후 1950년대는 6·25동란으로 크게 훼손된 의료체계를 다시 복구하며, 1960년대에서야 비로소 의학교육의 성장과 더불어 해외 유학을 통한 수준 높은 의료기술 및 기기의 도입과 교육이 시행되었다. 경제성장과 더불어 사람들의 건강에 대한 지대한 관심이 부상한 1970년대는 이에 따른 다양한 형태의 의료 기관들이 많이 생겨나고, 1980년대에 이르러 마침내 전 국민의 건강보험을 비롯한 의료인프라의 개발과 투자가 이루어졌다. 이에 따라 의료 연구업적이 축적된 1990대를 지나 2000대에는 의학의 지대한 발전이 이루어지고 2010대에는 의료기술과 기기의 첨단화를 이루며, 2020년 한국 의료는 세계 속에 선도적 역할을 하기에 이르렀다.

물론 황우석 사건과 같은 부끄러운 의료사태 및 파동도 있기는 하지만 오늘날 눈부신 한국 의료를 이루게 된 데에는 수많은 의료인의 숨은 노력과 헌신이 있었기에 가능했다.[24] 물론 여기에는 한국사회의 교육열과 의대 열풍이 일정 부분 기여한 바도 없지 않겠지만 맹목적인 의대 열풍과 더불어 자본과 결탁된 의료산업 및 권력화는 현대의료가 풀어야 하는 또 다른 숙제가 아닐 수 없다. 그 밖에도 특정 지역 또는 특정분과에 대한 기피와 편중 현상을 비롯한 수요와 공급의 불균형은 어떻게 해소해야 하는지, 그리고 의학은 지식인지 의술인지 인술이어야 하는지에서부터, 의료인의 역할은 휴머니즘과 프로패셔널 사이에서 어떠해야 하는지와 더불어 의사의 행복 없이 건강한 진료가 가능한지도 물어보아야 할 것이다.

특히 늑대 형에서 쥐의 형으로 다시 바이러스 형으로 빠르게 변해가는 현대 질병의 형태 속에서, AI가 모든 것을 대체해 가는 불투명한 미래 사회에서 의학이 나아가야 할 방향은 어떠해야 하는지, 사람에 대한 이해 없이 사람을 진료하는 기술의학이 아닌 의료제도의 한계를 넘어 사람을 이해하며 통합적 치료를 요하는 해석학적 의학을 요청해야 하는 것은 아닌지 등. 현대의학은 풀어야 할 숙제가 참으로 많다. 그런데 어쩌면 이보다도 더 긴박하고 중요한 문제는 가장 비천한 신분에서 오늘날 가장 선

---

24 미국 외과 전문의 자격을 취득한 한국인 1호로, 미국의 선진의술을 국내에 도입하고 후진을 양성하는 등 특히 국내 간 담도외과와 소아외과 분야의 초석을 놓으며 불모지와 다름없던 한국 외과학을 세계적 수준으로 끌어올린 민병철. 그리고 타자기로 유명한 한국 최초의 안과 개업의인 공병우, 아데만의 영웅 이국종을 비롯하여 코로나로 인한 팬더믹 상황에서도 잘 극복해 나갈 수 있도록 이끈 정은경 질병관리청장 등 많은 의료인의 수고와 헌신이 있었음은 더 말할 이유가 없다.

망하는 의료인이 되기까지 차별을 평등으로 바꾸어간 의료가 다시 차별을 유발하는 주된 요인이 되고 있지는 않은지 우리는 서구의학의 수용과정을 통해 다시 물어보아야 할 것이다.

참고자료

서울대학교병원 병원역사문화센터,『한국 근현대 의료문화사』, 웅진지식하우스, 2011
박형우·박윤재, '의학사 산책: 현대의학의 시원을 찾아서', 프레시안, 2009.07.08-
    2009.11.13
한국역사연구회,『우리는 지난 100년동안 어떻게 살았을까』, 역사비평사, 1998

기타 등은 의학박물관 사료와 한국학중앙연구원 사료

가투(歌鬪):
시대에 의해 만들어진 놀이

지혜경

경희대학교 후마니타스칼리지 외래교수

1. 들어가며

한국의 근대는 사회 전반의 변화를 따라 전통 놀이가 사라지면서, 동시에 새로운 문물과 함께 새로운 놀이들이 소개되던 시기였다. 인간은 놀이를 통해서 문화를 체득하고 문화를 만들어가기에 근대시대에 유행했던 놀이를 살펴보는 것은 근대시대를 이해하는 또 하나의 시각을 제공해 준다. 근대 시기에 들어온 놀이는 서양에서 들어온 놀이와 일본에서 들어온 놀이로 나눌 수 있다. 서양 놀이는 주로 서양 선교사를 통해 소개되었으며, 야구, 축구, 당구, 테니스 등이 있다. 일본을 통해서 들어온 놀이는 화투, 가투 같은 카드놀이와 일본의 어린이 놀이인 고무줄 놀이, 쎄쎄쎄, 여우야 여우야 등이 있다.

여러 놀이 가운데에 '시조 놀이'라고도 불린 가투는 흥미로운 놀이이다. 1922년에 등장하여 1940년까지 대회까지 열리며 주목받는 놀이었으나, 이후 더 이상 많은 이들이 찾지 않는다. 이는 가투가 시대적 상황 속에서 만들어지고, 신문사들이 가투 대회를 개최하면서 널리 알려진 놀이이기 때문이었다. 가투를 널리 알리고자 한 것이 일본정부였는지, 시조를 부흥시키려던 민족운동가였는지 여전히 논란이 있지만, 가투가 특정 목적에 대중화된 면이 있다는 점에는 모두 동의한다. 그러면, 가투는 어떤 놀이이며, 어떠한 시대적 배경 속에서 시작되었을까?

1922년 7월 4일자『동아일보』3면에 다음과 같은 광고기사가 실렸다.

"경성부 숭사동(崇四洞)십이번디에 거주하는 윤태오(尹泰五)씨가 새로히
고안한 가투(歌鬪)라는 실내 유희구는 조선에 유명한 시조 백수를 리용
하야 그 유희 방법이 매우 자미잇슬뿐 아니라 유회하는 중에 그 시조
의 사설로부터 교훈을 밧게되어 자미와 리익을 겸한 조은 유희구이 라
하겟는데 갑은 한 벌에 이 원식이오 종로동양서원(東洋書院)에서 발매한

【그림 1】가투(歌鬪)의 시조
전문, 국립민속박물관 소장

다더라"

　「신유희구가투(新遊戲具歌鬪)」라는 제목으로 가투의 발매 소식을 알리고
있는 기사는 간단하다. 윤태오가 시조를 활용한 새로운 놀이도구 가투를
만들었는데, 시조 백수를 활용하여 재미와 교육적 효과가 있다는 것이다.
　가투는 시조 100수 전문을 쓴 카드 100장과 종장만 쓴 카드 100장으
로 구성된 놀이카드로, 종장이 쓰인 카드를 바닥에 늘어놓고, 술래 한 사
람이 시조의 초장 첫구를 읽으면 나머지 사람들이 바닥에 놓인 종장이
쓰인 카드를 찾는 간단한 게임이다. 먼저 많은 종장카드를 찾는 사람이
승리하는 방식으로, 초장 첫구를 읽어도 찾지 못하면, 초장 첫 줄을 읽
어 주고, 그래도 못 찾으면, 중장까지, 그래도 찾지 못하면, 전체를 읽어
주어 찾게 한다. 시조 한 수 전체를 외우고 있어야 게임을 제대로 할 수
있다.
　기사에서는 가투를 새롭게 고안했다고 했지만, 사실 일본의 정월에 행

【그림 2】가투의 시조 종장,
국립민속박물관 소장

하는 가루타 놀이의 변형이다. 가루타는 16세기 포르투갈의 카드 게임 카루타(카드의 포르투갈어)를 토대로 만든 놀이로, 그 발음을 일본어로 음역하여 가루타라 이름하였다. 가루타는 카드에 일본의 고전시가 적혀 있어서, 시의 앞구를 읽으면 쌍이 되는 뒷 구절 부분의 카드를 찾아내는 방식으로 가투와 매우 유사하다. 가투와 가루타 놀이의 유사성에 대해서는 이미 당시에도 인지했다. 그래서 1926년 가투 대회를 처음 시작한 조선일보에는 이 지점을 언급하면서, 시조가 가지고 있는 가치에 주목할 것을 강조했다.

"가투는 조선력대의 시인, 재자, 가인, 영웅, 충신, 렬사, 정치가, 군인, 불평객, 반역아들이 때에 쫓기고 경우에 찔리며 일에 감동되고 세상을 걱정하야 깃붐 슬품 노여움 근심 할것이업시그 턴연스러운 감정을 제대로 소더내는 민족뎍 특질을 생긴대로 표현한 향토문예의 귀중한 재료가 되는 것이니 이것을 주재로서 새로운 취미생활 오락생활의 주요한 긔구를 삼는 것이 매우 조훈것이라 한다. 조선의 풍토에서 자라난 조선뎍 취미를 길의기 위하야 조선의 문예를 붓드러가기 위하야 일반의 취미생활의 요구와 합치된 이 가투의 노리를 추천하고자 한다"

기사는 가투가 비록 가루타와 형식과 놀이방법이 유사하지만, 내용적인 면에서 조선인들의 다양한 삶 속의 감정을 표현한 문학인 시조를 담았기에, 조선인에게 적합한 놀이임을 강조하고 있다. 식민 통치 상황에서 통치자인 일본에서 유행하는 놀이와 형식면에서 유사한 놀이를 하고,

그 놀이 대회를 개최한다는 것에 대한 대중의 거부감을 줄이기 위한 노력이 엿보인다. 대회는 계속 진행되었지만, 여전히 가투가 일본으로부터 온 놀이라는 거부감과 논란이 있었다고 보인다. 1940년 1월 19일 자 동아일보 「가투는 새로운 것이지만 시패와 비슷한 유희」라는 제목의 사설에서는 가투가 조선시대부터 있어 왔던 여러 놀이와 유사함을 주장하고 있다.

> "가투는'카-드'의 음역이니만큼 물논 밖에서 새로 들어온 형식이라 하겠습니다. 지금 본사에서 주최하려는 가투대회에서 선택한 형식은 조선 종래 유명한 평시조를 기집한 카드를 취하였으니 옛날에는 없던 새로운 유회 형식이라 하겠습니다. 그러나 반드시 최근 새로 들어온 방법이라고는 할 수 없습니다. 제짝을 골라 맞추어 보는 것은 골패나 투전에도 공통된 방법이지마는 종래 서당학동들이 흔히들 하던 읍취(邑聚) 즉 고을내기나 초중종(初中終)이나 또는 괘자(卦子) 내기같은 것은 모두 가투의 성질을 같고 잇거니와 더구나 시패(詩牌)에 이르러서는 가투의 형식이 아주 분명합니다."

이 기사는 가투의 연원을 일본이 아닌 서양과 조선에서 찾아 설명하고 있다. 가투를 카드의 음역이라고 말하며, 서양의 카드 놀이에서 온 놀이임을 밝히고, 짝맞추는 놀이라는 점에서 이전부터 있었던 시패 놀이나 골패, 투전, 초중종 놀이와 가투가 유사함을 강조하고 있다. 고을 놀이는 고을의 이름을 만드는 놀이로, '영'자를 말하면, '영'으로 시작되는 고을 이름을 말하거나, 주어진 문구를 가지고 최대한 많은 고을 이름을 만들어 내는 방식이다. 초중종 놀이는 한시나 시조의 특정한 소절을 외우면, 아는 이가 나머지를 읊는 놀이이다. 예를 들어, "이몸이~"를 누군가가 말하면, "죽고죽어 일백번 고쳐죽어 백골이 진토되어 넋이라도 있고 없고 님 향한 일편단심이야 가실 줄이 이시랴"를 외는 방식이다. 시를 암송하여 말하는 놀이이기에, 인원수 제한도, 도구도 필요 없다. 가투와 완전 흡사하다는 시패 놀이는 하나의 싯구절의 한자 한 글자, 한 글자를 나무 조각에 써서 나눈 뒤, 5명이 한팀을 이루어 제일 먼저 시 한소절을 만드는 팀이 이기는 놀이이다. 예를 들어 다섯 글자에 넉 줄로 된 오언절구 한시의 경우 20개의 글자로 구성되기에 20개의 시패를 만들어서 게임을 하여 시 한구절을 맞추어야 한다. 이러한 놀이들이 가투 카드와 똑같지는 않지만, 유사점이 없지는 않기에 기사의 주장도 타당하다 할 수 있다. 이러한 기사가 게재된 것을 볼 때, 1940년에도 일본의 영향을 받아 만든 가투에 대해 부정적 의견이 많았던 것으로 보인다.

시조를 활용한 가투는 가투대회가 열리면서 대중의 주목을 받았다. 1926년 2월 20일, 경성여자기독교청년회 주최, 조선일보 후원으로 제1회 현상 가투 대회가 열렸다. 많은 이의 참석을 독려하기 위해, 조선일보에서는 대회에 쓸 100수의 시조를 14회에 걸쳐 연재하였다. 대회 이후 25일자 신문에서는 입상자와 상품을 소개하였는데, 1등은 현옥남으로 강화 돗자리를 받았고, 2등 이정애는 전주산 참대화로를, 3등 오정애는 색상자와 공주산 참빗을 받았다. 현옥남은 이후에도 우상을 자주하여서 '가투 명인'으로 일컬어지기도 하였다.

동아일보에서는 1936년 새해를 맞아 1월 25일, 26일 (음력 1월 2일과 3일)에 제1회 '부인 가투 척사의 밤'이라는 행사를 개최하였다. 25일에는 가투 대회를, 26일에는 척사(윷놀이)를 열어 두 대회를 함께했다는 점과 부인들에게만 참가자격을 부여했다는 점이 특이하다. 각 행사 당 100명의 참가자를 받았고, 회비는 하루에 20전이었다. 윷놀이가 가투 대회보다는 인기가 있어서 마감도 더 빨리 되었다. 그 때문인지 제3회 부인 가투 척사의 밤 행사 때는 아예 참가자를 가투는 50명, 윷놀이는 100명으로 조정하기도 하였다. 동아일보도 가투 대회를 앞두고 대회 때 쓸 시조를 연재하였다. 조선일보가 후원한 현상 가투 대회는 1938년까지 총 10회 열렸고, 동아일보의 부인 가투 척사의 밤은 1940년까지 4회 개최되었다. 1926년부터 1940년까지 신문사들의 후원과 여러 종교단체들과 체육회 등의 주최로, 연강, 김천, 진도, 청주, 수원 등 전국각지에서 가투 대회가 열렸다. 지역 대회의 경우는 정월을 고집하지 않고, 6월이나 9월에 열리기도 하였다. 1940년이후 가투 대회가 열리지 않은 것은 조선일보와 동아일보가 일제로부터 폐간당했기 때문이며, 그 이후로 가투 대회는 역사 속으로 사라졌다.

2. 가투놀이 확산의 배경

가투는 그 시작부터 언론의 지지를 받으며 대중에게 소개되었다. 1922년 발매소식을 알렸던 동아일보는 같은 날과 다음날 (4일과 5일자)

1면에 가투의 필요성과 효용성을 알리는 사설, 「사회생활(社會生活)과 가정적오요(家庭的娛樂)-『가투(歌鬪)』에 감(感)한바 유(有)하야」를 함께 실었다.

사설의 4일자 글에서는 먼저 가정 안에서 식구들이 다함께 즐길 수 있는 놀이 기구의 필요성을 강조한다. 그 글에 의하면, 가정이 사회생활의 생존 경쟁으로 지친 사람들에게 위로처와 안식처가 되어야 하는데, 지금은 그 역할을 충분히 다하지 못한다고 한다. 그 이유는 가족 구성원 사이에 마땅한 취미생활을 할 대상이 없기 때문이라 지적한다. 이어서 5일자 글에서는 가투가 가정에서 가족구성원들이 휴식을 얻을 수 있게 돕는 놀이도구로 적절하다는 구체적 이유를 다음의 세 가지로 설명하고 있다. 첫 번째는 사장되어 가고 있는 조선의 시인, 열사, 제왕, 귀녀의 시조를 정리한 것이기에 역사적 문학을 부흥하기 때문이며, 두 번째는 카드식 놀이이기 때문에 혼자서도 할 수 있고, 여럿이서도 함께 할 수 있는 놀이의 효용성이 있기 때문이다. 마지막 세 번째는 카드에 실린 시조들을 암송하면서 얻는 교훈적 효과 때문이다. 나아가 사설은 조선의 시조를 공부하게 만드는 가투는 중국의 한시, 서양의 poem(시), 일본의 와카와 같이 조선인의 정서 함양을 도와주며, 나아가 무미건조한 사회를 풍요롭게 만들 것이라고 극찬하고 있다.

이 사설에서는 말하고 있는 가투놀이의 장점들은 당시의 두 가지 시대적 흐름을 반영하고 있으며, 이후에 가투놀이의 필요성을 옹호하는 데에 그대로 사용된다. 가투가 여가시간을 활용하는데 좋은 취미가 될 수 있다는 주장에서는 취미담론의 영향을, 시조를 통해 잃어버린 역사와 문학을 되살릴 수 있다는 주장에서는 시조부흥운동의 영향을 볼 수 있다.

1) 취미담론

지금은 누구나 취미를 가지고 있는 것을 당연한 듯이 여기지만, 개인의 취미를 당연하게 받아들이기 시작한 것은 1900년대가 되면서부터이다. 물론 조선시대에도 취미에 해당하는 풍류, 벽(癖), 치(致) 등의 개념들이 있긴 했지만, 지금 사람들이 사용하고 있는 것처럼, 직업 외에 개인이 에너지를 재충전할 수 있는 여가활동을 의미하지 않았다.

1899년『황성신문』에서 취미 개념을 처음 사용했으며, 이때만 하더라도 취미는 생계를 꾸리는 일들과는 대척점에 있는 풍류에 가까운 개념으로 사용되었다. 1900년대에 들어오면서, 취미는 계몽, 개화, 신문명의 의미를 갖게된다. 서구에서 시작해서 일본을 거쳐 소개된 취미 개념은 아름다운 것을 추구하는 행위를 말한다. 취미는 좋은 취미와 악취미로 구분하는데, 좋은 취미란 계몽된 이들의 보편적 미의식을 말하며, 악취미란 이에 이르지 못한 대중들의 미의식을 말한다. 계몽이란 대중들의 미의식을 좋은 취미로 끌어올리는 것이었다. 이러한 서구의 취미 이해는 메이지 말기 일본에서 문화개량운동으로 구체화된다. 일본의 소설가 쓰보우치 쇼요는 고급문화와 저급문화의 사이에 취미를 두고, 고급취미를 보급하며 문화를 고급화 시키고자 하였다. 이러한 맥락에서 취미를 가진다는 것은 계몽된 인간, 개화된 인간, 신문명을 수용한 인간이 된다는 것을 의미했다.

1910년대 일본이 조선을 식민지화 하면서 취미는 식민지화의 정당성을 부여하는 도구로 사용되었다. 총독부는『신문계』『조선』같은 잡지를 통해 취미의 중요성을 알리며, 취미생활을 도와주는 도서관, 음악당, 극장, 오락장 같은 공간의 건축을 통해, 일본이 조선을 문명화하고 있음을 보여 주었다. 박람회, 동물원, 꽃놀이 등의 볼거리를 제공하며, 제국의 취미를 조선인들에게 권유하였다.

점차적으로 일주일 주기의 시간개념을 바탕으로 주중에는 일하고 주말은 여가시간을 활용하는 일상이 정착되기 시작하면서, 여가 시간에는 즐거움을 느끼는 취미생활을 해야한다는 생각이 사람들 사이에서 당연하게 받아들여졌다. 당시 많은 이들이 행하던 취미생활은 지식을 습득하는 것과 구경하는 것이었다. 취미를 지적 자극이라고 보았기에 외국어나 교양을 키워 줄 분야를 공부하거나, 박물관, 박람회, 야시장, 동물원, 극장 등에서 새로운 경험을 하였다.

1920년대가 되면서, 개인의 취미는 개개인의 특성을 결정 지으면서, 개인을 판단하는 기준으로 작용했다. '개인'이라는 관념이 들어오면서, 취미는 개개인이 자신의 개성과 인격을 드러내는 것으로 인식되었기 때문이다. 연애와 결혼상대자를 선택할 때 일순위 조건은 취미였다. 취미가 풍부한 사람이나 취미가 통하는 사람을 선호했으며, 여성들은 결혼 후에 남편과 극장에 가서 영화를 보는 취미생활을 이상적인 결혼생활로 삼았다. 독서와 영화감상이 대표적인 취미로 자리 잡은 것도 이때부터라고 할 수 있다. 또한 좋은 취미가 무엇인지에 대한 논의들도 이루어졌다. 유명인사들은 자신들의 취미를 소개하며 모범적인 취미생활을 알리고자 했고, 대중문화를 소비하는 방식의 취미생활에 대한 비판들도 있었다.

1926년에는 본격적인 취미잡지를 표방한 『별건곤(別乾坤)』이 발간되었다. 잡지 이름인 별건곤은 별천지의 한자어로 특별한 경치를 의미한다. 『별건곤』은 당시 대표적인 시사잡지였던 『개벽』이 폐간된 이후, 취미생활을 하는 이들에게 좋은 읽을 거리를 제공할 목적으로 창간하였다. 『별건곤』에는 문학작품들과 상식, 역사, 식문화, 음악, 인터뷰, 현장르포, 만화, 야담, 풍자, 기담, 시사 등 다양한 읽을 거리가 실렸다. 창간호에 실린 「빈취미증만성의 조선인(貧趣味症慢性의朝鮮人)」는 당시 조선 지식인들의 취미에 대한 인식과 비판을 잘 보여 주고 있다.

【그림 3】 별건곤 7월호 제2권 제5호, 국립한글박물관 소장

"인류는 본래 사교적 동물이다. … 그럼으로 이 사교 심리를 만족 식힘에는 「취미」가 만흔 군중 생활이라야 된다. 오늘날 농촌 사람이 거리로 몰리고 적은 거 사람들은 또다시 대도회(大都會)로 집중하는 것은 복잡한 도회(都會)에는 취미 기관이 만흘 것을 동경하는 사교 본능에서 나온 욕적(慾的) 충동이라 하겟다. 무미건조한 생활을 실허하고 윤기잇는 취미 생활을 요구함은 이 보통 사람의 심리이다. 그러고 보면 생활한다는 것만이 생활이 아니고 위안과 취미가 부속(附屬)된 생활이라야 의의잇는 생활이라 하겟다. … 보라! 오늘날 조선 사람치고 인간적 취

미를 가지고 생활하는 자 몇 사람이나 되는가? 월급 푼에 팔려서 다이
푸라이타 모양으로 살아가는 관공리(官公吏) 급(及) 교원(敎員), 회사원이
잇스니 그네들에게는 인간적 취미가 풍부타 할가? 물론 먹고는 살 것
이다. 그러나 먹고 사는 것 뿐이 생활의 취미는 아니다. …… 진실로 그
럿타. 우리 조선에 활동사진관(活動寫眞館)이 몇 개지만 그것이 노농대중
에게 무슨 위안을 주엇스며 무도(舞蹈), 음악이 유행하지만 그것이 또
한 노농대중에게 무슨 취미가 되엿느냐? 박물관, 동물원, 공원, 극장이
다 그러하다. 그것은 다 일부 인사의 독점적 향악(享樂) 기관(機關)이 되
고 마랏다. 우리의 노농대중은 언제부터 언제까지든지 이 빈취미증(貧
趣味症)을 면(免)해 볼 길이 업다. 이제 만성(慢性)에서 운명을 재촉할 뿐
이다. … 그런데 대체 취미라 하면 그 범위가 그 사람을 따라 달나가
나니 한사람 한사람을 본위로 하야 논할 것이 올타. 사람의 얼골이 십
인십색인 그마 마치 이 취미도 또한 십인십색이다. 한잔을 마시고 흥
이 나서 조와하는 사람 일하든 한참에 담배 한 대가 유일한 맛으로 아
는 사람은 주초(酒草)의 취미로 살는지 몰나도 그것을 실혀하는 사람은
아모 위안도 못될 것이오 도리혀 고통일 것이다. … 나는 이번 나온 이
취미 잡지가 빈취미증만성(貧趣味症慢性)에 걸린 조선인에게 기사회춘(起
死回春)의 양제(良劑)되기를 바라고 붓을 놋는다.”

이 글에 의하면, 취미는 인간의 기본적 사교심리와 활력을 충족시켜
주며 인간이 인간다운 삶을 사는 데 매우 중요한 것이다. 그럼에도 불구
하고 조선사람들 대부분은 타자기처럼 주어진 삶을 살아가며 먹고살기

에 바빠 제대로 된 취미생활을 할 수 없는 것이 현실이었다. 물론 당시에 인기있던 취미생활인 영화관, 음악관, 박물관, 극장 등에 갈 수 있었지만, 사실 이는 소수의 엘리트와 부유한 이들에게나 가능한 일이었다. 그래서 농민 노동자 계층도 쉽게 할 수 있는 취미생활을 위해 『별건곤』을 출판한 것이다. 『별건곤』은 양질의 읽을 거리를 제공하여, 조선인들이 근대적 취미를 가짐으로써, 근대인으로 성장하게 하는 것을 목적으로 하였다. 이 잡지는 인기도 많았는데, 1930년대 가격이 50전에서 5전으로 내려간 뒤에는 3일만에 완판되어서 3일 잡지라고 불렸다. 당시 구독자는 2만여 명이었는데, 잡지 하나를 사면 온 동네 사람들이 돌려보기 하던 당시의 상황으로 볼 때, 2만 명보다는 훨씬 많은 구독자가 있었다고 할 수 있다.

이처럼 1920년대에는 취미가 좋은 삶을 위한 필수조건으로 인지되고 있었고, 누구나 취미생활 하나쯤은 해야하는 분위기가 조성되어 있었다. 심지어 전통적인 취미보다는 근대적인 취미나 또는 근대적인 것에 전통이 섞인 취미를 권장하려는 분위기가 있었다. 이러한 취미담론의 영향 속에서 가투가 발매되고, 가투 대회의 시작하였다. 심지어 가투 대회 관련 조선일보 기사에서는 가투 놀이가 윷놀이 같은 전통 놀이와는 달리 여성들의 고상한 취미로 적합하다고까지 말하였다.

2) 시조부흥운동

가투에 사용되었던 노래가 시조인 점은 시조 부흥 운동과 떼어놓고 이야기할 수 없다. 물론 가투가 발매된 시기는 본격적인 시조 부흥 운동이 시작되기 4년 전이기는 하다. 하지만, 『대한매일신보』는 1908년부터 1910년 한일합방이 이루어지기 전까지 1면에 시조를 실었고, 1909년에는 단재 신채호가 썼다고 추정되는 「천희당시화」를 통해 이미 시조가 조선의 말과 글과 음으로 이루어져 조선언어의 정수를 담고 있는 국시(國詩)라고 표명하였다. 또한 최남선은 시조를 한국문학에 중요한 장르라 생각하고 1913년에 이미 3대 시조집 중의 하나인 『가곡원류』의 856수의 시조 작품 중에서 시조 596수를 뽑아서 『가곡선』을 출판하였고, 잡지 『청춘』에 그림과 함께 시조를 실으며 시조의 중요성을 대중들에게 알려 왔다. 이렇듯 1922년 이전에 시조는 조선인의 감성을 담은 전통시로 인지되고 있었다. 이런 배경 속에서 가투 발매시 일본 전통시 자리에 조선 전통시인 시조를 담은 것은 당연하다고 할 수 있다.

가투대회가 시작되기 전인 1925년에는 양건식은 『시대일보』에 「시조론(時調論)-그 부흥(復興)과 개량(改良)을 촉(促)함」이라는 글을 연재하였다. 그 글에서 그는 시조에 대한 논란들을 논리적으로 논파하는 방식으로 시조가 조선을 대표하는 시임을 밝히고자 했다. 그가 논파한 명제들은 다음의 세 가지이다. (1)시조는 시다 아니다. (2)우리의 시인 시조(동양시)는 서양의 시와는 다르다. (3)오늘날 우리 시가 있다 없다. "시조는 시다 아니다"에 대해서 그는 시조를 배척하는 이들은 한시만이 내용적으로나 형식적으로 시대적 정서를 담고 있는 시라고 생각하는데, 사람들의 편견과는 다르게 시조는 '시조(時調)'라는 이름에서부터 내용에 이르기까지 시대 상황을 반영하고 있기 때문에 시로 볼 수 있다고 하였다. "우리시인 시조는 서양의 시와는 다르다"라는 점에 대해서는 나쓰메 소세키의 말을 빌어 서양시는 인간과 인간관계를 노래하며, 동양시는 자연을 노래하는 차이점이 있기에, 우리시인 시조가 삶과는 조금 거리가 먼 자연과 풍류를 노래한 것은 동양시인 시조의 특생이라고 하였다. "오늘날 우리시가 있다 없다"에 대해서는 우리시가 없는 게 아니라 우리 시를 찾지 않기 때문이기에, 우리의 정서를 담을 수 있는 시조를 부흥해야한다고 주장하였다. 양건식의 이러한 시조 부흥은 단지 혼자만의 생각은 아니었다. 당시 그는 최남선, 홍명희 등과 함께 일을 하였기에 비록 시조부흥에 대한 글을 최남선이 늦게 출판하였지만, 이미 같은 의견을 공유하고 있었다고 할 수 있다.

1926년에 최남선은 『백팔번뇌』라는 창작 시조집을 발간하고, 「조선국민문학(朝鮮國民文學)으로서의 시조(時調)」라는 글을 『조선문단』에 실으며 이광수와 함께 시조부흥운동을 주도하였다. 그의 글은 다음과 같이 시작한다.

"날씨가 아무리 사나워도 쌀쌀한 그 속에 잔뜩 배어 있는 것은 봄의 생명력이었다. … 봄은 조선의 동산에도, 조선심(朝鮮心)의 오래된 나무에도 돌아왔다. 오랫동안 눈곱 끼었던 조선인의 눈이 차츰 무엇을 바로 보게 되고, 남의 거울에 비친 자기 그림자를 보게 되고, 그리하여 버렸던 자기를 다시 찾으며, 몰랐던 자기의 새 정신을 차리게 되었다. … 땡땡한 얼음에 눌렸던 조선심도 본래 자기가 가지고 있던 힘을 발휘하여 묵은 것들의 원숙함과 새로운 것의 진취성으로 영원한 젊은 기운을 보이기 비롯하였다."

'오래된 조선심의 나무에서 다시 싹을 피우는 것'은 시조의 부흥을 말한다. '남의 거울에 비친 자기 그림자'란 서구적인 시를 받아들이면서 한국적인 시인 시조에 관심을 가지게 되었음을 말한다. 당시 시문학계에서는 서양의 시 발달론, 즉 정형시에서 자유시로 발달해 갔다는 이론에 대응하여 한국의 시문학사를 설명하고자 했다. 최남선은 시조를 "조선에 있어서 구조, 음절, 단락, 체제 등의 방면에서 정형(定型)을 가진 유일한 성형(成形)문학"이라고 하며 시조를 정형시로 보았다. 시조가 정형시로 규정되면서 조선의 시문학사도 세계의 시문학사에 뒤지지 않는 보편문학의 일부로 자리 매김하게 되었다.

여기에서 조선심이란 조선인의 정신을 말한다. 최남선은 국권을 빼앗긴 나라에서 뛰어난 조선인의 정신적 요소를 찾아 잘 간직하고 있으면 언젠가 때가 왔을 때 조선을 되찾을 수 있을 것이라고 생각했다. 조선의 정신을 찾아 지키기 위해 백두산부터 한라산까지, 조선의 전통을 간직하고 있는 불교사찰들을 방문하는 국토순례를 하며 조선심을 북돋아 주는 글들을 남길 정도로 그의 조선심에 대한 애착은 남달랐다. 그는 시조를 조선심의 정수로 보았다.

"시조는 조선인의 손으로 인류의 운율계에 제출된 시 형식의 하나이다. 조선의 풍토와 조선인의 성정이 음조(音調)를 빌어 소용돌이치는 일대 형상을 구현한 것이다. 음파 위에 던져진 조선이라는 자의식의 그림자이다. 어떻게 하면 자기자신 그대로를 가락 있는 말로 그려 낼까 하여 조선인이 오랫동안 여러 가지로 애를 쓰면서 오늘날까지 도달

한 막다른 골이다. 조선심의 방사성과 조선어의 섬유조직이 가장 밀도

높은 압축 상태로 표현된 '공든 탑'이다."

  최남선의 시조에 대한 화려한 수식어들은 시조가 얼마나 조선인의 정

신을 담고 있는지, 조선인에게 얼마나 의미있고 중요한 것인지를 강조하

고 있다. 여기에서 '음조를 빌어,' '음파 위에 던져진' 이라는 표현을 쓴 것

은 원래 시조는 읽는 시가 아니라 읊는 시이기 때문이다. 시조창이 여전

히 남아 있듯이, 시조는 원래 기방에서 또는 선비들이 풍류를 즐기면서

읊던 노래였다. 그런 까닭에 시조는 이른바 남자 양반계층의 전유물로

여겨졌던 문학으로 여겨져 이광수는 시조를 국민문학으로 삼기 어렵다

는 입장을 가지고 있었다. 이러한 논란은 시조가 시대상의 정서를 담고

있다는 주장, 시조가 향가에서 기원했다는 주장, 시조가 장형시조에서

단형시조로 시조가 발달했다는 주장에 의해 일단락되었다.

  장형시조란 초중종장 중에 종장이 긴 사설시조를 말하며, 단형시조란

평시조로 초중종장의 길이와 형식이 정형화되어 있는 시조를 말한다. 장

형시조에서 단형시조로 발달했다는 시조 발달론은 손진태가 주장하였

다. 그의 연구에 의하면, 시조는 초기에는 개인의 정서를 담는 장형시조

의 형태였으나, 이후 한시의 영향으로 단형시조의 형식을 가지면서 엘리

트화한 것이다. 이러한 시조 발달론에 의거하여 그는 조선적 시조를 다

시 살리기 위해서 장형시조 형태로의 시조 창작을 제안하였다. 반면, 최

남선, 이병기, 이은상 등은 시조의 정형성을 정리하며 정형시로서 시조,

즉 평시조를 확실하게 자리매김하고, 이를 출발점으로 삼아 조선심에 맞

는 새로운 시형식을 만들고자 하였다.

이러한 시조부흥운동을 통해 시조는 시대의 정서를 담은, 조선인의 마음을 담은 형식의 시로서 살아남게 되었으며, 시조공부는 조선의 정신을 공부하는 것으로 이해되었다. 이런 상황에서 열린 가투 대회는 시조를 남성들만 아닌 여성, 청년, 아동들의 취미대상으로 확장시켰다.

3. 가투에 수록된 시조들

앞서 살펴본 바와 같이 가투가 나오기 이전부터 시조는 이미 조선인들의 정서를 담은 시문학으로 인지되어 있었다. 이에 기반하여 윤태오는 100수의 시조를 선택하여 가투를 만들었다. 그가 사용한 시조는 최남선의 『가곡선』에서 선별된 것으로 보인다. 1923년에는 가투에 사용된 시조

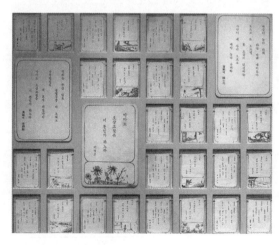

【그림 4】 시조 카드 놀이, 국립 한글박물관 소장

100수를 모은 책, 『가투원본시조백수』가 최남선이 운영하던 출판사 신문관에서 인쇄되었다. 『가투원본시조백수』는 윤태오의 가투에는 기록되지 않았던 작가명을 표기해 주었다.

1927년 신민사에서 그림을 넣은 『정선 화가투』가 발매되었다. 1935년 한성도서에서는 시조 전문가인 이은상에게 위촉하여 가투 카드를 개편하였는데, 최영수가 그린 그림도 추가하고 이름도 『시조노리』로 바꾸었다. 출판사별로 사용한 시조가 많이 달랐기에 가투 대회 때는 미리 가투 대회 때 사용할 카드를 공지 했고, 사용할 시조를 연재하였다.

각 가투에 실린 시조의 내용에 대해 유정란은 강호한정(江湖閑情), 사랑과 그리움, 무상·회고, 충의·연군(戀君), 세태, 탄로(嘆老), 도덕 및 윤리, 취락(醉樂), 송축(頌祝)의 9가지의 주제로 분류하였다.[1]

주제	가투원본시조백수(1923)	정선화가투(1927)	시조노리(1935)
강호한정	45수	29수	23수
사랑과 그리움	14수	31수	23수
무상·회고	16수	11수	13ㅍ수
충의·연군	3수	10수	18수
세태	8수	7수	12수
도덕 및 윤리	6수	3수	9수
탄로	4수	6수	2수
취락	2수	2수	0수
송축	2수	1수	0수

---

1   유정란(2021), 112-121.

위의 표에서 보여주는 시대별 가투에 실린 시조의 주제는 몇 가지 시사점을 보여 주고 있다. 자연에서 한가로이 여유를 즐기는 시조인 강호한정은 점점 줄었지만, 여전히 상위권에 위치하고 있다. 이는 국권을 침탈당한 암울한 상황 속에서 강호한정의 시조가 사람들의 마음을 위로하는 데에 도움이 되어 선호도가 높았기 때문이라 할 수 있다.

『정선화가투』에는 유난히 사랑과 그리움에 대한 시조가 많다. 이에 대해서는 『정선화가투』를 발매한 신민사가 조선총독부의 준 기관지라 할 수 있는 『신민』을 출판하던 출판사이기 때문에 다른 시보다 애정에 관한 시를 늘렸고, 식민지 정부의 가치를 시조를 통해 전파하였다고 보는 시선이 있다. 하지만, 시조를 통해 식민지 정부가 전파하려던 가치가 무엇인지에 대해서는 불분명하다.

『신민』 잡지는 조선의 고시조에 관심이 많았던 것으로 보인다. 창간호부터 고시조를 선별하여 소개하였고, 1927년에는 「시조는 부흥할 것이냐?」라는 주제로 특집을 꾸렸다. 이때 특집호에 필진으로 참여한 이들은 시조부흥운동에 참여하고 있던 이병기, 이은상, 손진태 정지용, 양주동, 최남선 등 국민문학파들이었다. 신민사는 『정선화가투』를 발매한 뒤, 1928년에 시조 카드에 화투 그림, 트럼프 카드 그림을 추가하여 두 가지 놀이도 함께할 수 있는 『개량화가투』를 출판하였다. 화투 그림과 트럼프 카드 그림을 추가한 것에 대해서, 특히 도박판에서 사용되는 화투가 추가된 것에 대해서는 당시에도 놀이의 건전성을 해쳤다는 비판이 있었다. 현재에도 이를 화투 그림을 포함시켜 일본문화를 침투시키고자 하였다고 보는 시각이 있다. 1931년에는 『화가투경기법』이라는 책을 발매하며 기존의 가투와는 다른 다양한 경기법을 소개하였다. 특히 특정 시어와 주제에 따라 카드를 분류하여, 해당 시어나 주제를 담은 카드를 많이 가진 이에게 가산점을 주는 놀이법도 개발하였다. 그 때 사용했던 시어는로는 '강산풍월', '꿈이야~', '꿈길이~', '백발(白髮)', '아희야(童子)', '님 향한~', '님 그려~', '님께서~'가 있었으며, 주제로는 '녹수청산', '충효', '도학', '권농', '연애', '공명', '은자', '회고' 가 있었다.

이처럼 신민사는 가투의 대중화를 위해 노력하였다. 총독부와 긴밀한 관계였다고는 하지만, 조선의 주체성을 지키고자 시조를 부흥하려는 시조의 전문가들이 함께하였기에, 단순히 정치적으로만 보기는 좀 무리가 아닐까 한다. 『정선화가투』에서는 식민지 정부에 위협이 될 수도 있는 충의·연군 관련 시조가 『가투원본시조백수』에서보다 대폭 늘었기 때문이다.

1935년 발매된 『시조노리』에서는 충의·연군, 세태, 도덕 및 윤리에 대한 시조가 조금씩 더 늘었다. 시조를 통한 민족의식 배양과 교육적 목적을 좀 더 분명히 하고자 함을 엿볼 수 있다. 교육적 목적이 컸기에, 도박에 사용되는 화투그림이 아닌 시조와 관련된 그림을 실었다.

『시조노리』는 시조부흥 노력의 결과물이라고 할 수 있다. 시조학자 이은상은 그동안 모아 놓은 2000여 점의 고시조에서 100개를 정선하였고, 이름없는 작가의 작품은 최소화 하였다. 『가투원본시조백수』에서 40편, 『정선화가투』에서 33편 이었던 무명작가의 작품은 『시조노리』에서는 9편으로 대폭 줄었다. 이은상은 시조의 문학성을 널리 전하고 싶었기에, 『시조노리』에 실린 시조들은 앞서 가투에서 사용한 시조보다 교훈적이

며 깊이가 있다. 다음의 여섯 개의 시조는 그러한 특성을 잘 보여 주고
있다.

내해 좋다 하고 남 싫은 일 하지 말며,
남이 한다 하고 의(義) 아니면 좇지 마라.
우리는 천성을 지키어 삼긴 대로 하리라.

— 변계량

동기로 셋 몸 되야 한몸가치 지내다가
두 아은 어데가서 도라올 줄 모르난고
날마다 석양문외에 한숨계워 하노라.

— 박인로

세상 사람들이 입들만 성하여서
제 허물 전혀 잊고 남의 흉 보는고야
남의 흉 보고라 말고 제 허물 고치과저

— 인평대군

변계량과 박인로의 시조는 유교적 가치를 강조하는 도덕적, 윤리적 시
조이다. 변계량의 시조는 인의를 강조하며, 인의가 인간이 타고난 성품
이기에 이를 지키어야 함을 말한다. 반면, 박인로의 시조는 형제간의 우
애를 그리움과 함께 묘사한다. 변계량의 시조가 교훈적 이야기를 한다

면, 박인로의 시조는 정서적이다. 인평대군의 시조는 유교적 가치를 직접적으로 말하고 있는 것은 아니지만, 남을 흉보는 시류에 휩싸이지 않고 내 허물에 집중하겠다는 도덕적이 성숙한 태도를 보여 준다.

옥을 돌이라 하니 그래도 애달프구나.
박물군자(博物君子)는 아는 법 있건마는
알고도 모르는 체 하니 그를 슬퍼하노라.

― 홍섬

말하면 잡류(雜流)라 하고 말 않으면 어리다 하네.
빈한(貧寒)을 남이 웃고 부귀(富貴)를 새우는데
아마도 이 하늘 아래 사롤 일이 어려왜

― 주의식

홍섬과 주의식의 시조는 세상사에 대한 한탄을 담은 세태에 대한 시조이다. 홍섬의 시조는 참과 거짓, 옳고 그름이 뒤바뀌는 세상 상황 속에서 알고도 침묵해야 하는 시대상황을 애석하게 바라보는 심정을 담고 있다. 주의식의 시조는 세상의 기준과 가치에 맞추어 말하며 사는 것의 힘겨운 감정을 그대로 담고 있다. 비록 수백년의 차이가 있지만, 이들의 시조는 식민지 상황에서 이러지도 저러지도 못하는 사람들의 심정을 대변하고 있다 할 수 있다.

상공을 뵈온 후에 사사(事事)를 믿자오매

졸직(拙直)한 마음에 병들까 염려러니

이리마 저리차 하시니 백년동포(同胞) 하오리다.

— 소백주

앞의 시조들과 비교할 때 소백주의 시는 조금 독특하다. 우선 해석이 쉽지 않은데, 이를 현대어로 해석해 보면, "상공을 뵈온 후에 사사건건 모든 것을 믿고자 하지만, 성격이 고지식하셔서 마음을 주지 않을까 염려도 되는데, 이리하자 저리하자 하시니 백년동안 함께 하리다."라 할 수 있다. 1차적 해석으로만 보면, 상공이라는 사람과 사랑에 빠져, 사랑을 고백하는 것처럼 보이는 평범한 시조이지만, 이 시조의 배경을 알고 보면 두 가지 의미가 더 있다. 이 시조는 평양감사 박엽이 손님과 장기를 두면서 흥을 돋구기 위해 기생 소백주에게 장기 말을 다 넣어서 시조를 하나 지어 보라고 하여 지은 것이다. 그래서 시조를 자세히 보면, 장기말인 상(象), 사(士), 졸(卒), 병(兵), 마(馬), 차(車), 포(包)가 모두 들어 있다. 이렇게 장기말로 싯구를 대치해서 보면, 이는 장기판의 훈수를 두는 것으로 해석이 가능하다.

상공을 뵈온 후에 사사(事事)를 믿자오매

상 하나마 보시고, 사를 너무 믿고 계신 것 같은데

졸직(拙直)한 마음에 병들까 염려러니

졸이 지키고 있다고 안심하고 있다가, 저쪽의 병이 들어오면 어떻게

하십니까? 이리마 저리차 하시니 백년동포(同胞) 하오리다

상대의 마가 이리오면, 저쪽의 차로 공격하시면 되는데, 포가 함께해

서 든든할 것입니다.

놀랍지 않은가? 언어의 묘미를 살리고 있는 소백주의 시조는 시조의
뛰어난 작품성을 잘 보여 준다. 이러한 시조들로 엄선된 『시조노리』는
대중들의 사랑을 받아 1936년 동아일보 주최의 부인 현상 가투 대회의
공식 카드로 사용되었으며, 이후 한동안 출판되었으나 가투 대회가 더
열리지 않으면서 서서히 대중의 기억 속에서 사라졌다.

4. 나가며

가투는 근대라는 시대적 변화 속에서, 근대적 인간으로 거듭나기 위해
취미, 그것도 좋은 취미를 가져야 했던 사람들의 필요와 시조를 통해 민
족정신을 지키려는 사람들의 바램으로 만들어졌다. 가투 놀이가 대중이
기억 속에서 사라진 이유는 놀이 그 자체가 목적이 아니라 놀이를 통해
무언가를 이루고자 하는 바램이 더 많았던 놀이였기 때문이다. 달리 말
하면, 놀이의 본래 목적인 창의성 자극에는 매우 부족했다.

우선, 가투놀이는 짝맞추기 놀이이기는 하지만, 100개의 카드 하나에
하나의 짝만 있기에, 놀이 방식 자체가 다양한 놀이를 만들어 내기 어려
운 구조였다. 대중적으로 인기가 있던 화투와 비교해 볼 때, 화투는 짝맞

추기의 숫자도 4개인 데다가 그 외에 카드별로 점수가 있어서 단순하면서도 다양한 변주와 다양한 규칙의 추가가 가능하다는 장점이 있다. 비록 화투가 투전을 대신하여 도박의 도구로 활용되는 바람에 부정적 이미지를 갖고 있지만, 계속해서 국민 놀이로 사랑받는 이유이기도 하다. 이러한 가투 놀이의 한계를 극복하기 위해서 신민사에서는 가투 놀이의 다양한 놀이법을 만들어 보려 했으나, 특정 어구나 주제에 가산점을 부여하는 방식의 추가만으로는 두 장의 짝맞추기 방식에서 벗어날 수 없었다.

그다음으로, 시조를 암기해야 하는 놀이 방식이 주는 한계이다. 시조 100수를 암기하고 나면 결국 같은 방식을 반복하기에는 지루할 수 밖에 없는 게임이다. 뿐만 아니라, 이미 암기하고 있는 사람에게 유리한 놀이였기에, 암기할 시간이 없는 이들에게 까지 확장되기 어려웠다. 이렇기에 어린이들의 교육목적으로는 효과적이나 성인들이 오랜 기간 즐기기에는 한계가 있었다.

또한 독립으로 시대적 상황이 변하여서 더 이상 조선심을 배양하기 위해 노력할 필요가 없었던 것도 가투 대회 이후 가투가 사라진 이유라 할 수 있다. 식민지 상황에서는 시조를 통해 우리 것을 지켜야만 하는 절실함과 당위가 있었으나 독립이 된 이후에는 조선심을 지키기보다는 새로운 한국을 만들어가는 것이 더 중요했다.

시대적 필요에 따라 만들어졌던 가투 놀이(시조 놀이)는 목적한 바대로, 시조를 대중화시켰고, 전통문학으로 완전히 자리매김시켰다. 하지만, 놀이로서는 살아남지 못했다. 놀이마저도 단순하게 즐길 수 없었던 시대적 한계를 가투 놀이는 잘 보여 주고 있다.

참고자료

서종원, 『한국의 근대 놀이문화』, 채륜, 2018.

문경연, 『취미가 무엇입니까?』, 돌베개, 2019.

임선묵, 『시조시학서설』, 단국대학교 출판부, 1981.

임영수, 『초등학교 교과서 속 일본놀이』, 어처구니, 2022.

최남선, 「조선 국민 문학으로의 시조」, 『최남선 한국학총서13:문학론』, 경인문화사, 2013.

유정란, 『20세기 전반기 고시조 자료집의 편찬경향과 그 특성』. 고려대학교 박사학위논문. 2021.

철학자가 본
근대 한국의
사상